情報革命の世界史と図書館

粘土板文書庫から「見えざる図書館」の出現へ

World history of
the information revolution and
library

山口広文

樹村房

◉はじめに◉

私は、少年時代から空想科学小説（SF小説）が好きであるが、読んだなかでも最も印象深いものが、アイザック・アシモフの『銀河帝国衰亡史』（中上守訳、早川書房、一九六八年）とその続編からなるシリーズである。本書を書くに至る問題意識は、この本に行き着くといっても過言ではないと思っている。

この小説では、時は一万年後の未来、銀河系全域を版図とする「銀河帝国」が舞台である。数学者ハリー・セルダンは、巨大集団の行動を予測する「心理歴史学」という学問を創始し、その研究の帰結として、銀河帝国が近いうちに崩壊することを予言。帝国崩壊後には、そのままでは暗黒時代が三万年間続くことになるが、あらゆる知識を保存することで、これを千年に短縮できるとし、科学技術を中心に知識の集大成となる「銀河百科事典（Encyclopedia Galactica）」の編纂を皇帝に説いた。そして、これを担う組織として「ファウンデーション」が、衰退する銀河帝国に代わり第二銀河帝国を成立させる使命を帯びて、銀河系辺縁部の惑星に設立された。その後、衰退する銀河帝国を舞台に、このファウンデーションを中心として、ドラマが展開する。

この小説は、ローマ帝国の衰退を念頭に置いて書かれたものともいわれている。西ローマ帝国が滅亡し、イタリア半島も含めてヨーロッパ全体は、いったん都市や交易の衰退、文明社会の解体に見舞われるが、やがてフランク王国が成立、その後、ヨーロッパ独自の文明社会が形成され、その発展は世界的にも大きな影響をもたらすことになった。西ローマ帝国滅亡後からヨーロッパの文明形成の初期において重要な役割を果たしたのが、カトリック教会の全ヨーロッパ的組織網や各地の修道院であり、これらが知的能力や文化資産を保存・涵養する基盤となり、文明社会の再構築を促進・加速したといえるのではないか。まさに、意図せずして創られた「ファウンデーション」といえよう。

国家さらには文明社会の盛衰は避けがたくとも、知識・情報の保存と継承により、文明社会の再生力が確保されうることが、遠い未来の銀河宇宙を舞台とするドラマのなかで示されたことは、強く関心を惹くものであった。

眼を今日の地球に戻すと、私たち人類は、メソポタミアにおけるシュメール人都市国家群の建設以来、五〇〇〇年余の歳月を経て現在、大小無数の都市群とその間の交通通信のネットワークに支えられる地球規模の文明社会を形成している。

人類は、アフリカ中部のサバンナ地帯を起点に地表の隅々にまで生活圏を拡げ、メソポタミアを先駆けに文明社会を全地球的領域に展開してきた。社会構造や文化様式の変遷については、進退、盛衰を論ずることは難しいが、人口の増大や都市群・交通通信網の拡大のような外的な側面の拡張傾向は、長期的なトレンドとして認めることができよう。

そうした外形的な拡張傾向において、情報の保存、共有、集積は、国家や集団の盛衰・興亡を超えて、文明社会を絶えず再生、再構築、拡張させてきた見えざる軸心ともいえるものである。人類の歴史全体を通して、時代時代の文明社会の空間的広がりは、情報の活発な交流によって形成され、歴史的な時間の流れは、情報の集積とその継承に貫かれているということができる。

もちろん、「情報の集積」とひと口に行っても、一国さらには全世界の情報を集めた図書館や文書館なり、サーバーなりが、どこかにあるわけではない。情報の集積は、一定の範囲に形成された地域社会、国家、国家群のなかで、様々な組織や個人が分有しつつ、継承と交流を通して、社会的に共有することで実現されている。

また、言語、文字、複製・伝達手段など情報の保存・伝達の基本的システムを中核に、交通通信網、大小様々な組織のネットワークなどが一体となって、情報交流圏が形成される。文明社会は、地域、国、国家群などレベルを異にする大小の情報交流圏によって多層のネットワークとして構成され、地域によって特徴を異にし、時代とともに拡張・再編を重ねてきた。

世界の歴史を顧みれば、諸国、諸民族の興亡盛衰があり、数多の集団の離散・消滅、文物の消失、伝承の断絶も多々あったが、全体としてみれば、様々な情報の継承と新たな生産によって、人類全体として共有する情報の集積が、規模的に拡大し、内容的に多様化してきたことは確かである。そのなかには、様々な地域、時代における思想、芸術の所産や、技術・技能のアイデア、ノウハウ、個人や組織の記録文書など多種多様の情報、知識、芸術が含まれている。ここに、人類のグローバルな歴史の一体性、連続性が読み取れる。
まさに、情報は時空をつなぎ、歴史をつくっていく。

ところで、私は、長年にわたり国立国会図書館に勤務してきた。そのキャリアの大半は、国会議員のために調査業務を行う調査及び立法考査局に所属し、担当分野としては、主に国土政策や情報通信政策に関する調査に従事した。全体が大規模な図書館で、その中に国会のための調査部門があるという他に類のない組織であり、職業柄、「情報」や「図書館」の役割と意義について絶えず意識せざるをえなかった。

人間は、五感と脳の働きにより、独自に知識を形成し、情報を発信、決断・行動する能力を持つ。さらに、他の多くの人々との情報の交換や共有によって、個々人の経験を超えた広い世界を知り、未知の領域へも推理、想像を働かせる。情報の継承や交換によって、過去に培われた伝統を保持・共有することもあれば、新たな知見・行動様式への踏み台とすることもある。いずれにせよ、情報は、人を、時空を超えてより広い世界と結び付け、思考と行動の可能性を拡張する。もちろん、ここまで大上段に構えなくとも、人生をとおして、おしゃべり、うわさ話から、趣味的な映像の視聴、読書まで、広い意味で情報の交流は、生活の潤いと楽しみの源でもある。

情報の一つの典型的な形として、地図や海図がある。それらが旅行者や航海者にとってきわめて有用であり、逆にこれが無い場合のリスクやロスも大きいことは、誰しも認めるところであろう。もちろん、地図や海図に陸海のすべての事柄が記載されているわけでも、全部が正しいとは限らない。地形、位置、高度・深度、土地利用とか、使用目的に適った重要な要素が、ある時点で確認されたデータによって図上に記載されている。世界あるいはその一部の実情をある切り口で捉え、見取り図として示しているものである。地図・海図に限らず、口頭の報告、ニュース報道から調査報告書、思想的著作まで、様々な形の情報も、本質的には同様であるといえる。

確かに、人の世には知らなかった方が良かった事実もあるにはあるし、あれこれと情報と思いが錯綜して決断が鈍るといったことがないわけではない。それでも、何らかの目的に向かって多くの情報・知識を持つことは、選択の自由度と実現の可能性を拡げるものといえる。もちろん、数多の情報・知識を駆使した行為が、必ずしも社会・公共にとって善い成果をもたらすばかりとはいえないし、情報・知識の堆積が直ちに国家の繁栄や衰退の回避を確実にするものでもない。

それでも、豊富で多様な情報、知識、見解など知ることが、組織なり個人の主体的な選択・決断やより良い目的達成にとって、重要不可欠な要素であるといえよう。

古来より、人間の集団生活において、情報の共有、継承は不可欠な要素であり、文明社会においては、情報を伝達、保存する効率的な仕組みが必要とされてきた。家族から文明社会全体まで、およそ大小の人間集団の営みは、情報の共有と継承に依拠している。歴史を顧みれば、時代時代、各々の地域における情報の伝達・蓄積のシステムは、言語、文字、伝達手段と媒体、交通・通信の基盤やサービス、文書庫・図書館のような保存施設など関連する様々な要素が組み合わさって形成され、各々の時代において文明社会の土台となってきた。

そうした文明社会の基盤をなす情報の伝達・蓄積システムの重要不可欠の要素として、「図書館」あるいはその源流ともいえる古い時代の「文書庫」がある。文書や書籍の収集と保存によって社会の記憶装置としての役割を担い、それらの共同利用を通して情報の共有と拡散を促進してきた。


現在、私たち人類の地球社会は、インターネットに象徴される高度な情報通信技術（ＩＣＴ）に支えられている。これは今や、世界的に大多数の人々が認めるところであろう。しかも、この情報基盤やその上で展開するサービスは、絶えず革新的な波が交差し、変貌・進化しつつある。その有用さは、多くの人々が、手もとのパソコン、スマホ、携帯電話など様々な端末機器で接触し、日々実感しているだけでなく、直接人目に触れないところで、金融、流通、生産、インフラの管理など幅広い領域において重要な役割を担っている。

まさに、ＩＣＴは、現代世界において、社会や経済の変化をリードし、国際社会や各々の国家のシステムを運営する重要な要素となっている。その意味では、私たちの生きる現代世界は、ＩＣＴの急速な発展と社会への浸透という「ＩＣＴ革命」の時代であるということができる。

さて、この現代の「ＩＣＴ革命」は、しばしば「情報革命」とも呼ばれ、現代が情報革命の時代として意識されることも多い。

ただし、「情報革命」が、そのことばのとおり、「情報」の流通や処理に関係する画期的な変化を意味するとすれば、現代のICT革命は、人類の歴史から見れば、一連の情報革命の一端を指しているにすぎないと考えられる。人類はこれまでに幾度も情報革命を経験しているからである。文明の誕生までさかのぼれば、文字の創造、紙の普及、印刷術の革新、電信の発明といった主要な出来事があり、インターネットを核とした現代のICT革命は、その最新の局面といえる。そして、情報の伝達や保存をめぐるイノベーションとしての「情報革命」は、文明史上きわめて重要な意義を持ってきた。

振り返れば、今から約五〇〇〇年前にメソポタミアを舞台にした文字の創造は、情報の保存の革命であり、情報の保存を確実にし、知識を蓄積・増進して文明誕生の幕を開いた。

次いで、漢代の中国に端を発する紙の改良・普及は、情報の伝達と保存を格段に容易にし、国家経営や布教、商取引の有力な武器となった。

そして、一五世紀ヨーロッパにおける印刷術の革新（金属活字印刷の開発と事業化）は、情報の複製を正確で低コストにし、国民的な情報共有を実現した。

さらに、一九世紀の英国と米国での電信の発明とその世界的な普及は、情報伝達の電子化の発端となり、距離を超えて瞬時に世界的に情報を伝達し、グローバル時代の幕を開いたといえる。

最後に、現代のインターネットやモバイル通信に代表されるICTの浸透は、情報の電子化を推し進め、グローバルな情報流通を本格的に実現しつつあり、おそらく後戻りすることなく、新たな局面を展開させていくことになろう。その影響のもとで人類がどのような変化の方向に進んでいくか、その行きつく先はまだ視野に入ってこない。

これら歴史的あるいは現代的な一連の情報革命は、時を異にする別個の出来事であるが、互いに無縁なものではない。人類の長い歴史のなかで、積み重なるように展開してきた。また、時代時代における各々の展開は、情報革命としての類似した一面をみせている。

情報革命の展開は、個人生活から国家運営にいたる各方面に大きな変化をもたらす。もちろん、情報革命の影響は多岐にわたり、その効用によって拡がった人間の可能性が、実際どのような方向に展開するか、情報技術そのものとは別次元で、これを利用する側の意志と選択によるものである。歴史上の一連の情報革命においても、その影響の広がりと深さは当初の予想を超えたものであったに違いない。

人類の文明史の流れのなかに位置づけつつ、一連の情報革命を顧みることは、現代のＩＣＴ革命の意義と行方を探るうえで、有力な手がかりとなるのではなかろうか。

ところで、時代時代において利用可能な情報手段を用いて、情報を組織的に集積・保存する施設が形成され、その中から現在私たちが「図書館」と呼ぶようなものが発達をみてきた。その過程においては、特に、文字の使用、印刷術の革新、そして現代のＩＣＴ革命が大きな影響を与えてきたとみられる。

今から約五〇〇〇年前に始まる文字の使用により、大量の記録文書が作成、保存されるようになり、王宮、神殿などの政治権力、宗教組織のもとに「文書庫」が設けられた。やがて、記録文書の域を超えて、伝説、神話、詩歌などの筆写文書も所蔵されるようになり、「図書館」の機能を兼ねた施設となっていった。

一五世紀中ごろからヨーロッパを中心に展開した印刷術の革新は、出版活動の隆盛を招来し、大量の書籍の供給をもたらした。印刷物は、社会的な情報メディアの中心的役割を担うようになり、図書館の役割と存在感が増してきた。

現在進行中のＩＣＴ革命は、情報の電子化とそのネットワーク化を飛躍的に推進し、図書館の機能と業務においても大きな変革をもたらしつつある。

本書では、「情報革命」をキーワードに、世界の歴史と現代世界の構図を改めて整理し、先に示した五つの情報革命が起きた文明史的背景やその展開をたどることとする。

さらに、過去における情報革命に伴う図書館の形成・変貌を視野に入れつつ、現在のＩＣＴ革命のなかでの図書館の動向を概観し、その変容の特質を考察していきたい。

少々大上段に構えてしまったが、世界史と現代世界の一断面についての「読み物」として興味を感じていただければ幸いである。

最後に、これまでご指導ご啓発いただいた恩師、学友、上司、同僚の皆様、各界の方々に深く御礼申し上げます。そして、本書の刊行にあたり、筆者を励まし自ら編集の労をとっていただいた樹村房の大塚栄一社長に心より謝意を表したいと思います。

また、昨今の困難な状況のなかで、わが国出版文化の発展のために日々奮闘されている、出版社、書店、図書館の関係者にも日頃の感謝の念をここに記しておきます。

山口　広文

二〇一九年三月

◉目次◉

第9章　ICT革命と図書館

序章　粘土板からインターネットへ

第1節　宇宙の誕生から文明社会の創造へ

宇宙の誕生から生命の進化へ

人類文明史上の情報革命を語る前に、その前史ともいえる生命進化の途上で起こった情報機構の大変革について触れておきたい。

人類最古の文明が、文字の創造を伴って、メソポタミアの地に誕生して五〇〇〇年余の歳月が過ぎ、その間、地球上の各地で文明社会が形成され、時とともにその姿は大きく変貌を遂げてきた。この人類の文明社会形成は、それに先立つ、宇宙の誕生と形成、その一角での地球の生成と変容、地表における生命の発生と進化、そして人類の形成と進化、とりわけ知的能力の発達の延長上に実現したものである。

私たち人類が生きる地球、太陽系、銀河系を含むこの宇宙は、現代の宇宙科学によれば、今から約

図１　宇宙の誕生から文明社会が形成されるまでの経過

一三七億年前に「ビッグバン」と呼ばれる爆発的な膨張によって、ほとんど瞬時に誕生し、以後、遠大な時の経過を通して、無数の星々が、生成、変化、消滅をみせてきた。その中で、約四五億年前に地球が、太陽系の惑星として生成した。

その一〇億年後、今から三五億年前に、地球上に生命が発生したといわれる。その後、長い地球環境の変動と生命の進化の過程を経て、人類が登場してくるのは、ようやく六〇〇万年前である。もっとも、現生人類に直結する人類誕生は、およそ五万年前にさかのぼる。こうした悠久の時の流れの中では、五～六〇〇〇年前の文明の創造は、ごく最近の出来事としかいえない。

こうした自然史から文明史に至る時間の経過と出来事の積み重ねを通して、情報が生成、伝達、保存される仕組みが形成され、自然と生命のシステムにも、次第に大きな影響をもたらすようになる。

生命の進化の過程で、生命内部で情報が生成・伝達・保存される機構が形成された。まず、生命を複製していく上で重要な働きをする遺伝子が形成され、生命体の自己形成を決定づける情報の伝達・保存を担うものとなった。遺伝子は、その複製によって生物種の同一性を保ち、あるいは、変異によって生物種の多様化をもたらし、生物界において種の保存と進化における重要な役割を担っている。さらに、生命体の個体内で情報伝達を行う機構として神経組織が形成された。さらに、神経組織を伝わる情報の保存・処理の機能を持つ脳の発達へと進んできた。

そうした生命進化の延長上で、個体間の情報伝達能力が発達し、特に人類は、火や道具の使用を身に着け、さらには音声による言語能力を獲得し、これらの能力を発達させてきた。人類は、音声言語と様々な合図やしるし、具象画などを用いながら、記憶や伝承によって、長期間にわたって集団生活と文化を維持・発達させてきた。

文明社会の創造

人類は、数万年の長い期間、もっぱら植物採取や狩猟、漁労を生業として生活を維持し、比較的少人数の集団で、しばしば移動を重ねていた。今から約一万年前に、世界の複数の地域で別個に別種の農耕が開始され、農耕集落の形成と定住生活が行われるようになり、次第に他の地域にも広がっていった。

その後、一部の地域で、農耕の生産性の向上や、組織化された集団や人々が集住する集落の規模の拡大が進み、文明の構築、文明社会の形成へと展開する。

「文明」「文明社会」が何を意味するのか、文献によって使い方はかなり異なっているが、本書では、「文明社会」とは、何らかの文化的な要素・様式を共有し、大規模で組織的な人口集団を長期的に維持している社会を意味している。「文明」とは、そうした文明社会の営みを可能にする総合的なシステムを指している。

文明史の早い時期においては、文明社会は、都市国家、首都を中心とした国家、宗教的祭祀施設を中心とした大規模集団といった形をとって姿を現している。一般に、灌漑などによる組織的農耕、神殿などの祭祀センター、都市の建設、文字の使用を伴っているが、都市あるいは文字を欠いた例も、地域によってはみられる。

紀元前四千年紀、今から五〇〇〇年以上前に、西アジアの一角、チグリス・ユーフラテス川流域のメソポタミアの地（現在のイラク南部）に、人類最古の文明社会が誕生した。シュメール人によって、多数の都市が建設され、その周辺地域では灌漑農耕が営まれた。都市は、神殿や王宮を中心とし、文字（楔形文字）が、粘土板に刻まれ使用されていた。

この都市国家群からなる文明社会は、周辺の諸民族を巻き込みつつ、次第に、その空間的領域を、チグリス・ユーフラテス川の下流域から上流域にまで拡大した。約二五〇〇年の歳月をかけて、有力な都市間、国家間の抗争や広域的な交易活動を重ねつつ、首都バビロンの栄華で有名なバビロニア王国のような大規模国家の形成とその盛衰を経て、終には、西アジアからエジプトにかけて広大な版図を統一したペルシャ帝国の成立へと展開した。

メソポタミアに一歩遅れて、ほぼ同時期、遠からぬエジプトの地でも、ナイル川流域を統合した統一国家形成の形で、文明社会の形成がみられた。

西アジアを先駆とする文明社会形成の動きは、アフロユーラシア大陸では、時期は若干遅れるが、西は地中海地域、東は南アジア、東アジアへと広がり、各地に独特な特徴を持つ文明とその中心地域が誕生し、やがて、広範囲な都市群、国家の形成へと進んだ。各地域間では、騎馬遊牧民、貿易商人、宗教者（伝道、求道）などの往来によって、経済的、文化的な交流が続き、時代が下るにつれて活発化していった。また、アレキサンダー大王やモンゴルによる東西に広がる大規模な領土の征服、帝国の形成もなされた。

これに対して、南北アメリカ大陸では、時期的にかなり遅く、紀元前一千年紀に、南北双方で独立して文明の創造がなされた。一五世紀末期のスペイン人勢力の侵攻によって壊滅的打撃をこうむるまで、独特な文化をもつ文明社会の形成が展開した。

第2節　文明社会と情報

文明社会と情報

人間は、その進化の過程で、脳が発達し、道具を使用する巧みな動作能力を獲得するとともに、発声器官の発達とも相まって、音声言語を操ることが可能となった。これによって、他の動物に比べて高度な情報伝達の能力を獲得し、家族や複数の家族が集まった集団が狩りや初期の農耕などを含む生業の共同作業や共同生活を維持し、技能的な工夫やノウハウの共有を通して、生活の向上を徐々に進めていったと想像される。

古今東西大小を問わず、人間集団の絆は、感情的な共感も含めて、情報の伝達、共有、蓄積（継承）であり、これにより、人間が集まった社会集団は、その存立が維持されている。人類の文化と文明の根底には、情報の伝達、共有、蓄積のシステムがあり、これが社会組織の基盤ともなっている。

社会集団、社会組織の規模が拡大し、その構造が複雑化すると、たとえば人口数千人、数万人規模の大集落、都市、小国家などを想定しても、日々の内部的な情報伝達から長期にわたる組織的な記録の保持まで、高度な情報活動のパフォーマンスが必要となる。

したがって、大規模な社会集団である文明社会は、その持続的な営みのために、情報の伝達、共有、蓄積の面で、効率的な手段を備えている。大小の都市や国家を含む文明社会において、伝達、共有、蓄積される情報は実に様々である。人類最古のメソポタミアの都市国家群においても、社会の運営に必要な情報（農業生産、商取引、行政・裁判）、文化の共有（伝説・神話）、実用的知識（軍事、気象・天文、医術、工芸）など多岐に及ぶ。地域、時代を異にする様々な文明社会において、時代が下るにつれて、その内容は増大と多様化を続けたといってよい。

様々な経験、そこから得た思想、知識・技術、芸術様式を、集団内部で、さらには地域と世代を越えて蓄積・継承することで、さらに新たな文化の創造が促進され、文明社会の変化が加速されたとみることができる。

ところで、文明社会を構成する国家や社会集団、特にその中心をなす巨大国家は、長い時の流れの中でこれまで盛衰興亡を重ねてきた。その間には、しばしば政治的分裂の状況や社会秩序の混乱の時期もあった。集団として保持されてきた文明社会の仕組みが崩壊する事態も出来している。ローマ帝国（西ローマ帝国）滅亡からヨーロッパにおける文明社会の再構築への展開や、中国における統一王朝の交代とその間の政治的分裂期の戦乱などその例として、よく関心を惹くところである。

それでも、様々な伝承・文物など文化的資産、過去の時代の記録が後世に残ることで、国家、社会集団の存亡を超えて、文明社会の再生、再創造を促進することが可能であったとみることができる。そうした意味では、情報は、文明の遺伝子ともいえる役割を果たしている。

情報革命の展開

このように、文明社会の存立にとって、情報の伝達、共有、蓄積のシステムが必須で重要な基盤であるとすれば、そのシステムの機能を飛躍的に拡大するような画期的な変化、イノベーション、すなわち情報革命は、その時代、その後の文明社会に大きな影響を及ぼすと考えてよいであろう。

本書では、人類文明史上の主要な情報革命として、その画期性や社会的影響を考慮して、①文字の創造、②紙の普及、③印刷術の革新（金属活字印刷）、④電信の発明、そして現代の⑤情報通信技術（ICT）の発展を取り上げている。いずれも、以下のように、社会における情報の伝達、共有、蓄積に画期的な機能の向上を実現し、社会の大きな変革と結びつくことになった。なお、これら五つの出来事の間に展開した情報関連の様々な革新の意義を無視するわけではない。

① 文字の創造

文字の創造とその使用の普及であり、最も古くは、今から五〇〇〇年以上前にメソポタミアにおいて、楔形文字が粘土板に記された。その後、世界各地で、文字と筆記材料の多様で独特な形成がみられる。記録の作成、情報の蓄積の有力な手段となり、文書の複製や運搬によって、情報の伝達・共有にも有益なものとなった。おおむね世界各地の初期の文明形成に伴って進展している。

② 紙の普及

当初、文字や文書を筆記する材料は、世界各地で様々なものが使われていたが、二世紀初頭に後漢の蔡倫による改良により、紙の品質が向上し、中国はじめ東アジア全域、さらにはアフロユーラシア各地の文明社会へと伝播し、浸透していった。軽量、安価、耐久性に富む紙の特性から、筆記材料として一般化し、情報の伝達と蓄積をより容易で確実なものにし、各地の文明社会に大きな影響を与えた。

③ 印刷術の革新

木版などによる文書の印刷は古くから東アジアでは行われていたが、一五世紀中頃、ドイツのグーテンベルクによる金属活字印刷の実用化が、印刷業の一大エポックとなる。印刷・出版産業の飛躍的な発展へと展開し、政治的、経済的、文化的な変化を促進した。文書の複製、書籍の大量頒布が容易となり、情報の拡散（伝達・共有）を容易にしたとともに、同一の文書・書籍が多数分散して保管されることで、社会全体として情報の蓄積にも寄与するものとなった。

④ 電信の発明

一九世紀中頃アメリカとイギリスで、電信が実用化され、短期間に世界的な電信網の構築へと展開した。情報のかつてない迅速な伝達を可能とし、グローバルな情報交流圏の形成を大きく前進させた。また、情報の電子的な伝達の第一歩となり、その後の、様々な電子メディアの展開、さらには今日の情報通信技術（ＩＣＴ）への先駆けとなった。

⑤ 情報通信技術（ＩＣＴ）の発展

二〇世紀後半にアメリカで、インターネットが誕生し、一九九〇年代以降に世界的に急速に普及した。インターネットを核に、幅広い情報通信技術（ＩＣＴ）が発展を遂げつつある。情報の電子化が本格的に進展することとなり、情報の伝達・共有・蓄積の可能性を飛躍的に拡張している。また、情報流通のグローバル化を本格的に進展させつつある。

これら五つの情報革命は、各々その時代の文明社会の変化を促進する重要な要素となったと考えられる。そして、これら一連の情報手段のイノベーションの積み重ねが、今日のグローバルな文明社会を支える情報基盤として結実しているといえる。

そうした情報革命の歴史的流れのなかで、文明社会の情報基盤の重要不可欠な要素として、まず「文書庫」が設けられ、やがて「図書館」が派生・分離するように形成されてきた。時代時代において利用可能な情報手段を用いて、情報を組織的に集積・保存する施設が形成され、その中から現在私たちが「図書館」と呼ぶようなものが発達をみてきた。

その過程においては、特に、文字の使用、印刷術の革新、そして現代のＩＣＴ革命が大きな影響を与えてきたとみられる。

今から約五〇〇〇年前に始まる文字の使用により、大量の記録文書が作成、保存されるようになり、王宮、神殿などの政治権力、宗教組織のもとに「文書庫」が設けられた。やがて、記録文書の域を超えて、伝説、神話、詩歌などの筆写文書も所蔵されるようになり、「図書館」の機能を兼ねた施設となっていった。紀元前七世紀頃、アッシリア帝国の首都ニネベにあった王宮の文書庫は、その代表例である。

その後、思想、文芸、学問などの筆写文献を収集・保存する図書館が形成されるが、プトレマイオス朝エジプトの首都アレクサンドリアに置かれた図書館が好例として名高い。

一五世紀中ごろからヨーロッパを中心に展開した印刷術の革新は、出版活動の隆盛を招来し、大量の書籍の供給をもたらした。印刷物は、社会的な情報メディアの中心的役割を担うようになった。やがて、大学附属の図書館、王侯貴族・個人の私設図書館、国立・公立の図書館など様々な館種の図書館が、印刷出版物の収集・保存・利用を中心的役割とする施設として叢生し、図書館の既往のイメージが形成されてきた。

現在進行中のＩＣＴ革命は、情報の電子化とそのネットワーク化を飛躍的に推進し、図書館の業務においても大きな変革をもたらしてきた。図書館の存立基盤もサービス対象も、いわゆる館内の「蔵書」から館外の電子的情報の利用にまで広がりを見せている。

もちろん、紙や電信の影響も全く無視できるものではない。紙の普及は、金属活字印刷の出現に先立って、写本や木版印刷による書物製作を促進して、図書館の蔵書形成に寄与したとみられるし、電信網の整備も間接的な影響はありそうである。

第3節　文明史のメガトレンド

メガトレンド

メソポタミアにおいて人類最古とされる文明社会が誕生して以来、五〇〇〇年余の間、世界各地域で文明社会の形成が展開し、さらに、文明社会間の相互交流の拡大によって、現在この地球全体を舞台として、相互依存関係と一体性を持つ文明社会が形成されるに至っている。

地表の現実の一面を取り上げても、五千数百年前にシュメール人の都市国家群がメソポタミアの一角に局地的に点在する状態から、人口規模一〇〇〇万人超の巨大都市を含む大小の都市が世界各地に群立し、交通網、通信網で密接に結ばれた、都市のグローバルネットワークへと大きな変貌を遂げている。同時に、情報の伝達・蓄積の手段も、楔形文字が記された粘土板から、デジタル化（電子化）された情報が行き交うインターネットへと展開をみせている。

この間、文明史の展開は、国家、民族の盛衰や文化的な潮流の変化をはらんで、地域によりまた時代により、様々な紆余曲折があり、複雑な様相をみせている。ただ、五〇〇〇年余こうした地表の現実の変化に注目すると、その間の比較的明瞭な人類全体としてのメガトレンドとして、a人口の増大、b社会集団の巨大化・広域化、c技術の発展、d職業構成の多様化、e情報量の増大を読み取ることができる。

文明史のメガトレンド

シュメール人の都市国家群 ↓ 都市のグローバルネットワーク

a 人口の増大
b 社会集団の巨大化・広域化
c 技術の発展
d 職業構成の多様化
e 情報量の増大

粘土板・楔形文字 ↓ ICT（インターネット、モバイル通信）

a 人口の増大

きわめて大雑把な数字であるが、最古の文明が形成されたあたりの紀元前七〇〇〇年から六〇〇〇年の時期には、人類全体で五〇〇万人から一〇〇〇万人の人口規模であったと推定されている。その後、紀元元年頃には二億人から四億人となり、二一世紀初頭には約六〇億人の人間が地球上に居住し

表1　世界人口の推移と推計：紀元前〜2050年

年次（年）	紀元前 7000〜600	西暦 元年	1650	1750	1800	1850	1900	1950	2000	2010	2050
推計人口（100万人）	5〜10	200〜400	475〜545	629〜961	813〜1,125	1,128〜1,402	1,550〜1,762	2,519	6,086	6,843	9,076

出典：国立社会保障・人口問題研究所ウェブサイト掲載のデータをもとに筆者作成。1900年以前は，United Nations, *The Determinants and Consequences of Population Trends*, Vol.1, 1973による。1950年以降は，United Nations, *World Population Prospects: The 2004 Revision*（中位推計）による。
http://www.ipss.go.jp/syoushika/tohkei/Popular/P_Detail2008.asp?fname=T01-08.html&title1

ている。そして、その後も増勢傾向にあり、二一世紀中頃には九〇億人に達すると予想されている（表1）。

もちろん、人類全体の人口規模について、この長期的な増勢傾向も、国・地域を限定するならば、戦乱、気候の変動、食糧生産の減少、伝染病などによって、時代により減少局面もみられる。

それでも、人類全体ではおおむね増大傾向が続き、特に二〇世紀中には、増加が加速化してきた。ただ、近年は増加率の低下がみられ、二一世紀中増加傾向は続くものの、一〇〇億人規模で頭打ちになるとの予測がある。

なお、こうした人口の増加トレンドをベースにした統計分析とは別に、地球全体の資源と環境上の制約、特に、石油を中心とするエネルギー資源の枯渇やCO_2増加による気候変動の影響などを考慮すると、こうした人口増加の傾向が持続可能かどうか予断を許さないことも念頭に置く必要がある。

b　社会集団の巨大化と広域化

約五〇〇〇年前には、メソポタミアやエジプトには、都市国家群や王国（古王国）が存在していた。メソポタミアの都市国家は大きなもので人口数万人規模といわれ、エジプトの古王国は九〇万人近い規模との推算もある。それ以外に地域には、大小の農耕集落や、狩猟民、遊牧民などの移動集団が散在していた。これに対して、現在、地球社会には、人口十数億人から千人以下まで大小の二〇〇近い国家群が並立しており、さらに、国際組織、企業、団体、地域社会など様々な規模と活動範囲を持つ集団が形成されている。

各地域における時代時代の政治的、経済的状況によって進展は異なるが、集団の規模、活動範囲、相互の交流・連係関係が拡大している傾向があるといえる。もちろん、交通や通信の技術的発展や基盤整備がこれを支えてきた。その結果として、全体としてみれば、様々な集団、大きくは文明社会間の交流が、より拡大し広域化してきた。

c　技術の発展

文明社会形成の早い時代においても、植物栽培や灌漑などの農耕、都市や道路などの建築・土木、織物・陶磁器など多種の工芸、金属精錬、武器製造、医術など多岐にわたる技術が高度に発達しており、当時の文明生活を支えていた。その後、一部には失われる技能・技術もあったが、技術の諸分野で改良や発明、新たな創造がなされ、それが広く伝播、共有されることで、人類全体として、過去に比べて高度化・複雑化した技術の体系を構築するに至っている。

d　職業構成の多様化

文明社会の誕生から長い期間、農耕従事者が多数を占めていたが、それでも、都市や国家の形成に伴って、権力者、聖職者、軍人、役人、商人、職人など様々な職種、階層が生じ、社会全体として分業化が進んだ。その後の歴史的展開においても、階層構造については平等化に向けての政治的変革などの潮流があるが、農業・牧畜中心の経済から、商業の拡大、工業・サービス業の成長といって流れの中で、人々の従事する職業は、大幅に多様化し、分業関係が複雑化してきている。

e　情報量の増大

人口の増大、社会集団の大規模化、情報分野を含む技術の高度化、分業の拡大特に情報の生産・流通に特化した職業の増加といった文明史のトレンドは、相まって、社会全体として情報の生産、流通、蓄積を増進してきたと考えられる。

人間は、情報を生み出し、伝え、記憶・記録する根源であり、人の数だけ情報の発信と蓄積がある。人口の増大は、情報を生み出す潜在力を広げ、また、情報交換のパイプを増やす。そして、社会集団の大規模化、情報交流の範囲の拡大によって、情報の伝達・保存が、組織的により確実で安定的に行われていくことになる。

他方で、分業の進展、様々な専門職種の増大は、より多様で豊富な情報の生産・発信につながり、各分野での知識・技術・技能の内容と水準を高めていく。特に、情報関連の技術的な発展、専門職種の形成は、情報の効率的な伝達・保存に寄与してきた。

これらの要因が重なって、人類全体として時代時代に発信され伝達される情報、何らかの形で保存、蓄積される情報の総量は、全体として増大傾向をたどってきたと考えることができよう。もちろん、地域・時代の状況により、国家や集団が衰亡して伝承・記録が失われ、戦乱や社会的混乱のうちに人材、文物を逸して、情報の集積が損なわれることも多々あるが、人類全体として、時を超えて、文書、書籍その他様々な形で情報の保存・継承が重ねられてきた。そして、現代の地球社会においては、ＩＣＴの普及、情報の電子化とネットワーク上での流通と蓄積により、まさに、「情報爆発」ともいえる情報量の著しい増大が続いている。

ただ、こうしたメガトレンドは、地球上の各地域で同様に進展したわけではなく、地域による差異はきわめて大きい。また、同一地域においても時代によりその動きは異なる展開をみせてきた。

文明史の時代区分と情報革命

前述した文明史のメガトレンドをふまえ、それに、文明社会の形成とその地域的展開、地域間交流の構図を考慮して、大まかな文明史の時代区分を設定し、さらに、五つの情報革命の位置づけを示しておきたい。

まず、文明史の時代区分として、ここでは、①文明の創生期（フェイズⅠ）、②文明間の交流拡大期（フェイズⅡ）、③文明の初期グローバル化（フェイズⅢ）、④文明の本格的グローバル化（フェイズⅣ）に四分しておく。

フェイズI　文明の創生期（紀元前四千年紀〜七世紀頃）

メソポタミアにおける人類最古の文明社会が誕生してから、世界各地で文明社会が形成され、並立して各々が特徴ある歴史的展開をみせた時代である。

西アジア（メソポタミア）、エジプトを先駆に、少し遅れて、環地中海（クレタ島、東地中海沿岸）、南アジア（インダス川流域、後にガンジス川流域）、東アジア（黄河流域）、南北アメリカ（メソアメリカ、アンデス）の各地域に文明中心地が形成され、様々な文明社会が群立した。

これら各地の文明社会では、灌漑や農作業の組織的なスケジュール管理（暦の作成と使用）などによる農耕の生産性向上を実現し、都市の建設、文字の使用により人口規模が大きく密度が高い社会集団の形成と運営がなされた。

もちろん、灌漑農耕、都市、文字という三種の要素のあり様と組み合わせは、地域によりかなり違いがあった。農耕は、大河の流域での大規模な灌漑農耕によるばかりでなく、高原地帯や密林地帯などでの農耕を基盤とする場合もある。また、メソアメリカ（北アメリカ南部）のマヤのように都市建設を欠くケースもあれば、アンデス（南アメリカ）のインカ帝国のように文字を使用せず、キープと呼ばれる結縄文字を用いた例もある。

とはいえ、文明社会の形成には、文字あるいはこれに準ずる記号の体系が伴っているといえる。もちろん、文明形成の初期には、文字の使用は、一部の上層階層、専門集団に限られたが、大規模で分業や階層化の進んだ社会の運営には、不可欠の手段となった。各地で、様々な様式の文字が形成され、また、文字の筆記には石版、粘土板、布、木、竹、パピルス、動物の皮など様々な材料が、地域の風土的条件に応じて用いられ、紙が広く用いられるまで続いた。

各地の文明社会では、初期には一般に、特定の社会集団に伝承・共有される神話的世界観を形成し、やがて、より広範な地域、民族に共有可能な哲学的思考や普遍的宗教が創造され広まっていった。また、農耕・牧畜、土木・建築、冶金・工芸、生物・医学、気象・天文、軍事など幅広い分野で知識・技術が累積的に発展していった。

一般に、文明社会の形成においては、都市国家や小国家の群立状態から、これらを統合した巨大国家（帝国）の形成に向かう動きがみられるが、その経過や様相、継続性は、地域によって異なっている。

先駆的で典型的なモデルは、西アジアでのシュメール人の都市国家群からアケメネス朝ペルシャ帝国の形成への長い分裂と波乱に満ちた展開にみられる。しかし、ほぼ同時期に遠からぬ地で文明形成が進んだエジプトでは、早期に統一国家の形成を実現し、王朝の崩壊・変遷はあったものの二〇〇〇年以上の長い期間、自立・安定した文明社会を維持した。

他の地域でも、時期が少し遅れて文明形成が展開し、紀元前一世紀末までには、環地中海にはローマ帝国、南アジアにはマウリヤ朝、東アジアには秦や漢が巨大国家を形成していた。また、文明形成の開始とテンポが比較的遅かった南北アメリカ大陸でも、一四世紀までに、広大な領土を統合して、北アメリカ南部にはアステカ王国が、南アメリカにはインカ帝国が成立をみていた。

これらの巨大国家では、首都や全国的な道路網、中央・地方の行政機構、駅伝制のような情報伝達の仕組みなどが整備され、各々の広大な領土を人と情報、物資が頻繁に行き交い、広大な情報交流圏を形成した。また、文字の使用と文書の作成が、行政、商業、宗教上の目的を中心に活発に行われた。

アフロユーラシアにおいては、この時期から、各地の文明中心地の間で、人や物資、文物の移動も続いており、特に、中央アジアを介した東西間の内陸ルートは、「シルクロード（絹の道）」として経済・文化交流の一大動脈となっていた。こうした文明間の交流は、各地の文明社会の形成に少なからぬ影響と彩りを加えたものの、アレキサンダー大王の東方遠征を除けば、直接的な圧力となって変化をもたらすものではなかった。

フェイズⅡ　文明間の交流拡大期（七世紀頃〜一七世紀）

文明の創成期から様々な文明社会の並立期へと展開をみせた後、アフロユーラシア大陸では、各地に展開する文明社会間の交流が格段に増大する時代へと進んでいった。

商業活動の活発化と都市の発展が続き、文明社会の周辺に位置する砂漠や草原の騎馬遊牧民族の活動も一段と活発化し、軍事的、経済的、文化的に広大な地域間をまたぐ膨張活動が展開した。

このフェイズⅡでも地域的には西アジアが新たな動きをリードすることになる。七世紀、アラビア半島に端を発するイスラム教の成立とその軍事的、宗教的拡大の動きが、イベリア半島から東南アジアに至るアフロユーラシアの中心部を含む広い地域で、文明社会の変化を促進した。

一三世紀には、ユーラシアの東西にまたがるモンゴル帝国樹立とその分裂後のモンゴル系諸国（中国の元朝をはじめとする諸ハーン国）の並立により、経済的、文化的交流が拡大した。その後も、中央アジアを本拠とするイスラム教化した騎馬遊牧民の征服活動が、西アジア・環地中海地域から南アジアにかけて展開し、西アジアのオスマントルコ帝国や南アジアのムガール帝国などの征服王朝が成立し隆盛をみせた。異なる文化、文明の伝統を持つ支配階層と被支配階層が重なり合い、キリスト教とイスラム教、ヒンズー教とイスラム教が混交し、東ヨーロッパから東南アジアにかけて異質の文化や社会集団が複合化した文明社会へと変化と再編が進行した。

東西の交流は、中央アジアを介した内陸ルートのほかに、東南アジア海域とインド洋を通る東西の海のルートも活発化し、日本から西アジアにかけての各地で海上交易が盛んとなった。中国では、モンゴル族の元に代わって漢民族が建てた明（一三六八年建国）が、一五世紀に入ると三代皇帝永楽帝のもとで、国家事業として大規模な船団を組織し、東南アジア海域から遠くはアラビア半島、アフリカ方面まで、数次に及び遠征の航海を行ったが、永楽帝の没後その活動は中断した。

少し遅れて同じく一五世紀には、ユーラシアの西端、イベリア半島のポルトガルとスペインを先駆としてヨーロッパ人によって、地球規模での大航海活動が展開される。これによって、長く別個の独立した文明形成の歩みを続けてきた、アフロユーラシア大陸と南北アメリカ大陸が、一体化した世界史の潮流のなかに結びつくことになった。残念なことに、メソアメリカとアンデスの独特な文化的伝統を誇る文明社会が、ヨーロッパ人の到来によって崩壊の事態に至った。以後、南北アメリカは、ヨーロッパ諸国と密接な関係のもとに、植民地や国家の形成、経済的営みを続けることになるが、ヨーロッパ諸国の歴史的展開、ひいては今日の世界に与えた影響はきわめて大きいものがある。

ただし、この段階では、南北アメリカ大陸へのヨーロッパ諸国の侵食（植民地化と大西洋をまたぐ経済圏の形成）を除けば、オスマントルコから日本にかけてのアフロユーラシア各地の文明、国家は、おおむね各々の伝統を背景に、独自の政治的・経済的・文化的勢力を保ちながら、ヨーロッパ人の来航と軍事的、経済的活動に対応していた。

このフェイズⅡの時期に、漢代の中国で改良された紙の使用が、日本や朝鮮など他の東アジア諸国、さらに、アフロユーラシアの西方地域に漸次拡がっていった。各地域で長年使用されてきた様々な材料に代わって、文字・文書の筆記材料となり、情報の伝達と保存をより容易で確実なものとした。行政組織の効率的運営や商業取引の円滑化、宗教の伝播や学問の発達を促進する要因となった。また、この局面の最終段階にさしかかった一五世紀中ごろ、西ヨーロッパで金属活字を用いた印刷術の革新が起こり、出版活動が飛躍的発展をみせ、宗教的、政治的変化を促進し、科学・技術から文芸まで幅広い領域の知的成長を支えた。こうした印刷術の革新の社会的影響は、一八世紀以降のフェイズⅢにおいて、産業革命の進展と欧米列強主導によるグローバル化の展開へとつながるものである。

なお、フェイズⅠとフェイズⅡの区分は、あくまで、アフロユーラシア大陸を念頭に置いたもののであり、南北アメリカ大陸では、フェイズⅡでの文明社会間の交流拡大の動きを独自に同大陸内部で展開することなく、フェイズⅡ末期にヨーロッパ人による世界的大航海活動に巻き込まれ、独自の文明社会としての存立を失ってしまったといえよう。

フェイズⅢ　文明の初期グローバル化（一八世紀～二〇世紀）

一八世紀中ごろ以降、イギリスを先駆として産業革命（工業化）を進めた欧米諸国主導のグローバル化が進展した時代である。ヨーロッパ諸国は、一五世紀以来、大洋に乗り出して世界的大航海事業を展開し、南北アメリカ大陸を征服して植民地とし、他方、アフロユーラシア大陸の東方に向かっては、主に、通商活動のための拠点とルートの確保を競っていたが、既存の文明社会、国家に対する影響力には限界があった。

ところが、産業革命を契機に、工業化を軸とする経済発展を遂げる西ヨーロッパ諸国に新興のアメリカ合衆国を加えた「欧米列強」の軍事的、経済的優位が確立していく。そして、一九世紀から二〇世紀の前半にかけて、全世界国・地域のほとんどが、少数の欧米主要国の支配下か、強い影響力のもとに置かれることになった。世界は、世界各地域で比較的独立的な歴史的形成を続けてきた様々な文明社会、国々のモザイク状態から、ヨーロッパに原型を持つ主権国家の集合した国際社会へと再編成されていった。

第二次世界大戦後の二〇世紀後半は、旧植民地から多数の新生独立国家がアジア・太平洋地域やアフリカ地域で登場し、欧米中心の国際社会も、大きく変貌を遂げた。しかし、アメリカと旧ソビエト連邦（ソ連）を両リーダーとする冷戦体制や、経済面での南北格差のもとで、欧米主要国に日本を加えた先進国中心の状況は続いた。

多元的な政治的体制としての国際社会は、多数の国家間で連携や対立の構図をみせ、時代時代で主導的役割を担う国家が交代してきた。一九世紀から二〇世紀にかけては、イギリス次いでアメリカが覇権国として主導的役割を果たし、「パックスブリタニカ」「パックスアメリカーナ」の国際社会の構造（国際システム）が形成された。

産業革命以降の工業化は、交通の領域での動力革命を伴っており、一九世紀には、まず、陸に鉄道、海や川に蒸気船が行き交い、やがて二〇世紀に入ると、自動車、航空機の出現と普及をみる。地域、国のレベルでの交通が格段に容易で迅速なものになるとともに、世界的な交通網も整備が進み、より安全、確実な移動、輸送が可能となった。

情報の領域では、一九世紀中ごろには、電信の発明と実用化により情報伝達の即時化が可能となり、やがて、海底ケーブルを用いて張り巡らされた電信網は、全世界を同時的な情報交流圏とした。電信は、その後の電話やラジオ・テレビ、その他の電子的メディアの先駆けとなり、さらに、二〇世紀後半には、コンピュータの開発、普及により、情報の伝達のみならず、情報の処理の電子化がなされることとなった。

こうして、交通・通信の世界的ネットワークが本格化し、経済の好不況、国家間の戦争と平和などにより、貿易や海外投資の動きも大きく変動したが、世界的な人・物・金・情報の流動が拡大・迅速化した。

フェイズⅢの時代、特に二〇世紀を通して、全体的な長期的趨勢でみれば、工業化を軸とした経済成長が達成され、過去の時代に比べて高い人口増加が続いた。他方、このことは、資源消費の拡大や、環境への負荷の増大をもたらし、二〇世紀後半には、地球全体としての資源・環境の限界を意識させる状況となった。

二〇世紀末期フェイズⅢの最終段階に至って、経済的相互依存の高まり、情報流通の飛躍的な拡大、CO2排出による気候変動問題に代表される全地球的な共通課題への直面などによって、人類全体が、地球社会ともいえる共通の文明の枠組みの中に一体化してきたといえる。

フェイズⅣ　文明の本格的グローバル化（二〇世紀末期〜）

フェイズⅢの時代が一九九〇年頃から潮流の変化をみせており、これと区別して、現在進行中の新たな歴史的局面として想定してみた。

地球規模の国際社会、地球社会は、グローバルな経済的な相互依存と国家間から市民同士まで各層での交流関係が深化し、そして、冷戦体制の崩壊、世界的な市場経済体制の構築、経済的なグローバル化の本格的進展、中国、インド、ブラジルなどの新興国の急速な経済成長などにより、より多元的な勢力配置へと変化をみせた。そうしたなかで、これまで世界の各地域で独特な形成を遂げた文明社会の伝統は、一体性を強める地球社会の中で、多様で豊かな文化的資源であるとともに、状況によっては、異なる民族、文化、宗教、言語などに根ざす緊張、対立の要因ともなっている。いわゆる「文明の衝突」を超えた「文明の共生」の実現が大きな課題といえる。また、気候変動問題など人類全体で対応すべき課題も、一段と深刻化している。

情報の領域では、インターネットと携帯電話に代表される情報通信技術（ＩＣＴ）の飛躍的発展と急速な社会的浸透（ＩＣＴ革命）が、全世界的に進展しつつある。大多数の人々にとって程度の差はあるが、情報へのアクセスが、かつてなく容易で効率的なものとなっている。そして、情報の電子化、ネットワーク化が進み、ネットワーク上の情報量が爆発的に増大（「情報爆発」）しつつある。

以上の文明史の段階区分について、若干付け加えるならば、フェイズⅠとフェイズⅡは、農耕と牧畜を基盤とし、商業・手工業の漸進的な発展を含む時代として、大くくりにすることも可能である。ただ、商業と都市、地域間の交流活動の文明史における役割の大きさを考慮し、本書では二分している。さらに、フェイズⅢとフェイズⅣとは、工業化を基軸とし、情報化・サービス経済化の進展の時代として一括することもできる。特に、文明史の最新局面であるフェイズⅣは、未だ経過もきわめて短期間であり、フェイズⅢとフェイズⅣとの区分は、後世長期的視点からは、フェイズⅢをフェイズⅣの初期段階とし、一連の連続的な変化の過程と捉えられる可能性もあり、仮置きとしておきたい。

この文明史の時代区分と五つの情報革命との関連を整理すると、①文明創生から諸文明の並立時代（フェイズⅠ）では「文字」が、②アフロユーラシア諸文明の交流拡大の時代（フェイズⅡ）には「紙」と「印刷」が、③初期グローバル化の時代（フェイズⅢ）は「電信」が、そして、④グローバル化が本格化した現代世界（フェイズⅣ）は「ＩＣＴ」が、重要な役割を果していると考えられる（表２）。

広域的な情報交流圏の形成と拡大

五〇〇〇年余の文明の歴史において、各地に形成された文明社会は、一般に、比較的狭い地域での都市、小国家の群立にはじまり、交易の拡大や戦争による征服などによって、より広範囲な地域での国家の群立か巨大国家の形成による政治的統合へと展開し、経済的にも広域的な交易関係が形成されている。そして、国家間関係の拡大や巨大国家の形成、交易の発展に伴って、広い地域にまたがる情報交流圏が形成されてきた。

広域に及ぶ情報交流圏を形成する動きは、文明形成の先駆をなした西アジアで早くから展開し、遅れて、環地中海、インド、中国、南北アメリカの各地域において、各々の地域性に根ざした多様な文明社会の形成がなされ、特に文字や筆記材料、情報機能の担い手となる職業階層や組織など独特な特色を持つ広域的な情報交流圏が成立した。

この広域的な情報交流圏は、古くはアケメネス朝ペルシャや、ローマ帝国、中国の歴代統一王朝などの巨大国家のもとで典型的に形成されている。道路網や駅伝制度、中央・地方の官僚制・書記階

表２　文明史の段階区分と情報革命

時代区分	時代状況	情報革命
フェイズⅠ 文明の創生期 （紀元前４千年紀～７世紀頃）	メソポタミアにおける文明社会の誕生から世界各地での文明社会の形成と並立へと展開した時代 ――農耕の生産性向上、都市の建設、巨大国家の形成など	文字の創造
フェイズⅡ 文明の交流拡大期 （７世紀頃～18世紀）	アフロユーラシア各地に展開する文明社会間の交流が拡大した時代 ――商業・都市の発展、イスラム勢力の膨張、征服王朝の形成、世界的な大航海活動など	紙の普及 印刷術の革新
フェイズⅢ 文明の初期グローバル化 （18世紀～20世紀）	産業革命を進めた欧米列強に主導されたグローバル化が進展した時代 ――産業革命の展開、工業化（動力化、機械化）の進展、欧米主導の国際社会形成など	電信の発明
フェイズⅣ 文明の本格的グローバル化 （20世紀末期～）	経済的グローバル化が本格的に進展し、勢力拡散により国際社会が変化する現代 ――東西冷戦の終結、工業化の拡散と新興国の台頭、地球環境問題の深刻化など	ICT の発展

層、神殿・神官集団、広域で通用する共通言語（公用語、商業語、宗教語など）、巨大な首都など、情報の発信、流通、集積に関連する一連の要素が複合し、広域的な情報基盤として機能していた。

その後、アフロユーラシア各地の文明社会（広域的な情報交流圏）の間での相互交流が本格的に展開し、ヨーロッパ人による世界大航海事業の展開を経て、全世界的な規模での地域間の交流が拡大し、現在のグローバルな情報交流圏の形成に至っている。

〈情報交流圏を形成する諸要素〉

- 広域的な軍事・政治・経済・文化的な活動の展開
- 広域的な交通網・通信網
- 文字、筆写材料、メディアなどの情報伝達手段
- 共通言語（公用語、商業語、宗教語など）
- 普遍性のあるコンテンツ（神話、経典、文芸作品、法令、実用的知識など）
- 情報の生産、流通、保存を担う組織（官僚機構、宗教組織、企業、文書館、図書館、マスコミなど）
- 情報の流通・集積の広域的拠点（首都など巨大都市）

過去、現在と続く一連の情報革命は、時代時代の社会的な情報システムの根幹に新機軸となる変革をもたらし、その影響が広がるにつれて、広域的な情報交流圏の仕組み全体、さらには、それを基盤とする文明社会そのものを再編していくことになる。

第Ⅰ部

文字と紙が創った世界

第Ⅰ部

文明社会の形成は、今から五〇〇〇年以上前にメソポタミアで、文字の創造とともに始まった。文字の使用は、大規模な社会集団の運営を可能にし、人間の精神活動にも変化をもたらした。その後、世界各地での文明社会の多様な展開にともない、文字も各地で形成・使用され、そして、粘土板、石板、木片・竹片、植物の葉など様々な筆記材料に書かれ保存された。記録文書を大量に納めた文書庫が設けられ、後に図書館に分化していった。

やがて、筆写材料として紙が中心的な役割を占めるようになり、文字による情報の保存と伝達をより確実で効率的なものにし、行政や商業、宗教や文化の活動を支える重要な要因となった。

第1章　文字革命――情報の保存と文明の形成

第1節　文明の形成と文字の創造

1　文明の創生時代

本章では、人類の歴史において、約五〇〇〇年前にメソポタミアの地に最古の文明社会が誕生し、その後、各地で独特な特色を持つ様々な文明社会が形成されていった三五〇〇年ほどの時期が対象である。その後七世紀頃を境に、イスラム勢力の伸長を契機として、文明間の「大交流時代」を迎え、文字の筆写材料として紙が世界的に普及する時代となる。なお、文明社会の形成が時期的に遅かった南北アメリカ大陸については、一五世紀頃までの事情に言及する。

今から五〇〇〇年以上前、紀元前四千年紀の後半に、メソポタミアにおいて世界最古の文明社会が形成され、都市建設、本格的な灌漑農耕とともに、粘土板を筆写材料に楔形文字の使用が始まった。

その後、ほぼ同時期に少し遅れて、エジプトでも文明形成が進んだ。

その後、メソポタミアとこれを取り巻く西アジア地域では、文明形成が次第に広域化し、遂には、エジプトを版図に含む巨大帝国（アッシリア、アケメネス朝ペルシャ）の成立をみた。世界の他の地域に先駆けた文明形成、都市国家群立から巨大帝国成立への展開であり、これ以後も長く、西アジアは、アフロユーラシア全体の文明形成の先導役、地域間、文明間の交流の十字路としての役割を果たすことになる。

アフロユーラシア大陸では、メソポタミアとエジプトに遅れて、先行するメソポタミアからの何らかの直接、間接の影響を受けて、地中海（クレタ島）、南アジア（インダス川流域）、東アジア（黄河流域）の各地域で文明社会の形成が進展した。

西アジアからエジプトにかけて版図を広げたペルシャ帝国が最盛期を迎えた紀元前六世紀、西ではギリシャ民族の都市国家が、独自の文化を形成し、政治的にも別種の独立した世界を築いていた。東方では、インドでガンジス河流域を舞台に独自の文明形成が進み、仏教やジャイナ教の成立にみられる創造的な時代にさしかかっていた。また、中国では、周王朝の衰退の中で孔子や他の思想家が百家争鳴する時代を迎え、中国文明の新たな創造期を迎えていた。これらの地域でも、やがてローマ帝国、マウリヤ朝、秦・漢の両王朝という広域的な巨大国家が形成された。

これに対して、南北アメリカ大陸では、北アメリカのメキシコ南部からユカタン半島にかけての地域（メソアメリカ）と南アメリカのアンデス地域に、かなり時期が遅れるが、独特な特徴を持つ文明社会が形成された。

こうして、西アジアのメソポタミアを先頭に、以後、世界各地で文明社会の形成が展開し、複数の文明中心地が成立したわけであるが、文明社会の創生時においては、おおむね、祭祀センター（神殿）の施設と組織、人口数千人から数万人規模の都市の形成、組織的な農業経営（大河の近くであれば灌漑農耕）に加えて、文字の使用がなされている。

もちろん、農業形態は、地理的、気候的条件により違いがあるし、都市のあり様も城壁をめぐらした都市や、王宮や神殿を中心とした大規模な非農業集落に近いものなど、文明の特徴により様々である。ただ、文字を使用することでは共通している。なお、南アメリカのアンデス地域では、筆記される文字が使用されず、代わって記録手段として独特な結縄文字（「キープ」）が用いられているが、これも文字に準じるものとみなしておこう。

2　文明の形成と情報の集積

改めて言うまでもないが、文字は、言語を表す記号の体系であり、触覚により認識される点字を除けば、一般に視覚的に認識されるものを指している。

文字によって記され、伝えられる内容は様々である。初期の文明社会においても、土地の所有、農作物の収穫、納税、商取引の契約、天体や気象の変化、暦、支配者の命令、法令など国家や社会の営みに伴う実用的な事柄や、社会集団に伝わる伝説や神話、物語などの精神的な共有物が含まれている。

文字の役割は、情報の記録・保存の手段であり、また、情報の伝達手段でもある。

情報の記録・保存は、文字の本質的な役割で、人間の記憶能力を補助するものである。文字による記録により、筆記者個人のみならず、その所属する集団による情報の共有が時を超えて可能となる。集団的な記憶補助手段ともいえる。集団としての営みがより効率化し、その存続も長期的に安定したものとなる。もとより、文字は、単に個人の記録手段でなく、文字の形と意味、文法を一定の集団内で共有して、その役割を果たすものである。

情報の伝達という点では、粘土板、木の葉、パピルス、木簡・竹簡、紙など筆記された物体を運搬することで、情報の発信者が自ら移動することなく、報告や命令など、事実や意思の伝達が可能となる。複製することで同時に多数の受け手に伝えることもできる。また、石碑のように、継続的に多数の人々へ周知する手段ともなる。

さらに付け加えれば、文字は、対象物・事象の指示や音声言語の記述という本来の実用目的を超えて、視覚芸術の一つとして美的価値を追求する対象ともなっていく。絵文字の場合は、美的配慮が強く働いたと思われるが、絵画的性格を失った後でも、文字自体の美的価値を追求して麗しく書く技法が、東では日本や中国で書道と呼ばれ、西ではイスラム圏やヨーロッパでカリグラフィーの名称で、古くから発達してきた。

ところで、都市の建設や文字の使用を伴う文明社会の形成に先立って、人類は、世界各地で多種の形態の農耕を開始し、人口がある程度集中した定住集落をなし、狩猟採取を生業とする時代に比べてより規模の大きな集団生活を営んできた。より大規模で持続性の高い集団の形成は、情報の保存や複雑な文化の形成を可能にしたとみられる。

文明社会の形成は、一般的には人口のある部分の都市への集住を伴い、それ以前に比べて、社会集団の規模が拡大し、その構造も複雑化してくる。都市への集住は、より濃密なコミュニケーション空間を形成する。また、社会組織の複雑化（ピラミッド型の組織形成や分業の進展）は、神官、官僚、商人、職人など専門的職種の人口を拡大し、社会全体としての情報生産・流通を拡大することとなった。

神殿や権力機構の活動、大規模な灌漑農業や商取引といった文明社会の営みは、その基盤として情報を蓄積し、その流通を支える組織や手段を必要とする。文字は、より効率的な情報の蓄積・伝達手段となり、空間と時間を超えた情報の伝達・保存をより確実なものとした。文字の使用によって、大規模な社会組織の運営が可能となり、また、個々人と社会全体の知的活動がより効率化する。さらに、国家の興亡や民族の盛衰といった社会組織の変動を超えて、文化の継承が可能となった。

3　文字の誕生と多様な展開

これまで世界には、現在では使用されていないものも含めて、約二〇〇種以上の文字があるといわれる。現在、多く使用されている文字としては、ラテン文字、キリル系文字、インド系文字、アラビア文字、そして漢字などが挙げられるが、各々の文字種も、表記される言語によって、若干の相違があり多様である。ちなみに、言語はさらに多種類で、数千種ともいわれており、それに比べると文字の種類は少ないともいえる。また、人類が言語を使用するようになって数百万年が経過するといわれるが、体系化された文字の使用は、せいぜい五〇〇〇年を少し超えるにとどまる。もちろん、文字の先駆けともいえる絵画的あるいは図形的な記号の形成は、数万年前にまでさかのぼる。

さて、言語と文字の関係でいえば、日本の平仮名（ひらがな）や片仮名（カタカナ）のように、一言語でのみ使用される文字もあるが、ラテン文字、アラビア文字、漢字などは、複数の言語でそれらを表記するために用いられている。他方、歴史上ある時代、地域で用いられた文字で現在は使われていないものも多く存在する。

現在使われている文字としては、その範囲を限るのが難しいが、「日刊の新聞が発行されている」という基準でいえば、表3の二八種が挙げられている。

歴史的には、文字の形成は、系統樹が伸び広がるように、多様化の道を進んできたといえる。ただし、現在使用されていないものも多数あり、現在使用されている文字にしても、歴史的な変遷を経て現在の字形に変化してきていることが多い。現用あるいは歴史上の多種多様な文字も、その系譜をたどれば、限られた少数の起源に遡ることになる。後で触れるように、起源を一つとみる見方すらある。

文字を記した最古の文書は、今から五〇〇〇年以上前、紀元前四千年紀の後半にメソポタミアで作

表3　現在使用されている世界の文字（日刊の新聞が発行されている文字）

ヨーロッパ・アメリカ・西アジア	南アジア・インド	東アジア
ラテン文字 ギリシャ文字 ロシア文字 グルジア文字 アルメニア文字 ヘブライ文字 アラビア文字 ウルドゥー文字	デーバナーガリー文字 グルムーキー文字 グジャラート文字 オリヤー文字 ベンガル文字 タミール文字 テルグー文字 カンナダ文字 マラヤラム文字 シンハラ文字	漢字 チベット文字 モンゴル文字 朝鮮文字 日本文字 注音符号※
アフリカ	**東南アジア**	
アムハラ文字	ビルマ文字 クメール文字 タイ文字 ラオ文字	※中国語の発音記号にあたる。初学者用としても使われる

出典：「世界の文字」中西印刷株式会社，http://the.nacos.com/information/character/ をもとに著者作成

成されたものである。この最古の文字は、人類最古の文明を形成したシュメール人によって創られ使用された。

シュメール人によって創られた楔形文字は、直接的あるいは間接的な影響を各方面に及ぼし、アフロユーラシア大陸の全域で様々な文字の形成、変化の起源を成している。

おそらくメソポタミアからの何らかの影響のもとで、少し遅れてエジプトでも、今から約五〇〇〇年前に、文明の形成と文字の使用がみられるようになった。

メソポタミアでもエジプトでも、文字形成の初期には、具象的

な形態のものであったが、次第に簡略化・抽象化し、表意文字や表語文字から表音文字化の方向への変化をたどった。

西アジアを舞台にした文明形成の過程で、メソポタミアとエジプトの影響を受けて、紀元前二〇世紀から紀元前一五世紀の間ころにシリア地域で北セム文字と呼ばれる表音的な文字がつくられた。この文字が基となって西アジアではアラム文字やヘブライ文字、アラビア文字などが、地中海地域ではフェニキア人を介してギリシャに伝わってギリシャ文字が、さらに西方に影響を及ぼし、エトルリア文字やラテン文字（ローマ字）が形成された。表音文字の体系であるアルファベットは、この過程で誕生している。

現在も、アラビア文字は、アラビア語の表記に使われているほか、ペルシャ語やウルドゥー語などの文字でもあり、ギリシャ文字は、多種のキリル系文字を派生して、ロシア語、ウクライナ語などを表すのに使われている。ラテン文字は、ラテン語の表記に用いられた後、ヨーロッパの各種の言語を表記するのに使われ、さらにはアジアやアフリカの一部でも、トルコ語、インドネシア語、ベトナム語など多くの言語の文字となっている。ラテン文字の形成に影響が大きかったとされるエトルリア文字は、都市国家ローマの勢力拡張の陰で、そのことばとともに使われなくなっている。

他方、西アジアで広く普及したアラム文字やこれをもとに創られたシリア文字は、インドや中央アジアさらには東アジアへと伝わり、その影響のもとで、各種の文字が派生した。インドでは、デーバナーガリー、ブラーフミーなどの多種のインド系文字を生み、さらにそれらの影響によって、チベットやスリランカ、タイ、カンボジアなどの諸言語を表す文字の形成につながった。

こうしたメソポタミアとエジプトに根ざした文字形成の歴史的な展開とは別に、東アジアでは、中国において漢字が創られ、やがて朝鮮、日本、ベトナムなど隣接の諸地域でも使用され、また、独自の文字の形成に影響を与えた。中国においては、漢字の個々の形や書き方に歴史的な変遷はあるものの、表語文字としての性格を保ったまま、今日に至っている。アフロユーラシア大陸全体のなかでは、局地的で特殊な文字の伝統が形成され保持されてきたわけであるが、大陸全体のなかでも中国における文明形成の相対的な孤立性、独自性の強さを物語る重要な要素であるといえる。もちろん文明形成における西方との交流や西方からの影響は、文明形成の初期から間断なく続いており、文字の創造についても西方からの何らかの影響を想定する見方もあるが、推測の域にとどまるようである。

大洋を隔てたアメリカ大陸では、南北で独自の文明形成が展開し、北アメリカ南部地域（メソアメリカ）を中心に、紀元前から文字の発達がみられた。北アメリカの南に位置するユカタン半島においては、マヤ地域に文明が形成され、マヤ文字といわれる絵文字を主体とする文字体系が、石碑や絵文書として残されている。メキシコ南部（現在のメキシコシティ付近）を中心に栄えたアステカ王国でも、マヤと類似した絵文字の発達がみられる。これらの文明社会の営みに先立って、メキシコ南東部の低湿の密林地帯にオルメカ文化が形成され、絵文字を主体とする文字体系を残している。アステカにせよマヤにせよ、いずれの文字の体系も、系譜をたどれば、オルメカあるいはそれに先行する文化を起源とする可能性も考えられている。

文字による言語表記という根本的なアイデアから具体的な文字の体系まで、全く独立的に方々で形成されたというよりも、地域と時代を超えて、触発、応用、借用、変形など様々の仕方で、継承と変化を重ねつつ、世界各地で様々な文字の体系が創られ、今日に及んでいる。

フィッシャーは、『文字の歴史』において、「すべての表記体系は、それより古い時代の原型や体系の子孫だと考えられる。それらの原型や体系における、話ことばを視覚的に表そうという発想、それを実現するための工夫、および／または、その過程で用いられた文字や記号が、別の民族の持つ言語や社会的必要性に応じて、借用されたり、適用されたり、あるいは変えられたりしてきた」ことを強調している[1]。

そして、中国における漢字形成への西方からの影響、さらに、アメリカ大陸における絵文字形成への中国からの影響の可能性を示唆し、メソポタミアを一元的な起源とみる見方もありうるとしている。前者については、漢字の原型である甲骨文字の本格的な体系が、殷の時代に突如として出現したことを挙げている。後者については、漢字とメソアメリカの文字体系が、象形文字的な性格や縦書きの様式など共通性を持つことに着目している。ただし、こうした影響や伝播を実証するものは今のところない。

とはいえ、仮に、東アジアとアメリカ大陸における文字の形成が独立的なものであるとしても、メソポタミアとエジプトを起源として、多数の使用人口を持つ現存する多種の文字が形成されており、文字形成における地域間の文化交流の重要性を如実に示している。

さらに、文字が、文明形成の根幹的な要素であることを考えれば、様々な文字の歴史的な形成過程は、世界各地の文明の形成過程における、相互の影響の重なりを物語るものといえる。

第2節　文明形成と広域交流の先駆け　西アジア・環地中海地域

1　西アジアにおける文明形成の特徴

アナトリア半島とペルシャ高原を北方にひかえるメソポタミア地方から南にアラビア半島、西にエジプトからモロッコにかけて、広大な砂漠を含んだ乾燥地帯が広がっている。

この地帯で、メソポタミアとエジプトの二つ地域において、ほぼ相前後して文明社会が形成された。メソポタミアとエジプトの両文明社会は、前者から後者への、初期にある程度の影響があるようであるが、長きに渡って両者は別個の独立した文明社会としての歴史を歩んだ。

この東西に広がる乾燥地帯のうち、メソポタミアを含む西アジアは、チグリス・ユーフラテス両河流域（おおむね現在のイラク、シリア）を中心として北はペルシャ（イラン）、南はアラビア半島、西はアナトリア半島からパレスチナにかけての地域を含んでいる。

今から約五〇〇〇年以上前に、メソポタミアにおいて、人類最古の文明社会、シュメール人の都市国家群が形成され、以後三〇〇〇年近い歳月をかけて、周辺地域への文明社会の広がり、都市国家間、諸民族間の分立、抗争が続き、やがて、西アジア全体にエジプトも含めた大帝国の樹立へと展開した。

この西アジアは、全地球的な文明史のなかで、特異で重要な役割を果たしてきたが、端的にいえば、以下のような地域的な特質を持っている。

西アジアは、全体として有史以来、地球上の他の地域に比べて、乾燥の度が高く、乾燥地域の中に都市や農耕地域が点在する。また、地理的に周辺に対して開かれ、絶えず民族間の競争的、闘争的関係が演じられた。さらに、乾燥性から自給的農村社会ではなく、交易活動への志向性の高い都市社会が形成され、地域内外への膨張活動（征服、交易、伝道）が活発になされてきた。

こうした地域性を背景にして、メソポタミアを中心とする西アジアでは、シュメール人都市国家群の建設から広域的な巨大国家（アッシリアやアケメネス朝ペルシャ）の形成に至る文明史のプロセスを、世界の他の地域に先駆けて実現してきた。文明社会の基本的な要素の創造から、その当時その地域としての「世界」ともいえる広域にわたる政治的統合の実現や情報交流圏の形成に至るまでの一連のドラマが、他の地域に先行して展開したわけである。

そして、他地域での文明社会形成に対しては、程度の差はあるが、直接、間接に影響を及ぼしたとみられ、アフロユーラシア大陸の中心部近くにあって、先行性や膨張性とあいまって、全大陸的な民族流動、商業、文化交流の動きの中で中核的な位置を占めた。

西アジアにおけるこのプロセスの傍ら、西に隣接する地中海とその周辺地域では、西アジアとエジプトからの文化的影響、軍事的圧力、交易関係のもとで、イスラエル人、フェニキア人、ギリシャ人、そしてローマ人などが、独自の国家や文化の形成、軍事や交易の活動を展開しつつあり、やがて、アレキサンダー大王の東方遠征やローマによる環地中海地域の政治的統一のような環地中海地域からの主導的動きへと進展していく。

さらに、時代を下ると、イスラム勢力による西アジアから環地中海にかけての国家形成の動きもあり、主導権は東西を移動する。

次第に、西アジア地域と環地中海地域とは、一体的な緊密な関係を持って、文明形成の舞台となっていった。

2　メソポタミアにおける文明形成　楔形文字と粘土板の世界

都市国家群の形成から巨大帝国の樹立へ

文明の誕生、それは今から約五〇〇〇年以上前、現在のイラク領にあたるメソポタミアの地に、シュメール人によって多数の都市国家が形成された時に遡る。城壁をめぐらした都市が建設され、その周辺では、チグリス・ユーフラテス両河の水を引き込んだ灌漑農業が営まれた。そして、楔形文字が粘土板に記されて使用された。

同地域における覇権は、シュメール人以後、アッカド人、バビロニア人、アッシリア人と受け継がれ、その中心勢力となる民族や言語が交替していくが、その文明の様式としてはおおむね同一性を保持していく。

シュメール人都市国家形成から、途中紀元前二四世紀におけるアッカド人のサルゴン一世によるメソポタミア統一を経て、紀元前一九世紀のバビロニア帝国成立まで、約二〇〇〇年間にわたって都市国家の群立状態を続けた。その後もチグリス・ユーフラテス川流域とその周辺地域にはいくつかの国家が分立し、アケメネス朝ペルシャによる西アジア統一に至ってようやく広域的な政治的統一を迎え、世界最初ともいえる巨大帝国の成立をみる。

紀元前四世紀末のアレキサンダー大王東征によるアケメネス朝ペルシャの滅亡により、ギリシャ文化の強い影響下に置かれることになり、シュメール都市国家以来の西アジアの文明の伝統は、いったん中断を余儀なくされる。

文明社会の特徴

メソポタミアにおいて形成された文明社会の基本的構造は、シュメール都市国家群によって創成され、やがて西アジア全域の文明の原型となったが、次のような特徴がある。

① 都市の形成

外敵からの防御と用水路網の整備の必要から、世界の他の地域に先駆けて都市の形成がなされた。都市は、周囲に自らの生活を支える土地をもった独立した政治単位であった。

政治体制は成年男子から成る集会と長老たちによって指導されていたが、分立する都市間の戦争のために軍事指導者としての王の出現をもたらし、次第に絶対的で世襲的なものへと移行した。もちろん王にせよ神殿の管理者たる祭司階級にせよ、その権限は神によって認可されたものと考えられ、神々の命令は王の命令を超越するとされ、法律体系の発達をもたらした。

② 大規模な灌漑農業

メソポタミアは、年間の一時期を除いて概して降水量が少ないが、チグリス・ユーフラテス両河の流域では、用水路を整備・管理して灌漑を行えば、肥沃な農地を形成することが可能である。

③ 神殿を核とした社会生活

神殿は宗教的・経済的構成単位であり、共同体の生産の中心であり、生産物の貯蔵庫であった。市民は一つの都市の中にいくつかある神殿共同体の一つに所属し、土地の分与や共有地での労働の義務と収穫物の配分を受けた。都市住民の大部分は農耕に従事し、農閑期において専門化した労働に従事した。なお、神殿による生産管理の枠外に、私的所有の余地も小さくはなかったようである。他の都市国家との交易も活発で、貨幣の使用も発達していた。

④ 文字の使用と職業的書記層の形成

楔形文字が主に粘土板に筆記され、財産管理、農業生産管理、商取引、神話・自然現象などの記録に用いられた。文書の作成、読解、管理は、修練を積んだ書記の役割であった。これについては、後で改めて触れる。

⑤ 占星術・天文学を中心とした科学の発達

農作業の進行管理や占星術の必要から、天体観測が続けられ、天文学・暦法が発達した。六〇進法に基づく時間や方位の観念、一週七日の日数などが今日にも引き継がれている。

⑥ 現世志向的な文化の形成

多元的な都市国家と媒介者的な王権を政治体制とするメソポタミア文明において、戦争や貿易といった対外活動の活発さは、自然環境の不安定性と相まって、一方で強い不安感をもたらし、占星術とそのための天体観測の発達や生贄の祭儀を発達させた。ただ、それは宗教的ではあるが、来世志向的というよりは現世志向的である。王陵を除けば大規模な墳墓はみられず、宮殿や神殿の建設に力がそそがれていた。文字は、主に生産管理、経済活動、行政の手段として用いられていた。

初期都市国家の代表格　ウルク

最古のシュメール都市国家群のなかで、代表的都市の一つとしてウルクを挙げることができる。ウルクは、メソポタミア最南部、ユーフラテス河下流域に位置し、旧約聖書ではエレク（Ereck）と呼ばれ、現在名はワルカ（Warka）である。形態はほぼ円形で、規模は、約九・五キロメートルの城壁をめぐらし、約四〇〇ヘクタールの面積を持つ。都市内には中央の丘上に大規模な神殿があり、そのそばにはジッグラト（聖塔）がある。都市の守護神はイナンナ（イシュタル）とされる。人口は、おおむね三〜四万人規模とみられ、紀元前二八〇〇年頃には八万人に上ったとの推定もある。当時の政治、経済活動がうかがえる多数の粘土板文書が発掘されているが、世界最古とみられる文書もここで発見されており、世界最古の文字の創造が、ここでなされた可能性もいわれている。

楔形文字と粘土板

楔形文字は、シュメール人によって創られた世界最古の文字で、「くさびがたもじ」とも「せっけいもじ」とも読む。楔（くさび）の形をした字画を用いた文字である。主に粘土板の表面に、葦の先端を尖らせたペンを使って彫られ、乾かして保存された。最古の文書として、紀元前三一〇〇年頃の粘土板がウルクから見つかっているが、財産目録が絵文字で書かれている。

ウルクの紀元前三二〇〇年から紀元前二九〇〇年にかけての地層（第四層、第三層）から、約八〇〇枚の粘土板文書が発見されており、約一〇〇〇の絵文字（古拙文字）が使用されていた。約一〇〇〇の絵文字のうち、約二〇〇が楔形文字の原型となったようである。なお、絵文字は、紀元前八〇〇〇年紀以降、穀物や家畜を管理する必要から生まれたトークン（粘土を丸めて作った対象物の代用品）に由来する。[2]

紀元前二五〇〇年頃になると、文字は抽象的な楔形に変化し、シュメール語を表記するのに用いられた。文字は、次第に物の形とは対応しなくなり、当初の表意文字から表音文字へと機能が変化し、文字の総数も一〇〇〇近くあったものが六〇〇ほどに減少した。このうちの約半分は、表意文字としてだけ使われ、他は表意文字と音節文字の両方として使用された。楔形文字で記された最も新しい碑文は七五年のものであり、楔形文字は、西アジア一帯で約三〇〇〇年間にわたり使用され続けたことになる。

メソポタミアでは、時代を経るにつれ、シュメールからアッカド、バビロニア、アッシリアと支配民族が交替し、中心地域が移動し、支配領域も広域化していったが、シュメール人によって創られた楔形文字は、アッカド語とその方言であるバビロニア語、アッシリア語など異なる言語を超えて借用、変形されて用いられた。また、東方のペルシャや西方のシリアでは、メソポタミアの楔形文字の強い影響のもとで、文字数の少ない表音文字が形成されている。

もともと主に会計記録のために創られた楔形文字は、長い時間をかけて、言語を表記するものとなり、会計帳簿や財産目録だけでなく、契約書などの経済文書と並んで、王名表、王の事績録、法律・命令、行政・裁判記録、伝説・神話、神への讃歌、星の運行などの自然現象のデータといった様々な内容の情報を記録する手段となった。主に世俗的な実務目的の文書が多い。

これらのコンテンツ群のなかでも、『ギルガメシュ叙事詩』や『ハンムラビ法典』がよく知られている。『ギルガメシュ叙事詩』は、世界最古の物語といわれるシュメール民族に由来する神話であり、実在の人物とみられるウルクの王ギルガメシュを主人公とする物語である。シュメール語のみならず、アッカド語やアッシリア語などにも訳されて、テキストが今日に残る。『ハンムラビ法典』は、紀元前一七〇〇年頃にメソポタミア一帯を統一し、バビロン第一王朝を樹立したハンムラビ王が編纂し発布した二八二条から成る法令集である。「目には目を、歯には歯を」の箇所が有名で、刑罰の厳しさを感じさせるが、全体としてみれば復讐の仕方に制約を設けた側面が色濃い。

この文字によって管理運営される社会では、世界最古の情報産業ともいえる職業集団が重きをなした。書記と呼ばれる文字の筆記と読解、文書管理のプロフェッショナルである。当時、文字の読解・筆記は、特殊な技能であり、これに熟練した書記が専門的職業として成立し、これを養成する専門の学校も運営された。

書記の学校では、教師の示す何行かの文章を手本に書写した。訓練を終えると、王宮の書記や高官の秘書に登用されたり、神殿や法曹界に身を置いたり、商業に携わる者もいた。ただ、大多数は農業生産に関係し、農産物の貯蔵や配給、家畜の運搬や受け取りなどの記録を取ったりしたようである。後で取り上げるエジプトに比べると平均的には地位が高くなかったとみられている。

メソポタミアにおける粘土板文書は、重くてかさばり運搬には不便であったが、きわめて保存性に優れており、仮に火事に見舞われても焼成され長期の保存に耐えうるようになる。文字の使用は、メソポタミアにあっては、特に情報の保存の面で画期的な意義があったといえる。

神殿には神官階層の集団が、王宮には官僚組織が形成され、情報が集積し、その記録が多数の粘土板文書として保存された。当時としては大規模な集団としての都市国家の運営の基盤であった。

諸民族の盛衰と言語の変遷

メソポタミアは、地理的に四方に開かれ、民族移動が容易で実際活発であった。都市の独立志向の政治的伝統に加えて、周辺民族の不断の移動・侵入は、長期の政治的分立の一因でもあった。他面、こうした地理的な開放性は、メソポタミア文明の周辺への拡大、周辺民族への影響力を大きなものにしていた。

メソポタミアでは、文明形成の過程でシュメール人、アッカド人、バビロニア人などの民族が盛衰を重ね、支配的民族の交替とともに、支配的な言語も変遷した。シュメール語、アッカド語、バビロニア語、アラム語と、メソポタミア全域、後の時代には西アジア全域に通用する言語勢力が変遷した。活発な翻訳活動によって前時代の文書の内容（コンテンツ）が継承された。なお、一度支配的地位に立った言語は、その使用者である民族の衰亡にもかかわらず、より後の時代まで使用された。長い歴史を振り返ってみても、軍事的な勢力が後退した後、文化的な影響力はより長く続く傾向がみられる。

巨大首都バビロン

シュメール都市国家群の成立以来、都市国家、民族の興亡が続く過程で、いく度か巨大国家が形成された。統一的な巨大国家としては、サルゴンのシュメール・アッカド王国、バビロニア、アッシリア、アケメネス朝ペルシャが盛衰を重ねた。後の時代のものほど、領域が広く、支配下に多くの異なる民族を含み、特にアッシリアとアケメネス朝ペルシャは、エジプトまで版図に収めた。それらの国家の首都として、巨大都市が形成されたが、中でもバビロニアの首都バビロンが著名である。

バビロニア（古バビロニア王国）は、ハンムラビ王（バビロン第一王朝第六代王）により、現在のバクダッド以南のメソポタミア南部地方が統一（前一七六三年）され成立した。同王はさらに版図をメソポタミア中部地方にまで拡げた。しかしながら、この王朝の隆盛は同王一代にとどまり、やがて紀元前一五九五年ヒッタイトにより滅ぼされた。

その首都バビロンは、旧約聖書では、バベルと呼ばれ、バベルの塔の逸話が有名である。紀元前三千年紀末に記録に現れる古い都市であるが、ハンムラビ王のもとで彼の帝国の中心地として重要な地位を得た。同王朝の滅亡後、アッシリアにより破壊されたが、後にネブカドネザル二世の新バビロニア王国のもとで再建され、当時の世界で類例のない大都市として名を馳せた。都市は、長方形の二重の城壁に囲まれ、内側の城壁の長辺が約二・六キロメートルあった。西側に宮殿があり、空中庭園が有名である。人口規模は、六万〜八万人との推測もある。同帝国滅亡後もアケメネス朝ペルシャ帝国のもとでも、重要な位置を占め、この帝国を征服したアレキサンダー大王も、ここを彼の帝国の中心とする考えを持っていたとも伝えられる。都市としての生命は長期に及んだ。

バビロンは、当時のメソポタミアの文明の精髄を結集した建造物群で満たされ、優れた建築・土木技術と芸術の精華である。王宮と神殿群があり、大規模な官僚や神官の組織があって、厚い知的人材の層を擁し、膨大な粘土板文書が保存されていた。また、様々な職種の職人、芸人などの技芸も加えれば、巨大な情報の集積地であったといえよう。もちろん、巨大国家の首都として、領土内の各都市との間には頻繁に使者が行き交い、商人が往来することで、各地の情報が集まっていたであろう。バビロニアの遺産として、体系的な成文法典としてハンムラビ法典が有名であり、また、天文学を中心とする科学的知識の顕著な発達が知られる。

3　エジプト　ヒエログリフとパピルスの世界

ナイルの賜物　自己完結的な肥沃な王国

メソポタミアから千数百キロ離れたエジプトでも、少し遅れて文明社会の形成がなされた。エジプト文明の発生期においては、文字の使用や美術様式、煉瓦建築などにメソポタミア文明の影響がみられるともいわれており、何らかの刺激となったようであるが、やがて独自の文明形成が進み、象形文字とピラミッド、王宮、神殿等の石造建築を生み出していった。

エジプトは、南から北に流れるナイル河流域の砂漠に囲まれた細長い地域を領域とする。南はアビシニア高原に連なり、東西を砂漠にはさまれ、北方は海によって隔てられて、外敵の侵入に対して自然の防壁をなしていた。また、チグリス・ユーフラテス川とナイル川を比べるならば、前者は不規則な氾濫によって脅威的な苛酷な環境であり、ナイル川は規則的氾濫とそのもたらす沃土によって比較的温和で肥沃な環境となっていた。

エジプトは、メソポタミアと並ぶ世界最古の文明社会であり、乾燥した気候で大河流域の灌漑農業を基盤とすることでは似ているが、メソポタミアとは対照的に、群立する都市国家の形成はみられず、ナイル川流域全体を統合する王国が比較的早く成立し、その王宮所在地としての首都や、小規模な地方都市が形成されたにとどまる。最初に都市ありきのメソポタミアとは全く文明社会の様相が異なる。

紀元前三〇〇〇年頃には、象形文字を伴った王国が現れ、その後、いくつかの地方勢力間の抗争を経て、上流の勢力が下流の勢力を征服する形で政治的統一がなされ、紀元前二七〇〇年頃からは古王国と呼ばれる統一王朝の時代に入る。古王国の長く続いた首都は、エジプト北部でナイル河下流域に位置するメンフィスであり、現在のカイロ南方約二五キロメートルのところにある。この古王国時代に、神官や官僚の組織が発達し、メンフィスを中心に、ピラミッドなどの巨大建築が進められ、工芸、天文学、医学などが発達した。この地は、ナイルデルタの三角形の頂点にあたり、肥沃な土地と交通の便に恵まれていた。古王国末期には、首都はヘラクリオポリスに移ったが、以後もメンフィスは、ナイル下流域の中心都市、そしてプハタ神殿のある宗教都市として重きをなした。

紀元前二一三四年に始まるとされる中王国の時代には、首都は、ナイル川上流域のテーベに置かれた。中王国を形成したのは、このテーベを拠点とする勢力であった。

その後、北方から侵入してきたヒクソスによる征服時代を経て、紀元前一五七〇年にテーベの王によりエジプトを再統一した新王国が成立するが、中王国と同じくテーベが首都とされた。紀元前一三〇〇年代の中ごろ、一時期、イクナートン（アメンヘテプ四世）の時代に、テーベのアメン神に代えてアテン神を唯一神とする宗教改革政策の一環として、テーベより下流のアケトアテン（テルエルアマルナ）に新首都が造られた。

エジプトでは、文明形成の初期における政治的統一以来、古王国、中王国、ヒクソスによる征服の一時期を除いて新王国と、その政治的な独立と統一、それに民族的同一性が保持されてきた。

エジプトの文明社会の核心は、神聖化された王権にあるといってよい。エジプトにおいては王たるファラオは生ける神であり、現世的支配者であると共に超越的存在であった。国家は、ファラオを頂点とする官僚と神官の集団に統治された。形式化された法体系は未発達であった。

王国の基礎をなす農業は、開拓によって拡大された農地に水を配分するために、治水灌漑の土木工事が必要であり、余剰農産物の貯蔵も国家によって管理されていた。

国内において、個人間で物々交換なされ、地方的市場もあったが、貨幣が流通するには至らず、金属片の使用や金・銀・銅の重量による価格表示に止まった。外国貿易は王の独占であり、エジプトに不足する資源の獲得のための国家的派遣隊が組織された。

神聖化された統一王権のもとにあるエジプト文明は、どちらかといえば来世志向的であり、文字の使用も、王の記念的銘文や宗教的文書を書くのにまず用いられる。

こうして、エジプトは、メソポタミアを中心とする西アジアと近い位置にありながら、特徴の際立った独自の文明社会を二〇〇〇年以上にわたって維持したが、紀元前七世紀以降、アッシリアやペルシャ、アレキサンダー大王とその後継者であるプトレマイオス朝、ローマ帝国、イスラム勢力による征服が重なり、文明社会としての独自性を次第に喪失する。ただ、支配的な民族や文化が変遷するなかでも、肥沃な国土がもたらす経済力や人的資源を基盤として、エジプトは、時代時代の広域的な文明社会、巨大国家の重要な拠点としての地位を築いていくことになる。

ヒエログリフとパピルス

エジプト文字は、ヒエログリフ（聖刻文字、神聖文字ともいう）と呼ばれる象形文字に代表される。メソポタミアの楔形文字と並んで、世界最古の文字であり、古いものは紀元前三二〇〇年頃にさかのぼる。古王国、中王国、新王国の時代に発達しつつ用いられ、ペルシャ、ギリシャ、ローマの支配下でも、なお継続して用いられ続けた。

絵文字とも呼ばれるように、具象性が高く、文字形成の素材となる対象物は、人体、人の動作、動植物、地形、天体、建物、各種の道具類、食物など様々なものに及び、基本的な文字数は、七〇〇以上ある。

ヒエログリフは、本来、対象となるものを示す表意文字であったが、表音文字の機能を持つ使い方もされるようになり、二四個のアルファベットが定められ、現在世界で使われる多くのアルファベット文字の源流になったともいわれる。

文章の表記は、縦書き、横書きの両方があり、進行方向も右から左、左から右の二通りで、組み合わせると四通りの方式があった。

ヒエログリフの絵画性の強い特質から、墳墓や神殿の壁や柱に刻まれる際には、美的・装飾的な配慮がなされていた。また、エジプト人は、文字に神秘的な力を感じ、お守りなどにも書いて所持した。

ヒエログリフから、より筆記になじむような、漢字でいえば行書、草書にあたる字形が派生した。ヒエログリフから少し遅れて紀元前二七〇〇年頃からヒエラティック（神官文字）が、紀元前七世紀頃からデモティック（民衆文字）が現れている。

ヒエログリフは碑銘によく用いられ、主に、来世に関すること、神々への賛歌、王・高官の業績など宗教的、政治的なことが書かれており、ヒエラティックの文書には、宗教、文学、科学などに関するより幅広い内容が含まれている。デモティックは、宗教や文学に関することも書かれていたが、法律上、商業上の契約に関するものが多い。なお、ヒエラティックもデモティックも、横書きで右から左に書かれた。

ヒエログリフの文書として、『死者の書』と呼ばれる文書がある。これは、死後の世界やそこでの死者の対処の仕方が書かれた、いわば死後の世界の挿絵入りの案内書である。新王国の時代以降、パピルス本の形でつくられ、副葬品として墓に納められた。同様な内容は、古王国時代末期には、ピラミッドの内壁に、中王国時代には、棺に書き込まれていた。

メソポタミアの楔形文字が、会計記録の記号に始まって、徐々に内容を広げ、文字としての体系も整っていったのに対し、ヒエログリフは、当初から文字の体系として出現している。ほぼ完全に話しことばを文字に表したものであり、抽象的なことも具体的なことも表現可能で、宗教的なことから実用的なことまで幅広い内容が記載された。

エジプトにおける文明形成は、早い時期に統一国家が形成され、大規模な社会の運営を効果的に行っていく必要があったが、それだけに文字の必要性は大きく、その役割は重大なものがあったと考えられる。

文字の精巧さに加えて、国家経営上の文字の重要性からか、文字の筆記と読解、文書管理に携わる書記の地位は、メソポタミアに比べてかなり高かったようである。書記の像が多く造られていることは、その表れともいえる。あるパピルスの断片には、「書記は気高い職業である。その筆記具と巻物は喜びと富をもたらす」とのくだりもあるとのこと。[3] 書記になるためには、一〇歳頃から学校で、文章の暗記や文字の筆写を中心とした厳しい教育を受けていたようである。

エジプト文字は、石碑や木面に刻まれ、また、パピルスに筆記された。植物としてのパピルスは、カヤツリグサ科の大型の水草で、高さ一～三メートルに成長する。このパピルスは、様々な部分が装飾品や実用品に使われるが、特に茎の髄の部分から繊維を取り出し、縦横交差するように重ねて乾燥させ、紙状に仕上げた。さらに、これを長方形に切りそろえ、つないで巻紙状にして、筆写材料とした。パピルスは、紙とは原料や製法、形状も異なり、別物であるが、英語のペーパーは、このパピルスを語源としている。

パピルスは、エジプトにとって国家的に重要な物資であり、王家が独占的に製造・販売していたようである。後に、パピルスは、ギリシャ人のプトレマイオス朝時代には、エジプトを超えて西アジア、地中海地域でも、粘土板に替えて使用されるようになり、輸出品となった。八〇〇年頃に、中国から紙が伝来し、次第にパピルスの使用は廃れていった。近年、エジプトの土産品として製造販売されているという。

エジプトでは、ギリシャ人支配下の時代に入ると、エジプト文字は、ギリシャ文字の影響を受けてつくられたコプト文字に次第に移行し、その後、ローマ帝国の支配下で、ヒエログリフは四世紀、デモティックは五世紀には使用されなくなった。

ところで、ナイル川に沿って長大なエジプトの国土を統治するために、ファラオは、古王国の時代から、駅制を整え、首都と地方の間を使者が行き交った。使者は、国内各地のみならず、シナイ半島あたりまで、命令と報告を記したパピルスを運んで往来した。

4　アケメネス朝ペルシャ帝国

古バビロニア王国の滅亡（前一五九五年頃）後、西アジアは、これまで交流が乏しかったエジプトも巻き込んで、より民族抗争の坩堝と化し、長い抗争の後、アッシリアとペルシャ（アケメネス朝）が、相次いで西アジアとエジプトにまたがる巨大国家を打ち立てた。

この間、メソポタミアとエジプトの二大文明中心地の影響を受けつつ、シリア、パレスチナなど西アジアの地中海寄りの地方では、ヘブライ人やフェニキア人の民族文化形成がなされ、さらにより西方の地中海沿岸部では、ギリシャ人などの独自の文明形成が進展した。メソポタミアとエジプトは文明中心地としての役割は大きく、各民族の文明形成への影響力は大きかったといえる。

アルファベットの形成

メソポタミアとエジプトにおける文明の誕生からアケメネス朝ペルシャによる西アジア・エジプト統一に至る約三〇〇〇年近い歳月の間に、西アジアでは、文字の世界で表意文字から表音文字への変遷、アルファベットの形成がなされ、文字の歴史のなかで画期的な変化が進展した。

アルファベットは、言語の音を表す表音文字である。初期の楔形文字やヒエログリフ、漢字といった表意文字と区別される。現在では、ラテン文字、キリル系文字、アラビア文字などに代表され、世界の大多数の言語の表記に使われている。朝鮮語のハングル文字や日本語の仮名文字も、広い意味ではこれに属するといえる。なお、アルファベットの名称は、キリル系文字の源流であるギリシャ文字の最初のα（アルファ）とβ（ベータ）に由来するといわれる。

このアルファベットは、楔形文字やエジプト文字の表音文字化の影響を受けて、現在のシリア、レバノン、イスラエル、ヨルダンを含む地域で、紀元前一七〇〇年から紀元前一五〇〇年頃発達したとみられる。これは、北セム文字と呼ばれているもので、子音のみで母音がなく、単語のなかの母音を補って読む必要があった。

紀元前一〇〇〇年頃にギリシャ文字やアラム文字などの系統に分岐し、ギリシャ文字は、母音を加えて、ラテン文字やキリル系文字を派生させ、アラム文字は、アラビア文字など西アジアで用いられる文字の源流となった。

アルファベットの誕生は、文字数を基本的には二十数文字程度に限定できることから、文字の習得を容易にし、識字階層の大幅な拡大、文字の大衆化をもたらしたものといえる。

アルファベットの発達の背景には、メソポタミアとエジプトの二大文明中心地からの影響が重なったことに加えて、諸民族が混在、流動する状況のもとで、特に商業活動の活発化が、その必要性と文字形成の発想とを醸成した結果と考えられる。

アケメネス朝ペルシャ帝国

アケメネス朝のキュロス二世（キュロス大王）は、紀元前五二五年にエジプトを制圧し、大帝国を樹立した。アケメネス朝ペルシャは、古バビロニアに比べると、その勢力範囲ははるかに広大で、ペルシャ、メソポタミアを越えてエジプトやアナトリア半島にまで及んでいた。帝国領内には、多数の言語・宗教・社会習慣の異なる民族が並存していたが、アケメネス朝は、軍役や納税の義務を遵守すれば、個々の民族・地域の規律や信仰を容認した。このペルシャ帝国は、紀元前三三〇年のアレキサンダー大王の侵攻による滅亡まで続いた。

アケメネス朝は、広大な帝国の統治のために、行政首都スーサを起点とする道路網「王の道」と駅逓制度が整備された。また、「サトラップ」と称される地方官が各地に派遣され、地方統治にあたり、また、皇帝のもとに情報を伝達した。

官庁文書の言語、公用語としては、ペルシャ語と並んで、エラム語、バビロニア語、アラム語が使用された。特に、アラム語は、帝国領内で広く活動した商業民族アラム人の言語である。

三つの首都

首都としては、スーサとペルセポリスに複数置かれたが、伝統的な有力都市バビロンも帝国統治の拠点として重要な役割を果たした。

首都は、儀典が行われる場として、ペルセポリスが造られていたが、実際の統治拠点としては、行政上の首都スーサが重要な役割を担った。スーサは、現イラン領の南西部にあり、西アジアにおける当時の文明中心地バビロンの三〇〇キロメートルほど西に位置する。ペルセポリスは、現在のシラーズから北東六〇キロメートルの位置にあり、バビロンを中心とするメソポタミアからみれば東に奥まっている。紀元前六世紀末のダレイオス一世により、新首都として造営された。ペルセポリスとは、ギリシャ語の呼称であり、「ペルシャ人の都市」という意味である。もう一つの首都スーサが、実際の政治の中心地であったのに対し、新年の拝謁など国家的な儀式のために用いられた。

バビロンは、ペルシャ支配下においても、ある時期までは皇太子が居住し、帝国統治の重要な拠点となっていた。また、これら三都市以外にも、パサルガダエやエクバタナが、首都として用いられた。王とその宮廷はこうした都市の間を、頻繁に移動していたようである。この時代、多様な民族、多方面の地域を含む領土を統治するには、こうしたやり方が必要とされたのであろう。

王の道　帝国をつなぐ通信網

アケメネス朝の駅逓制度では、特定の使者が目的地まで往くのではなく、多数の使者が、区間ごとに交代で信書を運搬するリレー方式で、文書を送達するシステムが採られた。そのために道路に沿って、宿泊所と厩舎を置き、要員と馬を配置した。駅の管理者は、その業務の監督にとどまらず、所在地域の警察の役割も持ち、また、情報収集と中央への報告の任にも当たった。

こうした仕組みは、キュロス大王によって紀元前六世紀半ばに創られ、ダリウス一世によって発展させられた。ダリウス一世は、紀元前六世紀後半に、全土を約二〇州に分けて、地方長官サトラップを配して統治した。広大な領土を統治するために重視したのが、道路網と通信システムであり、そのために道路網の整備に注力し、道路上には一定距離ごとに駅を設けた。道路網の最重要路線が、「王の道」と呼ばれ、行政首都スーサから西に延び、バビロンやニネベ付近を通過し、アナトリア半島西部のサルディスに至る全長二五〇〇キロメートルの幹線道路であり、ヘロドトスの『歴史』に記されたところでは、路線上には一一一の駅があり、王の使者が一週間で駆け抜けた。[4]

アケメネス朝ペルシャの駅伝制度は、ササン朝ペルシャ、ローマ帝国、さらにはウマイヤ朝、アッバース朝の両イスラム帝国など後の時代のユーラシア西方の巨大国家の同種のシステムの先駆けとなったといえる。

国際言語・アラム語

アラム語は、アラム人が紀元前二千年紀に、メソポタミア北部地域で小国家群を形成した頃に形成されたとみられている。北西セム語派に属し、ヘブライ語なども同類である。最古の資料は、紀元前九～七世紀の碑文である。

アラム人は、紀元前二千年紀末から一千年紀前半にかけて、レバノン山脈とユーフラテス河の間に多くの国を形成した。アラムとは、高地を意味する。

強国アッシリアに対抗し続けたが、征服され政治的独立を失って後、アラム人の活発な商業活動によって、アラム語は西アジア一帯に勢力を拡大し、アッシリア王国、新バビロニア王国、ペルシャ帝国で公用語として用いられた。特に、ペルシャ帝国で流通した「帝国アラム語」は、その版図の各地で、粘土板、碑文、壁文などに記されている。当時の、有力な「国際語」であったといえる。

アラム語は、アケメネス朝滅亡後も長くメソポタミアを中心に広い地域で日常語として用いられ、紀元前には、ユダヤ人の言語となりイエス・キリストもアラム語でその教えを語っていたとされる。八世紀以後、アラビア語の浸透に伴い勢力が衰え、現在では、シリア山中の村落などで話されるにとどまり、西アジアに散在するキリスト教徒の共同体の言語として存続している。

世界最初のグローバル情報交流圏

アケメネス朝ペルシャは、広大な版図に多種の民族を擁し、その統治のために中央と地方に大規模な官僚群を組織し、全国的な道路網を整備するとともに、駅伝制度を構築、交通・通信網を整備し、公用目的の情報伝達に努めた。

多様な言語を話す諸民族が混在するなかで、帝国全土で使用される公用語として、支配民族のペルシャ語のほかに、商業民族アラム人が広めたアラム語、伝統的に西アジアで重要なバビロニア語などが併用され、現代世界における英語のような国際語としての役割を果たしていた。

支配者や神官、商人などに限られた階層の間であろうが、薄く広い情報交流圏が、西アジアからエジプトにかけて形成されていたといえる。アケメネス朝ペルシャ帝国は、そこから見渡せる限りの文明社会全体を統合したような、当時としては先駆的なグローバル情報交流圏であった。アケメネス朝の覇権は、二〇〇年ほどで終わるが、楔形文字と粘土板に支えられた西アジアの文明社会のクライマックスとなった。

第3節　文字と文明の多様な世界（1）　環地中海地域

1　アレクサンドロス帝国の遺産

ヘレニズム世界・ギリシャ語情報圏の成立

アケメネス朝ペルシャ帝国の周辺では、地中海沿岸地域でギリシャ人、フェニキア人、ローマ人などの通商・植民活動、文明形成が進展し、西アジアと地中海周辺地域が一体的な歴史展開をみせるようになる。

すでに、紀元前二〇世紀〜紀元前一二世紀にかけて地中海のクレタ島ほかエーゲ海周辺地域に、メソポタミアやエジプトの影響を受けて、文明社会の形成がなされていたが、いったん衰退し、その後ギリシャ人の諸部族が移動して、ギリシャ本土ほかエーゲ海周辺地域に定住し、やがて、前八世紀には、城壁に囲まれた都市国家、ポリスの成立をみる。これより前に、ギリシャ人は、フェニキア人の文字を参考に、ギリシャ語のアルファベット、ギリシャ文字をつくり上げた。ギリシャ都市国家群は、東方の諸地域と交流を持ち、アケメネス朝ペルシャとは、しばしば軍事衝突を重ねながら、市民主体の民主的体制も含む独自の様々な政治体制を構築し、地中海を舞台に交易と植民でフェニキア人と競い、また、東方の諸地域とは異なる文化を創造している。

やがて、ギリシャ本土の北方に位置するマケドニアのギリシャ化と軍事的台頭によって、その覇権のもとに、ギリシャ諸都市を糾合して、アレキサンダー三世（大王）が、紀元前三三三年にアケメネス朝ペルシャに侵攻し、これを征してその版図を奪い、さらには中央アジアやインド西部まで遠征した。アレキサンダー大王は、東方遠征後ほどなく没するが、占領地は、その後継者たちによって分割されて、各地にギリシャ系支配者集団の王国群（ヘレニズム諸国）が割拠した。

これらの諸国では、支配階級を中心にギリシャ語が広く流通し、ギリシャ文化が浸透していった。かつてのアケメネス朝の帝国に上塗りするように、ギリシャ語情報圏が形成された。

こうしたアレキサンダー東征以後のギリシャ系諸国の展開する地域をヘレニズム世界ともいうが、その中でも最も有力な国家は、プトレマイオス朝エジプトである。プトレマイオス朝は、環地中海地域のなかでも最も肥沃で豊かなエジプトを領土とし、ナイル川河口の港湾都市アレキサンドリアを首都として、ローマ帝国による征服まで、三世紀間近く繁栄した。

プトレマイオス朝の首都アレキサンドリアは、最盛期には人口約一〇〇万人を擁し、ギリシャ人約三〇万人のほか、ユダヤ人、エジプト人、ペルシャ人など様々な民族が集まり、環地中海地域で最大規模の都市となった。しかし、こうした経済的繁栄以上に、この都市の名を歴史上にとどめるのは、学術的、文化的な功績である。

後述するように、プトレマイオス朝エジプトは、広くヘレニズム世界から学者を集め、「ムーセイオン」という名の研究施設を設けて、諸分野の研究を進めさせるとともに、「古代アレキサンドリア図書館」などと呼ばれている付属の図書館を置いて、網羅的に書籍を収集させた。これによって、アレキサンドリアは、当時、環地中海地域における最大級の学術・文化の中心地となった。

パピルスと羊皮紙

当時、西アジアでも、筆記材料としては、次第に粘土板が廃れて、パピルスが広く用いられるようになっていた。パピルスはエジプトの特産品であり、プトレマイオス朝は貴重な輸出品として重視していた。

他方、この時代紀元前二世紀頃から、アナトリア半島で羊皮紙の生産が進み、ペルガモン王国が生産・流通の拠点となり、地中海周辺地域からヨーロッパにかけて広く普及していく。これは、書籍の収集競争が絡んだ、プトレマイオス朝によるエジプトからのパピルスの輸出禁止に対抗する、ペルガモン側の対応によるものとよくいわれる。根拠薄弱なようであるが、パピルスや羊皮紙の筆写材料としての当時における重要性を物語っている。

2　ローマ帝国　ギリシャ語とラテン語の複合情報圏

環地中海地域の統合

ローマ帝国は、もともとはイタリア半島中部の一都市国家が、他のイタリア諸都市、フェニキア人のカルタゴ、ギリシャ人都市国家やヘレニズム諸国家を征して、次第に勢力を拡張し、ついに紀元前後には、地中海周辺全域を版図に収める大帝国に発展したものである。

ギリシャ文化の影響を強く受けて、文明形成が進み、政治制度や土木技術に独特の特徴を示すが、言語文化としては、独自のラテン語を発達させ、アルファベットのギリシャ文字を参考にしてラテン文字をつくって用いた。ローマ帝国の西側では公用語としてラテン語が通用したが、東側ではギリシャ語が浸透しており、帝国内では両言語が併用される状態にあった。また、ローマ帝国内の上流階層や知識層は、好んでギリシャ語を学び親しんでいた。

ラテン語もギリシャ語もアルファベット系の文字を用い、筆写材料としては、パピルスや羊皮紙が多用された。時代が進むにつれ、羊皮紙が広く用いられるようになった。

羊皮紙は、粘土板に比べれば、軽量で持ち運びが容易で、伝達手段として有利であったが、後の時代の紙に比べると、生産コストが高く、書き直しが容易な点は便利な面がある反面、文書として改ざんが容易で内容の安定性・信頼性を欠いていた。

首都ローマでは、出版業（写本の製作と販売）が隆盛をみせ、皇帝や有力者による図書館の設立も行われた。

すべての道はローマに通ず　道路と宿駅

ローマ帝国は、西アジアの一部を含む地中海周辺地域をその版図に統合した。ローマ帝国は、ローマを中心とした道路網を建設し、また海路の安全確保に努め、駅伝制度も整備して、物資と人の移動、情報伝達の確保を図った。

一都市国家から大帝国の首都となる過程で、ローマは次第に都市として整備され人口も増大した。アウグストスの治世下の一世紀初頭には、ローマの人口は、ほぼ一〇〇万人を擁していた。この頃、テヴェレ川の東岸に直径五キロメートルの円くらいの範囲に、元老院、フォルム（政治集会や商業活動、宗教儀式のための公共広場）、神殿、大競技場、劇場、浴場などの都市施設が建ち並んでいた。

ローマ帝国は、もともと異なる国家を背景にする地域のモザイクであるが、首都ローマ以外にも、各地域の中心都市が帝国統治の重要拠点として、また、商業・文化の中心地として繁栄した。旧プトレマイオス朝エジプトの首都アレキサンドリア、旧セレウコス朝シリアの首都アンチオキア（現トルコ領・アナトリア半島東南部）、エーゲ海北東部の行政中心都市エフェソス（現トルコ領・アナトリア半島西南部）が大きな存在であった。

特にアレキサンドリアは、最盛期からは衰退をみせたが、エジプトの豊かな穀物生産を背景に、経済的に繁栄し、人口約五〇万人のローマ帝国第二の都市であった。

ローマを中心に、軍用道路網と地中海航路で帝国各地が結ばれ、帝国内の各地域間の人と物資の流動が活発化した。領土内を縦横に整備された道路網と航路を基盤として、駅伝制度が設けられ、主に公用の通信や往来に利用された。

ローマ帝国において、道路整備の目的は軍事目的であり、大規模な軍隊の迅速な移動のためであった。人工的かつ強固に舗装された道路網であり、ローマの勢力拡張と帝国領土の拡張に伴い順次整備されていったものである。最初に建設されたルートは、ローマから南東方向に伸び、長靴型のイタリア半島島南端ブルンディシウムまで五五〇キロメートルに及ぶアッピア街道である。紀元前三一二年から工事が着手され、今でも「道の女王」とも称えられる。紀元前一世紀に入るとローマを中心にイタリア半島全域に広がり、さらにローマ帝国の版図が最大規模となる二世紀には、領土は、東はメソポタミアから西はイベリア半島、南は北アフリカから北はイングランドに及び、地中海を取り囲む総面積七二〇万平方キロメートルの広大な領域を支配するが、その全域にわたって縦横に道路網が建設され、総延長は二九万キロメートルにも達した。

ローマ帝国は、地中海を内に収め、その制海権を確保し、陸の道路網と並んで、地中海の各港を結ぶ海上航路が盛んに利用された。歴代皇帝は、港湾の整備や海賊対策に力を入れている。

こうした陸海の交通網を基盤として、ローマ帝国でも、エジプトやアケメネス朝ペルシャでみられた駅逓制度が整備された。前述の軍用道路に、三〇～五〇キロメートルの間隔で宿駅が置かれ、マンショネスと呼ばれる駅舎が建てられていた。マンショネスでは、宿泊や食事のサービスのほか、馬や馬車が備え付けてあり、公用の旅行者に提供された。マンショネスとマンショネスとの間には、ムタティオネスという名の小駅舎が設置されて、替え馬が用意され、簡易宿泊所としての役割も果たした。こうした駅のシステムは、ローマ帝国では、「クルスス・プブリクス」（「公共の道」の意）と称され、公用目的の宿泊や馬・馬車による交通・通信を担う国家的な制度・事業として運営された。当然、利用するにあたっては、特別の許可証を必要としたが、しばしば権限の乱用、目的外の私的利用もみられた。

帝政末期のテオドシウス法典では、駅の組織について定められており、マンショネスには、駅長が任命され、要員の統率、騎馬伝令・馬車の発着の、信書・貨物の受渡しなどの業務を監督した。ローマ帝国時代の著名な道路地図（「ポイティンガー地図」）には、宿駅についても詳細な記載があり、三五〇〇もの宿駅の記載があり、主要な宿駅としては四二九か所を数えたとされる[5]。

このように、ローマ帝国では陸路、海路の交通基盤がよく整備され、公用の交通・通信のためのシステムも帝国全土にわたって運営されていた。駅伝逓制度は専ら公用目的に限られたが、道路網や海路は、一般の旅行者にも盛んに利用され、帝国内の人、物資、情報の交流は活発化した。様々な民族、文化が混在するなかで、帝国全体が首都ローマを中心に、一つの情報交流圏となっていったといえる。

ローマからは、地方官僚や軍人が各地に赴き、ローマの都市文化や法制度が影響を及ぼした。逆に、捕虜・奴隷や商人などがローマに移住・滞在し、各地の文化特に東方の宗教が伝えられた。物資の流通では、各地特に東方属州の安価な産物が流入し、イタリア半島地域の経済を圧迫するほどの勢いをみせていた。

ギリシャ・ラテン語情報圏の形成

環地中海地域を政治的に統合したローマ帝国の成立により、征服者の強制する文明社会の様式・秩序を基調にしたものとはいえ、多様な文化的伝統を持つ諸民族が、共生する枠組みが形成された。様々な固有の言語を話す諸民族が混在・共生しつつ、ローマ帝国の東西を二分するラテン語とギリシャ語を介した広大な情報交流圏が成立し、整備された道路網・航路網や宿駅のシステムはその基盤となった。

ローマの都市文化、ギリシャやヘレニズムの哲学、科学、文学などの文化的伝統、ユダヤ教、ミトラ教、マニ教、そしてキリスト教といった東方の諸宗教などが、帝国領の内外を相互に伝播し、混在する状況となった。特に、首都ローマは、帝国各地の諸民族、諸文化のるつぼと化していた。

やがて、強盛を誇ったローマ帝国もやがて衰勢に転じ、帝国統治体制の東西二分後、西ローマ帝国の滅亡（四七六年）、東ローマ帝国（ビザンツ帝国）の滅亡（一四五三年）へと、崩壊への歩みをたどる。その歴史的、文化的遺産、言い換えるならば集積された情報資産は、次の時代において、環地中海地域にイスラム、東ヨーロッパ・ロシア、西ヨーロッパの各地域で文明社会が再形成される上で重要な要素となったといえる。

第4節　文字と文明の多様な世界（2）　インドと中国

1　インド

インド亜大陸における文明形成

インド亜大陸は、気候的には東アジアや東南アジアと同様に概して湿潤であるが、人的往来や文化的影響では、むしろ気候・風土の異なる西アジア方面との関係がより深い。文明形成においても、西方からの影響、関連性が、色濃く反映している。西アジアとの密接な交流・影響のもとに、メソポタミア、エジプトに少し遅れて、インダス川やガンジス川の流域での文明形成が進んだ。

紀元前二三〇〇年から一七〇〇年頃にインダス川流域において、都市国家群が形成され、インダス文明の形成をみた。中流域のハラッパや下流域のモヘンジョダロを二大都市とするこの文明は、碁盤目状の街路や排水溝、大浴場などを持つ整然とした都市づくりを特徴とする。商業活動が活発で、インダス川流域一帯のみならず、遠くメソポタミア方面などとも交易を行っていたようである。なお、大権力者の存在を示唆するような施設の跡はみられない。

インダス文明を構成した都市国家群においては、インダス文字が使用されていた。インダス文字は象形文字で、印章に刻まれた短文が残されており、四〇〇ほどの文字があるが、その文字としての系統は定説がなく、解読されていない。

やがて、インダス文明が衰退、崩壊し、紀元前一五〇〇年頃には、牧畜民族のアーリア人が西北部からインド亜大陸に侵入、パンジャーブ地方に移住して、先住農耕民を征服するか共存し、さらには紀元前一〇〇〇年頃から、東方のガンジス川上流域へと進出した。紀元前八〇〇年頃から鉄器の使用が始まると、中流域、下流域へと農業開発や都市建設が展開した。紀元前六世紀頃になると、北インドでは一六大国と呼ばれる国家群が競合し、そのなかからマガダ国が勢力を伸ばし、紀元前四世紀には、同国を奪ったチャンドラグプタがマウリヤ朝（前三一七年頃〜前一八〇年頃）を樹立して領土拡張を進め、第三代のアショーカの時代に最盛期を迎えて、亜大陸の南端部を除く大部分を版図に収める大帝国を形成した。

この間、インド最古の文献である『リグ＝ヴェーダ』（神々への賛歌集）や、これに次いで他の三種のヴェーダが成立して、バラモン教の根本聖典となった。これらの文献の言語は、後のサンスクリット語（梵語）の原型となるものである。なお、バラモン教とは、バラモン（祭司）のもとでヴェーダの神々を崇拝する宗教をという。このバラモン教の祭祀中心主義への批判から、紀元前九世紀以降紀元前六世紀を中心に哲学的思考としてウパニシャッド哲学が形成された。

また、社会状況としては、バラモン（祭司）、クシャトリヤ（王侯・戦士）、ヴァイシャ（農民、牧畜民、商人などの庶民）、シュードラ（先住民などの隷属階層）から成る四段階の身分制度が形成され、後のカースト制度となっていった。

さらに、一六大国の群立する頃になると、商業の発達、都市の発展、王権の伸長が顕著となり、流動化する社会状況のなかで、「六二見」と呼ばれる多数の思想家が活動し、そのなかから、紀元前六世紀から紀元前五世紀にかけて、ガウタマ＝シッダルータ（仏陀、釈迦牟尼）が仏教、ヴァルダマーナがジャイナ教の教えを説いた。

こうして紀元前五世紀頃までに、インドの宗教的、知的伝統の源流が形成され、インド亜大陸のみならず、広くアジア全域に強い影響を及ぼすこととなる。

ところで、インド亜大陸では、西方の西アジア地域や東方の東南アジア地域と活発な交流を重ねながらも、相対的に独立した文明形成の舞台となってきた。ガンジス川流域を中心に独自の文化を創造し、マウリヤ朝、グプタ朝、ムガール帝国、イギリス領インド帝国といった亜大陸の大半を版図に収める巨大国家が形成された。ただ、同様に中国本土を舞台に政治的な分裂と統一とを繰り返した中国文明と比べて、分裂状態の時期が長かった。

最初の統一国家であるマウリヤ朝において、インドや東南アジアで使用される多くの文字の源流といえるブラーフミー文字が普及した。グプタ朝では、バラモン教の伝統が再生し、ヒンズー教へと変容し、バラモン教の聖典の言語であるサンスクリット語が、インド全体で知的言語として通用するようになる。

文字の筆記には、ヤシ科の植物の葉を短冊状に切ってつくられた「貝多羅葉（ばいたらよう）」が、一枚一枚か、つなぎあわせて用いられた。

ただ、独自の複雑高度な文化形成の展開にもかかわらず、インドでは、口頭によるコミュニケーションが伝統的に強く重視され、他の多くの地域での文明形成とは異なり、文字の使用は限定されていた。

マウリヤ朝とブラーフミー文字

マウリヤ朝は、アショーカ王（在位：前二六八年頃〜前二三二年頃）のもとで最盛期を迎え、南端部を除く亜大陸のほぼ全体を版図とする巨大国家を形成した。マウリヤ朝は、ガンジス川中流域に位置するパータリプトラを首都とし、中央集権的な政治体制を構築、大規模な官僚組織と常備軍を整備した。また、地方統治のために属州を設けて、王族を配置した。アショーカ王は、度重なる征服戦争の惨状を顧みて、仏教に深く帰依し、「ダルマ（法）」による政治を国家統治の根本理念とした。そして、ダルマの実践として領民向けに社会倫理を説いた布告（法勅）を刻んだアショーカ王碑文が領内各地に建てられている。碑文に説かれたダルマの具体的内容としては、不殺生と正しい人間関係が強調され、人間関係については、①父母への従順と親族・知人への礼譲、②出家者・バラモンへの尊敬と布施、③年長者・恩師への敬愛と奴隷・貧者への公正な対応、④自己反省と他者の尊重が示されている。なお、アショーカは、仏教に帰依してはいたが、バラモン教、ジャイナ教などの他の宗教についても保護を与えている。

ところで、インダス文明崩壊後のガンジス川流域を中心とした文明形成の過程で、紀元前八世紀ないし紀元前七世紀に、ブラーフミー文字が創られ、マウリヤ朝の治世下で広く普及していた。その後、時の経過と他の地域への伝播とともに分化し、現在南アジア、東南アジアで使われている多種のインド系文字の源流となっている。ブラーフミー文字は、子音字と母音記号を組み合わせた表音文字であり、西アジアの表音文字と類似した性格を持つ。古くは右から左への横書きであったが、後に方向が逆になった。前述のアショーカ王碑文に用いられている。最近の考古学的研究では、同文字の使用は、紀元前六世紀ころにさかのぼる可能性が出ている。アラム文字のようなセム系文字から派生したか、その強い影響下でつくられたとみられているが、インダス文字に由来するとみる説もある。

ブラーフミー文字は、その後、インドの古典語サンスクリット語やインド亜大陸の様々な言語を記す文字を派生させたし、二世紀ころからは交易を通して、東南アジア方面へサンスクリット語の文物が伝わり、その文字であるブラーフミー文字の影響で、ミャンマー、カンボジア、タイなどの文字の形成へと展開した。また、アジアの内陸部に向かっては、チベットやモンゴル、満州にも伝わって、各地域、民族の文字形成に影響を与えた。

インドでは、インダス文字からアショーカ王碑文まで一五〇〇年余りの文字の歴史的な空白があるといわれるが、その間においても、知識・学問の継承が、正確な口承と記憶によって続けられている。ブッダの教えも、当初はこの口承の伝統によって伝えられ、仏典として文書化されるのは後の時代のことである。インドでは、口頭による伝達が一般に好まれ、バラモンも書くことは話すことより劣っていると考えてきたようである。[6] この口承重視の伝統は、文字の使用が広がってからも、インド社会で根強く維持され、現在でもヒンズー教の聖典の学習では、師から弟子への口伝と記憶によってなされている。ことばの本質を、書かれた文字ではなく、語られる音声のなかに見いだすのがインド的な思考の特徴ともいわれる。[7]

グプタ朝とサンスクリット語

マウリヤ朝の崩壊後、インド亜大陸は政治的に分立状態が続くが、四世紀に入ると、グプタ朝（三二〇年頃～五五〇年頃）が北インドを統一し、首都はマウリヤ朝と同じパータリプトラに置いた。

グプタ朝の時代は、文化的には伝統回帰の傾向がみられ、バラモンの影響力が回復し、その聖典の言葉であるサンスクリット語が公用語として宮廷で用いられ、さらに、多様な言語が各地に分布するインド亜大陸にあって、全体的に通用する知的言語としての役割を持つようになった。かつてのヨーロッパにおけるラテン語のような地位である。

グプタ朝時代に先立って、バラモン教は各地の土着の宗教と融合してヒンドゥー教へと変容し、次第に民衆に浸透した。これに対して、グプタ朝時代以降、仏教は、有名なナーランダ僧院をはじめ各地の僧院での教理研究はなお盛んに続けられたものの、宗教信仰の広がりの面では衰退傾向をみせた。

他方、この時代は、天文学、数学、医学などの科学の発達が顕著であり、特に０（ゼロ）の概念を見出し、それを用いた計算法を案出したことは、世界史的にみて重要な貢献となった。

２　中国

孤立性と持続性

東アジアは、アフロユーラシア大陸の東側に位置し、地理的には、中国、朝鮮半島、日本、モンゴルを含む地域であり、中央アジアの草原・砂漠地帯やヒマラヤ山脈を挟んで、西アジアや南アジアと遠く隔たっており、同大陸全体のなかでは、位置的に北東に偏っている。したがって、大陸規模の人、モノ、そして情報の交流の流れのなかでは、比較的孤立的な状況に置かれてきた。

とはいえ、五〇〇〇年以上前から、中央アジアを介して西方の諸地域と交流、人の移動があったとみられている。そして、時代が下ると、この内陸経由の陸上ルートは、「絹の道（シルクロード）」へと発展した。他方、東南アジアの海域を通る海上ルート「陶磁の道」によるインド、西アジア方面との往来も盛んとなる。ただ、主に交易活動や文化交流のルートとして機能し、一九世紀における欧米諸国の東アジア進出までは、東アジア内やその周辺での国家間、民族間の抗争は別として、他地域の文明社会からの軍事的圧力を伴うものではなかった。

この東アジアのなかにあって、中国大陸黄河流域を中心に文明形成がなされ、周辺地域の文明形成に強い影響を及ぼしてきた。時期的には、西アジアに遅れて文明形成が開始され、相対的に孤立した状況で独自の文明形成が進展し、文化的な伝統の面で持続性の強さをみせている。世界的にみた文明形成の独自性と文化的伝統の持続性は、特に、中国語とその文字である漢字の独特な特徴と現代に至るまでの継承によく現れている。

中国大陸における初期の文明形成では、河南省、山東省など黄河下流域を中心に広く展開した黒陶文化（前二〇〇〇年頃～前一五〇〇年頃、竜山文化とも呼ばれる）の後期に、城壁に囲まれた都市的集落が多数現れ、支配者間の勢力争いを経て、やがて現在確認されている中国最古の王朝、殷（前一六世紀頃～前一一世紀頃）の成立をみる。殷は約五〇〇年間続くが、圧政が叛乱を招いて崩壊し、代わって周（前一一世紀～前二五六年）が王朝を建てた。殷では、祭政一致の神権政治が行われ、生贄の儀式も執り行われたというが、物事の決定に当たっては占いを常に用いており、後で述べるように、占いの手段として亀の甲羅などに書かれた初期の漢字が大量に残されている。周は、王室の統制のもとに、王室一族（宗族）に領地を与えて各地に配置する封建制をとり、祖先祭祀などを盛んに行って結束を図った。宗族内の秩序を定めた宗法やこれに基づく道徳的規範である礼を根幹とする礼政一致の政治体制であった。周の治世下で、漢字は、用途も使用する地域も広がっていった。

周の時代は、約八〇〇年間続くが、実際にはその半ば紀元前八世紀の後半以降、支配力が衰微し、諸侯・諸国が覇を争う春秋・戦国時代（前七七〇年〜前二二一年）となる。

この政治的な分立時代は、秦による全国制覇、統一王朝樹立まで五五〇年ほど続くが、この間に、鉄器の導入・普及による農業生産の向上や商工業の発展、貨幣の流通、都市の発達などの社会的変化が大きかった。競合する周辺各国の勢力拡大によって、文明社会の領域も殷・周の時代の範囲から大きく拡大した。学術・文化面でも、孔子を祖とする儒家や、墨家、道家など、諸子百家と呼ばれる論者、思想家が多種多彩に輩出し、その後の中国の文化的な伝統、資産の多くを形成した。

秦王朝（前二二一年〜前二〇六年）は、わずか一五年で滅亡したが、その創始者、始皇帝は、郡県制という中央集権体制を樹立し、度量衡（長さ・重さの基準）、貨幣、文字の統一を図り、また、北方異民族対策のための万里の長城の建設、全国的な道路網の整備といった土木事業を推進し、統一的な国家体制の実現を急いだ。秦滅亡後、紀元前二〇二年に漢が代わって統一王朝を樹立し、以後、新による一時期の中断を除いて、二二〇年まで、前漢、後漢合わせて約四〇〇年間持続した。この間に、官僚制度の整備や、儒学の官学化などがなされ、後の時代、王朝にも受け継がれる政治と文化の伝統が固まった。

また、中国でも他の地域と同様に、歴代王朝によって、全国的道路網の整備や駅伝制度の構築が進められ、公用の通信手段の確保が図られている。

漢字　中国文化の核

漢字は、メソポタミアの初期の楔形文字やエジプトの初期の神聖文字と同様に、象形文字に由来する表語文字である。楔形文字や神聖文字は、時とともに表音文字化し、さらには、使用されなくなって久しいが、漢字は、字形の変遷はあったにせよ、現在でも使用され続けており、表音文字が大勢を占めるなかで、世界でも稀な存在である。

中国における文字の使用は、紀元前一五〇〇年頃、殷王朝の時代に、亀の甲羅や動物の骨に刻まれた甲骨文字にさかのぼる。しかも、ある程度でき上がった文字の体系として、突如として大量の出土品が現れている。西方からの影響の可能性も論議されることがあるが確証を得られていない。

殷の甲骨文字は、もっぱら占いに用いられていた。殷においては、占いは、国政の大事を決定づける重要な行為であり、軍事上の決断、農作物の豊凶、王族の健康、気候の変化など様々な事項に関してなされた。伺い文が、亀の甲羅や牛の骨に書かれて焼かれ、そのヒビ割れの形から吉凶が判断される。

殷に代わった周においても、漢字は継承され、その字形が、甲骨文字から金文と呼ばれるものに変化し、その用途は、青銅器に彫られた銘文が中心となった。殷の時代に比べて一段と支配領域が広がり、様々な民族を領内に抱えた周では、銘文入りの青銅器を積極的に、領土内の諸侯などに贈り、その結果、漢字が広く行き渡ることとなった。そして、様々な話しことばを持つ集団の間で、同じ読み書きの言語が共有され、読み書き能力を持つ階層が形成されることで、漢字は、広大な版図を統治する有効で不可欠の手段となったといえる。[8]

文字は、殷の時代には占いのために亀の甲羅や動物の骨に記されたが、周の時代以降、竹や木を縦長の板状にした木簡・竹簡（簡牘）をつないで筆写材料とし、文書を作成した。後漢の時代には、後述するように、紙の改良がなされ広く普及するようになっても、木簡・竹簡と紙との併用時代は長く続き、周から秦・漢に至る時期は、筆写材料として主に木簡・竹簡が用いられた。漢は、中国最初の長期持続の統一王朝であり、高度に発達した文書行政が確立されていたというが、それを支えたのが木簡・竹簡であった。[9]

もちろん複雑な字形の数多くの文字で記された文書を、読解、作成することは、高度な知的能力であり、特に、中央・地方の政府官僚には、その能力が強く求められた。漢代初期には、書記官に登用されるには、『史籀（しちゅう）篇』という周の時代に作られたとみられる教科書によって、五〇〇〇字以上を覚えることが義務付けられていたという。[10]

中国では、国家統治のために大規模な官僚組織が、歴代王朝において皇帝のもとに形成されたが、上層官吏の登用に当たっては、科挙制度にみられるように文章能力が重視された。このこともあって、官僚層が識字階層の中核的位置を占めることとなり、政治的社会的エリートである識字階層を担い手として、伝統文化の安定性が確保されたといえよう。

中国では、文明形成の初期から、文字が、国家統治の便宜を意図して、重視されてきたようである。

駅伝制度

中国戦国時代の西方の雄である秦は、紀元前二二一年に他の諸国を制して中国全土を統一し、殷や周の支配領域に比べてもはるかに版図を広げた巨大国家、中国最初の統一王朝を樹立した。王朝の創始者始皇帝のもとで、全国を三六郡に分かち、そのもとにさらに県を置いて統治する中央集権体制（郡県制）を構築した。秦は、全国統治の手段として、首都咸陽から各地に伸びる馳道（ちどう）と呼ばれる幹線道路網を整備した。ただし、急速な制度改変や圧政によって反乱を招き、秦は、わずか一五年で滅びた。

秦に代わって中国の統一王朝となった漢は、途中一時的な新による中断をはさんで紀元前二〇二年から二二〇年にかけて約四〇〇年間存続し、政治的に安定した時期を迎え、文化的な伝統形成の時代となった。蔡倫が、紙の改良を行ったのは、後漢の時代である。

漢代には、駅伝制度が確立し、「郵駅」と総称される「亭」「郵」「駅」「伝」などの施設を置いて運営された。

亭は、公務出張の官吏のみならず一般の旅行者も受け入れる官の宿泊施設で、ほぼ一〇里（漢の一里は約四〇〇メートル）ごとに設置された。業務を統率する亭長は、地方の警察権、行政権も与えられ、旅人の監視なども行っていた。

郵は、郡や県など地方行政組織の文書運搬人の駐屯所で、郵の間をリレー式で文書が運ばれた。駅は、文書を携行する使者に駅馬と宿を提供する施設、ほぼ三〇里ごとに設置され、重要な詔勅が下りるとそこで馬を乗り継ぎ送達された。伝は、馬車を提供する施設である。なお、駅は伝に併設されていた。[11]

漢滅亡後の分裂の時期を経て、唐王朝（六一八〜九〇七年）の時代には、駅伝制もより強力に再整備されるが、制度の運営は、中央官庁（六部）のうち軍事を司る兵部の管轄下に置かれ、駅伝制を担う施設は駅に一本化された。首都長安を中心に、二〇近くの駅路が各方面に伸びていた。駅は、主要街道にほぼ三〇里（唐代の一里は約六〇〇メートル）ごとに置かれ、総数は一六四三か所を数えたという。唐代の駅は、公用の旅行者への宿舎の提供、駅馬の配備、公用書簡の送達などの役目を併せて担っていた。なお、制度の目的が、軍事上の交通・通信手段とされ、一般の旅行者は利用することはできなかった。[12]

第5節　文字と文明の多様な世界（3）　南北アメリカ大陸

孤立的な文明形成

南北アメリカ大陸では、後期旧石器時代に当時陸続きであった現在のベーリング海峡を通って、ユーラシア大陸からの人類（モンゴロイド系）が移動して後、アフロユーラシア大陸各地の文明社会とは別に、独自の文明形成をたどった。また、同大陸内でも南北の交流が乏しいまま、別個の道を歩んでいる。

一六世紀初頭におけるスペイン人の侵攻以前に、南北アメリカ大陸においては、北アメリカ南部のメソアメリカ地域と南アメリカ西部のアンデス地域に、二つの文明社会が成立しており、それらはやがてアステカ王国とインカ帝国という中央集権化した統一国家を形成するに至った。

メソアメリカの文明はメキシコ南部からユカタン半島にかけて展開した。この地帯では紀元前六〇〇〇年頃から農耕が開始されたと考えられ、やがてオルメカ文化を形成する。そして紀元前二〇〇年あたりから、メキシコの中央高原にティオティワカン神殿都市がつくられ、七世紀まで続いた。また、ユカタン半島には、密林地帯の中に大規模な神殿を中心とした、マヤ文明が形成された。

一三世紀から一六世紀にかけては、メキシコ高原においてアステカ王国が台頭し、ついには高原最大の国家となるが、一九二一年にスペイン人コルテスに率いられた軍隊の侵入を受け滅亡する。

南米アンデスの山岳地帯及び太平洋岸地帯においては、紀元前六〇〇〇年頃から農耕が開始されていたとみられる。紀元前後にボリビアのチチカカ湖周辺の高原地帯にティアワナコ文化が形成され、やがてこれがアンデス地方一帯に広がる。一三世紀のはじめにはインカ帝国が成立し、エクアドルからチリの一部までを含む巨大国家となる。

このアンデスの文明社会は、その高度に複雑な社会組織や建築・工芸の発達にもかかわらず、文字の使用はなされず、代わって結縄文字を使って記録が作られた。一五三三年にスペイン人ピサロの軍隊により征服され滅亡した。

二つの巨大国家が、少数のスペイン人侵略者にいとも簡単に破れた理由は、それぞれの国内の政治的・社会的要因もあるが、端的には軍事技術の未発達である。そしてこのことはアメリカ大陸において、鉄と馬の使用がなされなかったことに大きな原因がある。

同大陸全体として、金属器の使用が紀元前八世紀に至ってようやくなされ、鉄器はヨーロッパ人の到来以前に用いられていない。馬の使用もなされなかったが、家畜はアンデスにおいて、ヤーマやアルパカ（どちらもラクダ科）が荷役に使用されるに止まった。

鉄と馬の不使用に加えて、回転を利用する道具、車輌やロクロの使用もなされていない。馬車どころか大八車の類もみられない。

他方では、インカの精緻な石造建築物や大規模で複雑な社会組織、マヤの巨大ピラミッドや精巧な絵文字、暦・天文学など、独特で高度に発達した文明社会を築いている。

南北アメリカ大陸においても、アフロユーラシア大陸と同様に、農耕の開始、定住的村落の形成、都市の形成、広い範囲にわたる帝国の成立と続くかなり類似した過程をたどるが、農耕の開始時期は大差がないにもかかわらず、それ以後の経過の遅速の差は大きい。

メソポタミアにおける農耕の開始が紀元前六五〇〇年頃（ジャルモ遺跡）で、メソアメリカにおいては紀元前六〇〇〇年と考えられており、ほとんど変わりない。

しかし、メソポタミアにおいては、紀元前四〇〇〇年紀の後半にはシュメール人の都市が形成され、やがて紀元前二〇〇〇年紀にはバビロン第一王朝が成立する。これに対して、メソアメリカとアンデスにおいては、紀元前八〇〇年頃から神殿を中心とする都市化の動きがみえてくる。そして、ようやく一三世紀末にメキシコ高原にアズテック王国が成立し、同じ頃アンデスにはインカ帝国が形成される。

こうした、アメリカ大陸の文明社会の特質は、基本的には、孤立的な文明形成に起因するものと考えられる。

アフロユーラシア大陸においては複数個の文明中心地があって、しかもそれらの間に頻繁な相互交渉が行われている。このことは軍事や交通の技術を発達させ、さらには、技術的発展や文化的蓄積、社会的変動など文明社会の歴史的展開を促進することになる。多様な地域性に根ざした多様な文化所産が交換され、さらに競争的圧力に満ちたアフロユーラシアは、それだけ文化的創造への刺激に富んでいるといえる。

これに対して、アメリカ大陸の地形的形状は、カリブ海沿岸部を除けば海岸線は単調であって、地中海のごとき内海をもたず、南北両大陸はパナマ地峡によってわずかにつながるのみで、しかも地峡の両側は密林地帯で交通を妨げている。[13]

アメリカ大陸における文明形成は、アフロユーラシア大陸と隔絶した状況にあり、しかも、同大陸内の南北間の交渉も限られたなかで、固有の環境条件に応じて、時間をかけて展開をみせている。それだけに、アフロユーラシアの諸文明とは、ひときわ違った独特の文明社会像を創りあげた。

文字の形成も、メソアメリカ地域では、独特な絵文字を形成し、アンデス地域では、筆記する文字ではなく、縄目を使ったキープと呼ばれる結縄文字が、記録手段として用いられていた。

メソアメリカ　絵文字の世界

北アメリカの南部、現在のメキシコ南部からグアテマラにかけての地域（メソアメリカ）では、メキシコ南部地域とユカタン半島を中心に文明社会の形成が展開する。紀元前二〇〇〇年紀から紀元前一〇〇〇年紀にかけて、メキシコ湾岸を中心とする地域に大規模な祭祀センターを伴うオルメカ文化が形成され、その後のメソアメリカにおける文明形成に影響を及ぼした。

メソアメリカにおいては、象形文字が二つか三つ並んだような文字のテキストが、紀元前七〇〇～紀元前四〇〇年頃にみられる。さらに、メキシコ南東部の川のなかから一四三年と一五六年の日付けの入った石碑が、一九八六年に発見されている。そこには、縦書き二一行で五二〇の象形文字が彫られている。この頃には、体系的な文字の形成がなされていたことを物語る[14]。

メソアメリカ文明の形成においては、地域や時代を異にする様々な文化、都市、国家の盛衰があるが、特に、ユカタン半島地域（現在のメキシコ最南東部とグアテマラ北部）に成立したマヤ文明や、メキシコ南部一帯を領土としたアステカ王国がよく知られている。

マヤ文明は、形成期は紀元前一五〇〇年頃にさかのぼるが、最盛期は三〇〇～九〇〇年頃である。熱帯雨林地帯でピラミッド状の巨大な建築物や神殿を含む祭祀センターを核に、農耕を基盤とする大規模な社会組織を形成していた。0（ゼロ）の概念を含む二〇進法の数字の体系を持ち、複雑な暦の体系を発達させた。政治的には群立状態を続け、統一国家の形成をみることなく衰退した。

マヤでは、メソアメリカにおける文字の伝統のなかで、絵文字が発達をみている。象形文字としての形状を色濃く残しているが、役割としては、表意文字のほかに表音文字（音節文字）も含まれている。文字数は、八〇〇種を超える。

マヤ文字は、建造物の石碑に刻まれ、主に、王族の誕生、即位、死亡、戦争など王家に関する事柄が記されている。文書も書かれていたが、スペイン人による征服後、多くのマヤ語文書が失われ、樹皮などを使った折り畳み形式の「絵文書」として残っているものが四冊だけ現存する。天体周期表や儀式に関する内容が含まれている。失われた樹皮の文書には、歴史や、貢物、交易の記録、儀式のきまりなども書かれていたであろう。

なお、マヤにも、書記が存在し、王族の階級に属し、その地位はエジプトと同様に高かったとみられている。多種で複雑な絵文字を扱うことから、マヤの書記は、かなり遊び心を持って創作的に、筆記に取り組んでいたと想像される。[15]

紀元前五〇〇年頃のオルメカ文化の衰退後、メキシコ一帯でその影響を受けた文明形成がなされ、五世紀から八世紀にかけて、メキシコ中央高原の東北部テオティワカンに、巨大なピラミッドや神殿を擁する人口約一〇万人規模の都市が建設されている。

その後、一四世紀にメキシコに移住してきたアステカ族によって、メキシコ中央高原一帯を版図とするアステカ王国が形成され、テスココ湖上に首都テノチティトラン（現在のメキシコシティ）を建設し、その人口も二〇〜三〇万人にも達して、王国は一六世紀には繁栄をきわめたが、一五二一年にスペイン人の侵攻により滅亡した。

アステカ王国においては、マヤ文字に類した絵文字の体系が用いられている。マヤ文字が、ほとんど石碑に刻まれたものであり、九〇〇年より前までに書かれたものが多かったのに対し、アステカでは、一一〇〇年からスペイン統治時代の最初の一世紀までに、主に、布、樹皮、動物の皮でできた冊子に書かれている。

なお、マヤやアステカを含むメソアメリカの文字には、漢字との類似性が多々ある。類似点とは、原則的にどちらも縦書きで、上から下へと読むこと、（ヘンとツクリが組み合わさった漢字のように）二つ以上の記号を合体させて「文字絣（グリフブロック）」を作ること、文字絣は、ほとんどの場合、表語音節文字であることなどである。[16]

アンデス（インカ帝国）キープと飛脚

南アメリカのインカ帝国では、クスコに大規模な首都を設け、強固に組織された社会組織を形成し、文字としては独特の結縄文字を使用しており、「キープ」と呼ばれる結縄の系統に情報を記録した。その作成と読解を特技とする専門家階層を必要とした。

キープは、一本の紐を軸に多数（数十本）の紐を両方向に結んで、各々の紐に結び目をつけたものである。また、連結した紐にさらに紐を結んで補助とした。縄の色や結び目の数、位置に意味を読み取ることになる。

キープに記録された情報は、各地の人口、農産物の収穫量、ミッタ（各種の労役）の員数、軍隊の兵力、徴税品の種類・数量、川が氾濫した日など様々なデータが含まれている。キープの作成、読解、保管には高度の専門的能力を要し、インカ帝国には、キープ・カマヨックと呼ばれる専門の役人が多数いた。キープ・カマヨックは、中央・地方の高官のもとでいわば高級官僚の地位にあった。首都クスコには、養成する学校もあった。

ところで、インカ帝国では、王の巡察、軍隊の移動、物資の輸送などを円滑にし、南北六〇〇〇キロメートルに及ぶ領土を統治するために、道路網と飛脚制度が整備されていた。

道路網の主軸として、「王の道」と呼ばれる山側の道と「ワイナ王の道」と呼ばれる海側の道という、南北方向に平行した二本の幹線道路が造られた。この二本の幹線から支線や両幹線をつなぐ線が分岐し、首都クスコを中心に、国土全体を縦横にカバーし、その総延長は二万キロメートルとも三万キロメートルともいわれる。

街道沿いには、「タンボ」と呼ばれる宿駅が置かれ、皇帝や役人、一般の旅行者のための宿舎や食糧、布、武器などを備蓄する倉庫が建てられていた。

そして、こうした道路網を基盤として、迅速な情報伝達を目的として飛脚のネットワークが構築されていた。「チャスキ」と呼ばれる走者が、約二・八キロメートルごとに設けられた中継駅に待機し、情報を口頭か結縄によって、次の中継駅まで走って伝えた。インカ帝国には、馬も馬車もないから、走者は猛スピードで険しい山岳地の道も駆け抜けた。クスコと北部のキトの間約二〇〇〇キロメートルの距離でも、五日足らずで走破できたというが、一日四〇〇キロメートルはとても人技とは思えない。

この飛脚制度によって、各地の情勢報告や動員命令などの軍事情報や、行政目的での指示や報告が、迅速に行き交った。さらに、皇帝の食事に用いる食材の運搬も役目であった。

走者（チャスキ）は、若い成人男子から選ばれて、兵役や鉱山労働などと同様の労役として従事した。また、宿駅（タンボ）での労務や道路の建設・維持管理も地域住民の労役とされていた。[17]

第6節　文字の形成と文明史の展開

文字の創造と使用は、五〇〇〇年余に及ぶ文明史上最初の情報革命であり、後の時代に展開する情報革命の原点であるといえる。紙の普及や印刷術の革新、電信の発明やインターネットの構築といった後に続く一連の情報革命も、それぞれが文字情報の保存、伝達や処理にかかわる一大革新であることでは、文字の創造による情報革命の余韻とすらいえるかもしれない。なぜなら、紙の普及や印刷術の革新は、文字の活用の増進であり、電信の発明も、文字に表示された情報の電子的な伝送である。その後、印刷術の発展にせよインターネットに至る情報の電子化の進展にせよ、文字情報のみならず画像情報へと蓄積・伝達する情報の幅を広げていくが、文字情報が核心的な役割を果たしていることに変わりはないであろう。

文字は、人間の記憶の補助手段として誕生した。もちろんこれについては、古来より、批判がある。かえって、人間の記憶能力を損なうというものである。また、生の音声言語による口伝の持つ微妙なニュアンスが欠落する一面があることも否定できない。個々人のレベルでは、そんなこともいえなくはない。ただ、集団的な視点からみれば、文字による記録、文字で記された文書による伝達は、情報を長期的に保存し、より広範囲に伝えて、時間と空間を超えて情報を共有することを容易にしてくれる。個人のレベルに戻って考えても、文字による情報の保存と伝達は、記憶や暗記の負荷を軽くし、また、幅広い情報の入手を可能にして、思考や創作の余地を広げてくれると思われる。

一部の微妙な例外を除き、文字の使用は、文明社会の創造と持続的な営為を支えるものとなった。文明形成初期に口承重視の伝統を保ちつつ高度な宗教・哲学の体系を創造したインドや、キープ（結縄文字）によって大規模な社会集団（インカ帝国）を運営したアンデスの例をみると、必ずしも筆記する文字体系を持たずとも、ある程度高度な知的創造や社会形成が可能であるといえなくもないが、やはり限界があると考えられる。

文字の創造と使用は、大規模な集団の運営・存立を可能とし、文明社会を基礎づけただけでなく、人間の思考過程にも大きな影響を与え、その能力を増進した。ちなみに、メアリアン・ウルフによれば、文字の発明と使用によって、人間の脳の構造に変化が生じ、思考に広がりができ、知能の進化をもたらしたとされる。[18] 確かに、文字の使用により、参照できる情報が飛躍的に増大し、また、記憶への負荷からも解放され、系統的知識や論理的思考の発達を促進したといえる。

文字の使用は、様々な記録、思考、感情の表現を、長く後世に残し、広く他の地域にも伝えた。最古の文明誕生から紀元前後にかけての三〇〇〇年余の間にも、現在も遺る多種の膨大な文化的資産の多くを形成した。とりわけ、紀元前五〇〇年前後に東地中海周辺、インド、中国などユーラシア大陸各地で展開した思想、宗教の刷新と再創造は、その後の歴史に大きな影響を及ぼし、現在でも、人類共有の重要な文化的伝統となっている。

文字は、様々な文明社会の文化の核心となり、文字とその使われ方の多様性は、文明と文化の多様性を裏打ちするものとなった。世界の各地で文字の体系が形成されると、文字そのものが多様であるだけでなく、文字形成の目的や主な用途、筆記する素材、手段、識字階層の形成など、文字の使用にかかわる様々の要素も、文明により地域により異なる特徴があり、それは、各地域の文明社会の特色ともなっていた。

文字は、絵文字（象形文字）に由来する表意文字から、アルファベット（表音文字）への変遷を中心的な流れとしつつも、先行する文字体系の直接、間接の影響のもとで、多種多様な文字群が世界各地で形成され、なかにはすでに歴史的な遺物となったものもあるが、現在に至っている。この文字の系統的な形成と盛衰は、全世界史的な文明社会や文化・民族の成立、盛衰とも重なり合って興味深い。

文字形成の目的も、契約書などの経済文書作成が最初の目的であった場合（メソポタミア）や、占いのためであった場合（中国）、宗教的内容に重きがみられる場合（エジプト）、暦の作成に特色がみられる場合（マヤ）など様々である。もちろん、いかなる地域、文明社会にあっても、やがて遅かれ早かれ、文字で記される内容は、あらゆる領域をカバーする包括的なものとなっていった。

文字の筆記媒体についても、石碑・石版、粘土板、パピルス、獣皮、貝多羅葉、竹簡・木簡、布など所により様々であり、紙が世界的に普及するまでは、各地域で固有の材料が用いられた。

文明形成の初期においては、文書の作成や読解、管理は、特殊な能力を持つ、よく書記と呼ばれる専門の職業階層が形成され、文字を扱う必要のある職務を担った。書記は、少数のエリート集団として一般に重要な立場にあったが、エジプトやマヤのように精巧で複雑な文字を、長く使い続けた社会では、その社会的地位はとりわけ高かったようである。アルファベットの形成などで、文字がより大衆化するにつれて、識字階層の特権的立場は希薄になってきたが、文明の誕生以来、長期間にわたって、識字能力は、時代時代の支配者集団、官僚、宗教関係者、学者、商人など限られた階層、集団にとどまっていた。

文字の利用に関しては、多くの国家がその重要性を認めて、国家戦略の視点から関与を重ねてきた。具体的には、文字の採用や創作、国家目的への文字の使用、文字の標準化、識字階層の育成、筆写材料の確保など、時代、地域、国情に応じた様々な動きがみられた。

このほか、世界各地で文明が形成された後、政治的な分裂、国家間の競合の時代を経て成立した広域的な巨大国家においては、中央集権的な政治体制の構築や、その基盤としての道路網、水路網の建設が進められ、宿駅も整備され、徒歩、騎馬、馬車などによる、首都と他の地方との間の往来が、より迅速、確実になされるようになった。これによって、主に公用目的の情報伝達が確保された。また、付随的にではあるが、私的な目的での人、物資、貨幣の流動も促進されたものとみられる。文字による情報伝達の効率化と併せて、広い地域をカバーする情報交流圏が形成されたことになる。

文字は、世界各地の様々な文明社会の形成とその営みにとって、重要不可欠な要素であったのみならず、人類全体の五〇〇〇年余に及ぶ文明史のグローバルな展開を、空間と時間を超えて繋いでいく役割を果たしてきたのである。

注

1 スティーヴン・ロジャー・フィッシャー著　鈴木晶訳『文字の歴史』研究社、二〇〇五年、九頁
2 町田和彦編『世界の文字を楽しむ小事典』大修館書店、二〇一一年、六四頁
3 アンドルー・ロビンソン著　片山陽子訳『文字の起源と歴史』創元社、二〇〇六年、一二六‐一二七頁
4 星名定雄『情報と通信の文化史』法政大学出版局、二〇〇六年、四三‐五〇頁
5 前掲書4、六〇‐七八頁
6 前掲書1、一三五頁
7 前掲書2、九五‐九六頁、二〇〇‐二〇五頁
8 NHK「中国文明の謎」取材班『中夏文明の誕生』講談社、二〇一二年
9 冨谷至『文書行政の漢帝国』名古屋大学出版会、二〇一〇年、四〇六‐四〇九頁
10 前掲書2、一四七頁
11 前掲書4、五二‐五七頁

12　前掲書4、八一－八三頁

13　新大陸と旧大陸の文明比較については、主に以下の文献を参照した。

ジャレド・ダイアモンド著　倉骨彰訳『銃・病原菌・鉄　上・下』草思社、二〇〇〇年

伊東俊太郎「地球的世界史の構想」同編著『都市と古代文明の成立』講談社、一九七四年、一四－七四頁

泉靖一「新旧両大陸の文明形成の比較」『文明をもった生物』日本放送出版協会、一九六六年、一三四－一五三頁

14　旧大陸における鉄と馬の意義を重視しているものとしては以下の文献を参照した。

謝世輝『新しい世界史の見方』講談社、一九七二年

15　前掲書1、二八八－二九八頁

16　前掲書1、二八二－二八三頁

17　前掲書4、九八－一〇五頁

18　メアリアン・ウルフ著　小松淳子訳『プルーストとイカ　読書は脳をどのように変えるのか』インターシフト、二〇〇八年、一六－一七頁

第2章　紙の長い旅——東から西へ

第1節　アフロユーラシア諸文明の大交流時代

今から約五〇〇〇年前に西アジアで文明創造の先駆的な歩みがなされた後に、アフロユーラシア各地域には、その影響も受けながら独自の文明社会が姿を現した。次第に広い範囲にわたる国家形成も進み、紀元前二世紀から紀元前一世紀ころにかけては、東アジアには漢（前漢）、南アジアにはマウリヤ朝、地中海地域にはローマ帝国といった巨大帝国が形成され、各地でより広範囲にモノや人の交流が展開し、巨大な情報交流圏が形成された。

さらに、これらの地域の間で、主に中央アジアを介した経済的、文化的な交流（シルクロード）が盛んになり、異なる文化や新たな発明・発見などイノベーションの相互伝播が、大陸全体の文明の営みを活性化した。

そして、七世紀頃から、商業や都市の活動が一段と活発化し、そうした人、物、情報などが行き交う交流圏を拡大していく動きが現れてくる。

この歴史の一大転換は、西アジア周辺部に位置するアラビア半島の一角からもたらされた。七世紀初頭に始まるマホメットによるイスラム教の創設とその信徒集団の活動である。

砂漠の遊牧民を中心とした初期のイスラム教徒集団は、またたく間にアラビア半島を制圧し、さらには、ササン朝ペルシャ、ビザンツ帝国支配下のシリア、エジプトなどを征服し、西アジアから北アフリカにかけての地域を勢力下に置き、シリアのダマスカスを首都として、最初の巨大イスラム帝国、ウマイヤ朝カリフ国を樹立した。

その後、イスラム勢力内部の紛争から、ウマイヤ朝に代わってイラクのバクダッドに首都を置くアッバース朝カリフ国が成立し、アフロユーラシアの東西南北の交差点として繁栄をみた。

よくイスラム教は都市の宗教といわれ、教義においても商業活動に関しても積極的な言及が目立つ。イスラム教の勢力拡大により、その勢力下において、商業活動の隆盛や都市の発達をみたのみならず、イスラム商人の活動は、地中海周辺、中央アジア、インド、東南アジアから中国に及び、広くアフロユーラシア大陸全体の商業活動をリードした。

こうした都市と商業の本格的な成長を伴う経済社会の新たな潮流は、西アジアを中心としたイスラム勢力下の出来事にとどまらない。東の中国では、漢（後漢）滅亡後の分裂期を経て、六世紀末期から隋・唐の統一王朝の時代に入り、約三世紀間続いた唐の時代には、主に中央アジアを介して、西アジアやインド方面との交流が活発化した。さらに、一〇世紀に建国された宋の時代には、都市と商業の発展が一層顕著となる。

大陸の東と西の端では、中国の唐王朝や地中海周辺のビザンツ帝国、イスラム勢力の影響を受けながら、日本とヨーロッパでそれぞれ本格的な文明形成の動きが展開する。

このように、アフロユーラシア大陸では七世紀あたりを境に、①都市と商業の発達が本格的に進展し、②文明形成がそれ以前の文明中心地の周辺でも展開し、そして③大陸全体として人や物の流動が拡大し情報の交流が活発化するようになった。アフロユーラシア諸文明の大交流時代の到来である。

こうした状況のなかで、中国で発明、改良され、普及をみた紙と製紙技術が、約一〇〇〇年の長い歳月をかけて、西アジアを経て大陸西端のヨーロッパにまで伝播した。紙は、軽量、安価で長期保存にも耐え、改ざん困難という特性を持ち、筆写材料として優れており、情報の保存、伝達をより効率的に行うことを可能とした。紙の普及は、各々の地域で、都市や商業の発達、巨大な国家組織の運営、宗教・学問の流布などを促進する役割を果たした。

ところで、こうしたアフロユーラシア諸文明の大交流時代は、一三世紀におけるモンゴル帝国によるユーラシア大陸制覇により、一大クライマックスを迎え、その後、中央アジアのイスラム化したトルコ系遊牧民や中国北方の遊牧民によるオスマン帝国、ムガール帝国、清朝など各地域での征服王朝の樹立へと展開した。これら征服王朝の成立によって、アフロユーラシアに政治的安定がもたらされるとともに、文化的停滞も生じ、やがて、ヨーロッパ諸国の勢力拡大によるグローバル化の時代へと移行していく。

第2節　中国における紙の発達とその影響

紙の改良と普及

紙は、印刷、火薬、羅針盤と並んで中国由来の四大発明とされている。

文字を筆記し文書として保存する媒体は、地域により様々であった。当初、文字は、様々な媒体に筆記され文書が作成されたが、中国で発明、改良され世界的に普及した紙の利用が、文字の利用を格段に効果的なものとした。

紙は、植物繊維を主な原料として、これを水に浸して柔らかくし、薄く平らに成形して乾燥させて作られる。軽量でかさばらず、比較的安価に製造ができ、加工しやすい。文字や図画の書写に始まり、包装や建材など幅広い用途に用いられる。

すでに述べたように、中国では、固有の文字として漢字が形成され、竹簡や木簡、一部上層階級では白絹に筆記されていた。

後漢の和帝（在位：八八～一〇五年）の時代に、宦官の蔡倫によって、樹皮、麻くず、ぼろ布、漁網などを利用した紙の製法が開発され、以後筆写材料として普及した。蔡倫は、宮廷内で武器や調度品を製作する部署の長（尚方令）を務め、一〇五年（元興元年）に紙を和帝に献上した。[1]

ただ、紙は、それ以前から作られており、前漢の武帝の時代（前一四〇～前八七年）に、すでに大麻や苧麻（ちょま）といった草の繊維を用いた粗雑な紙（「麻紙」）の製作がなされていたことが、当時の遺物として発見されている。蔡倫は、廉価な材料を用いて文字の書写に用いうる紙の製造を実現したわけで、しばしば発明者のようにいわれたりもするが、実際には、紙の製法の本格的な改良を宮廷において行政官として推進したといえる。

蔡倫は、字は敬仲、桂陽（湖南省）の出身である。行政官として有能であり、和帝のもとで地位を高め、竜亭侯に封じられた。また文人的教養もあって、儒者の劉珍や博士の良史らによる古典籍の校訂作業を監督している。しかし、悲しいかな、和帝没後の安帝（一〇九～一二五年）の時代に、宮廷内の粛清劇に絡んで罪を問われ、毒を飲んで自死する最後を迎えている。

中国において、その後も紙の改良が行われ、唐の時代（八世紀）には、樹皮や竹や藁といった原料も使われるようになった。宋や明の時代には、竹を原料とした竹紙も作られた。

とはいえ、紙はなお高価な貴重品であり、紙の普及が進んだ魏晋南北朝時代においても、簡牘（かんとく：竹簡と木簡）、帛書（はくしょ：絹布に書かれた文書）、紙書が並行して用いられていた。二～三世紀の出土物には紙はごく稀でまだ簡牘が多かったが、魏晋南北朝時代の約三〇〇年間に、紙が書写材料として広く普及し、四世紀以降は紙書が主流となっていった。

この時代、漢字の書体は隷書から楷書へと移行し、書物の数も増え、その収蔵も規模を拡大したとみられている。

紙は、当初の用途である文書や書籍のための文字の書写にとどまらず、芸術（書や絵画）や包装、建築材、扇や傘といった各種の身の回り品など広範な用途に用いられるようになった。

紙の普及によって、書物の筆写が次第に増加していった。書物は、初期には儒教経典が中心であったが、仏教が隆盛となるにつれて、仏教経典の筆写も盛んとなった。

後漢崩壊後の分裂状態を経て、六世紀中ごろから九世紀にかけては、隋次いで唐が全国統一を回復する。唐の時代には比較的長期にわたり国家体制が安定し、紙の生産が増大し質的にも向上したとされる。唐朝は、紙質を厳選して公文書の書写などの公用に充て、特定の地域を指定して上質な紙を製造させて朝廷に貢納させた。「貢紙」と呼ばれるものである。また、朝廷は、江蘇、浙江、安徽、湖南、四川など南方の長江沿岸各地に多くの製紙工房を設置していた。[2]

宋代には、木版印刷術が普及し書籍の刊行が盛んとなって、紙の需要と生産が一段と拡大したが、宋朝においても朝廷は貢紙を徴収し公用に用いた。主要な製糸業の中心地としては、浙江省の会稽と剡渓（せんけい）、安徽省の歙（きゅう）県、徽州、池州、江西省の撫州、四川省の成都、広都などが挙げられる。

このように、紙の生産は各地に広がり、多くの紙産地、製紙業の中心地が形成された。紙は重要な物産の一つとなり、朝廷にとっても公用の必要があって、貢納や品質の確保を重視していた様が伺える。

紙の製造や使用は、世界に先駆けて中国において進展し、後で触れるように、さらに、東方、南方、西方へと伝播していった。

加えて、印刷術でも、世界の他の地域に先行して、発明と技術的改良、普及が進んだ。中国において現存する最古の印刷物は、敦煌で見つかった九世紀の『金剛経』（八六八年）であるが、文献の記述や日本、朝鮮における最古の印刷物の年代から、唐の時代、おおよそ七世紀前半には、木版印刷が行われていたと推測されている。印刷術の普及により、宋代以降、書物の刊行が益々盛んとなり、紙への需要と生産も増大をみせる。

他の地域と同様に、紙の使用から印刷の普及まで長い時間の間隙があり、中国でも五〇〇年ほどのラグがみられる。とはいえ、中国における古い時代からの紙の使用は、早い時期の印刷術の発展を伴うことになったといえよう。

なお、印刷については、第四章で改めて取り上げることになる。

紙の影響

世界に先駆けた製紙技術の開発と紙の普及によって、中国では紙が様々な用途に、とりわけ文書、書籍の材料として早くから多用されることになった。

中国では、紙の普及以前から、官僚制の発達がみられ、紙の使用は、その効率的な運営を支えるものであった。また、隋代からは科挙の導入により、官僚層の登用は、主に伝統的な学問を試験科目とする選抜に基づくこととなったが、これも紙の普及が与ってきたものといえる。

歴代王朝は、書物の収集と保存に熱心であり、単なる収集にとどまらず、既刊書の校訂や編纂が、しばしば国家事業として推進された。

古くは、周の王室には、「蔵室」という図書館の原型のような部署があり、かの老子もその職員であったと伝えられる。最初の統一王朝ともいえる秦は、天下平定後、併合した六国の図書を集めて首都咸陽の王宮（咸陽宮）に収蔵している。その後歴代王朝も同様に書物の収集に努めている。

ただ、紙の早い時期からの普及により、科挙に基づく官僚制の伝統とも相まって、史書や儒教経典の注釈といった「記録的学問」が学問の主流となり、論理的な思考の発展が妨げられたとし、これに対して、西のイスラム世界やヨーロッパでは、紙の普及が後になり、長く口頭による伝承や論議により重点を置かれ、異なる学問的伝統、特にヨーロッパにおいては、論理優位の傾向が形成されたとする指摘がある。[3]

漢字という文字文化の伝統、文明史の早い時期からの紙と印刷の普及は、中国の文明の特色をつくりあげた基本的要素であるといえる。

紙の利用の異なる展開は、各地の文明の性格にまで影響を及ぼしたともいえよう。

紙の東西への伝播

蔡倫による改良の後、紙の製法は、かなり時間をかけて、東方の日本、朝鮮、南方の東南アジア、インド、そして中央アジアを経て、はるか西方の西アジア、さらにはヨーロッパへと伝播・拡散していった。そして、所を変えるにつれて、原料や製法に改良が加えられ、土地柄や必要に合った紙がつくられるようになった。生産が増えるにつれて用途も広がっていったが、主な用途の第一は、文字や画像の筆写であり、社会に与えた影響もそれによるところが最も重要であるといえる。

紙の製法と利用は、まず、アジアの近隣地域に伝播していった。

日本へは朝鮮半島を経て伝来したとみられる。『日本書紀』に、六一〇年（推古天皇一八年）朝鮮半島の高句麗王から遣わされて来朝した僧、曇徴（どんちょう）が、仏教経典に通じているのみならず、絵の具や紙・墨の製作にも秀でているとの記述があり、この時期には、わが国にも紙とその製法が伝わっていたことが伺える。紙そのものの存在は、卑弥呼が魏に使節を派遣した三世紀あたりから、知られていた可能性がある。

推古朝から奈良時代にかけて仏教が広まるにつれて経文の写経が盛んとなった。また、律令国家体制の整備に伴って、行政文書たとえば戸籍の作成などが進められた。こうした宗教、行政上の必要から紙の必要性も増大し、書物や経典を管理する図書寮の付属機関として紙屋院が設けられ、朝廷で用いる紙の製造がなされた。

朝鮮半島では、中国との距離の近さや関係の深さからいって、わが国より先に、紙の存在やその製法が伝わっていたものとみられる。

インドへは、七世紀後半にインドへ求道の旅に赴いた中国の僧、義浄は、彼の地で紙に仏像が描かれたり、日用品に使われたりする様子を伝えており、その頃には、紙が伝来していたものとみられる。ただ、貝多羅葉の伝統的使用や文字による記録より口承を重視する宗教的、学問的伝統に阻まれてか、東アジアにおけるような本格的普及には長く至らなかった。

西方に眼を転じると、紙は、中央アジアを経て、西アジア、地中海周辺、そしてヨーロッパへと伝播していったが、中央アジアや西アジアへは八世紀中、ヨーロッパへはおおむね一三世紀と、蔡倫による紙の製法の改良から約一〇〇〇年と、かなり時間をかけてアフロユーラシアの東から西へと伝わっていった。これは、東西の距離の長さに加えて、植物の植生など風土や、固有の文字文化の伝統の違いが作用したものとみられる。

東から西への紙の伝来と普及の過程で、西アジアでは、折から進展中のイスラム帝国の形成や商業の発展、都市と都市間ネットワークの発達を支えることとなる。

これに対して、ヨーロッパでは、紙の伝来後、その普及は速やかではなかったが、やがて一五世紀における金属活字印刷の展開を下準備するものとなった。

なお、一三世紀には、突如としてモンゴル族が中央アジアの高原地帯に勃興し、やがてモンゴル帝国がユーラシア大陸の東西にまたがる版図を築くが、ここでも紙幣の流通など、交流の拡大と紙の使用との密接な関係を垣間見ることができる。

次節以下で、これらの各地域と時代の局面での、紙の影響に触れていく。

第3節　イスラム文明と紙

イスラム帝国の官僚組織と商業ネットワーク

マホメットを開祖とするイスラム教の台頭は、信徒による軍事的な征服活動として展開し、ローマ帝国の東方領域を制圧して、七世紀の前半には、最初のイスラムの広域国家として、ウマイヤ朝カリフ国が樹立され、ダマスカスを首都とした。

七五〇年には、このウマイヤ朝が転覆され、新たなイスラム帝国としてアッバース朝カリフ国（サラセン帝国）が成立し、その後、チグリス＝ユーフラテス川の中流域に新たにバクダッドを建設し首都とした。最盛期のアッバース朝の領域は、ウマイヤ朝の版図の大半を継承し、現在のイラクを中心に、西は北アフリカ、東はイランとその北方の中央アジアに及んだ。

アッバース朝国家では、アラブ民族だけでなく広くイスラム教に帰依した諸民族をその同胞として遇し、イスラムの宗教指導者（ウラマー）や神学者・法学者を指導層として社会生活にイスラムの原理が浸透した。政治的には、より強力なカリフの専制体制が確立し、大規模な官僚組織が形成され、道路網や情報伝達網が整備された。

イスラム教と都市商業が一体となって、従来にも増して、都市の商業機能が増進し、都市間のネットワークも広域的に緊密に形成された。また、イスラム教とアラビア語の浸透により、共通の宗教と言語で結ばれた広大な情報交流圏が形成された。

二世紀、後漢の中国で改良され発達し、その周辺地域に広がった紙は、中央アジアでの東西勢力の戦闘を契機に、その製法がユーラシア大陸の西方へと広がっていった。七五一年、タラス河畔（現在のキルギス領）で唐とアッバース朝の大規模な戦闘が行われ、後者が大勝する結果となった。その捕虜の中に中国人の紙職人が含まれており、唐の製紙技術が、まず中央アジアに、さらにはイスラム世界の中心バクダッドへ伝播し、改良を加えて生産が広がった。まず、中央アジアのサマルカンド（現ウズベキスタン領）で紙の生産が始まり、「サマルカンド紙」として、西方に輸出された。なお、サマルカンド紙は、麻と亜麻を主な原料とした。ほどなく八世紀の終わりころには、バクダッド（現在のイラクの首都）で製紙工場が営まれ、さらに、九世紀前半には、より西方のダマスカス（現在のシリアの首都）でも生産が盛んとなり、やがて「ダマスカス紙」としてヨーロッパへも盛んに輸出された。そして、紙と製紙技術は、シリア、エジプトからイスラム勢力下のイベリア半島まで伝わっていった。なお、イベリア半島での紙の生産は、イスラム勢力下の地域から、隣接するキリスト教勢力下の地域へも拡散し、ヨーロッパへの製紙技術伝来のルートの一つとなった

イスラム圏において実際に用いられた紙づくりの技術は、基本的には中国伝来のものと同様であるが、地域の条件に合った改変がなされている。まず、原料として麻と亜麻が多用されており、それらも使い古した麻製の網や亜麻布を利用していた。また、紙漉きも、竹の代わりに細い葦の茎が簀とし て使われている。さらには、繊維をほぐす工程では、石臼が用いられるようになり、その動力源とし

て人力だけでなく畜力も導入された。このほかにも様々に新たな材料や工程の工夫が加えられている。

製紙技術が伝来した当時、西アジアでは、アッバース朝が、西アジア一帯を版図とする巨大イスラム帝国を築き、その首都バクダッドは、政治、経済、文化の世界的中心地の一つとして繁栄していた。紙は、従来使用されていたパピルスや羊皮紙に比べ、より軽量で持ち運びしやすく、コストも低く、改ざんが困難で信頼性に富む筆写材料として、普及していった。そして、その時代の各領域での社会的変化を促進した。すなわち、中央集権的な政治体制（官僚組織）を支える文書システムの運営、紙製の聖典「コーラン」によるイスラム教の浸透、商取引への「小切手」の活用、筆写本の製作・流通の活況などに不可欠の手段となったとみられている。[4]

アッバース朝やその崩壊後のファーティマ朝などのイスラム国家は、広大な領土を統治するために大規模に組織された官僚制を発達させたが、その機能が十分に発揮される上では、公文書の信ぴょう性が欠かせない条件である。その点では、紙には一度筆記するとインクの跡が残り、改ざんすることが困難な性質がある。アッバース朝の第五代カリフ、ハルン・アル・ラシードは、偽造文書を防止するために、行政機関において公文書に紙を用いるよう命じたと伝えられる。

この利点は、民間でも評価され、契約書や会計簿、商業用の信書などに幅広く用いられた。これは、イスラム世界の拡大に伴う商業の発達を支える条件となった。

他方、イスラム世界において、軽量で保存性があり、羊皮紙に比べて安価な紙は、聖典『コーラン』をはじめ、イスラム教の教義に関連する写本づくりの材料となった。これは、『コーラン』やその言語であるアラビア語の普及を促進するものとなった。さらに、宗教関係書のみならず、法律、文学、医学、科学など各分野の出版活動の隆盛につながった。

バクダッドの都と知恵の館

ウマイヤ朝の首都ダマスカス（現シリアの首都）に代わって、アッバース朝第二代カリフのマンスール（在位：七五四～七七五年）により、帝国の中心として首都バグダッド（現イラクの首都）が造営され、西アジア最大の都市に成長し、広く全アフロユーラシア大陸全体の人的、物的交流の中心地となった。

バグダッドは、ティグリス河中流の西岸に位置し、かつてのササン朝ペルシャの首都クテシフォンに近く、かのバビロンの約七五キロメートル西北にあたる。その土地が選ばれた理由は、ユーフラテス河とティグリス河を結ぶササン朝ペルシャ時代の運河網が整備されていることや肥沃な農耕地帯の中央に位置することが挙げられる。また、アナトリア方面とペルシャ湾を結ぶ河川交通と中央アジア方面とシリア方面を結ぶキャラバン・ルートの交差する位置でもある。

バグダッドの建設は、七六二年に始まり七六六年にかけて四年間で行われた。三重の城壁に囲まれた直径二・三五キロメートルの円形の都市構造を持つ。城壁内部には、宮殿と大モスクを中心に、諸官庁、軍隊の駐屯所が置かれた。城壁には、四つの城門が設けられ、各々は、ホラーサーン、バスラ、クーファ、ダマスカスに至る街道に通じた。

この四つの街道を幹線路として、さらに支線が各方面に延び、道路網が縦横に整備されるとともに、アケメネス朝以来の駅伝制度の伝統を踏まえて、道路に沿って一定の距離ごとに馬やラクダを備えた宿駅が置かれた。これは、ウマイヤ朝においてその首都ダマスカスを中心に構築されたシステムを継承・発展させたものである。

この道路網と駅伝制度を駆使して、公文書が行き交い、帝国の統治システムが運営されていた。また、各地の駅長は、交通と通信の機能の維持に責任を負うとともに管轄地域の情報収集に努め、バクダッドへと報告を送った。これによって、カリフのもとには、帝国全土から膨大な情報が集まり、帝国各地の事情に精通したカリフは、「魔法の鏡」を持つとさえいわれていた。ちなみに、九世紀中頃に書かれたイブン・フルダーズベの『諸道路と諸国の書』によれば、九三〇の宿駅があったという。

バクダッドは、都市の発展とともに、市街地は、ティグリス河の西岸から東岸に拡大し、城壁の東方に軍隊の駐屯地が、南側約二キロのところには、当初外壁と内壁を結ぶ街路沿いにあった市場(スーク)が移転し、商工業者が集まったカルフ地区が形成された。ここでは、絹織物、綿織物、ガラス・金属製品などの手工業生産と、遠隔地取引を含む商取引が展開された。

城内のモスクは、イスラム法学の教育・研究機関となり、また、七代目カリフのマームーンによってバイト・アルヒクマ(智恵の館)が設けられ、ここに多数の学者や有識者を招き、ギリシャ語の哲学・自然科学文献の収集や翻訳活動が行われた。

なお、バグダッドは、九～一〇世紀が最盛期とされ、人口は百五〇万人規模にも達したとみられている。また、アッバース朝において、カリフの権力が実質的に機能したのは、一〇世紀中頃までで、次第に地方への統制力は弱体化した。一二五八年のモンゴル軍によるバグダッド攻略により、街は破壊され、カリフ制も崩壊した。アッバース朝の衰退後は、繁栄はエジプトのカイロに移る。

第4節　モンゴル帝国と紙

モンゴル帝国の形成

一三世紀初頭に、モンゴル高原を本拠とする遊牧の民モンゴル族は、テムジン、後のチンギス・ハン（一二〇六年即位）を指導者として、にわかに勢力を拡大し、モンゴル高原の遊牧諸部族を服属させ、周辺の金、西遼、ホラズム、西夏を征服した。チンギス・ハンの没後も、その子孫が、南ロシア、イラン、南宋などに版図を広げ、ユーラシア大陸の東西にまたがる史上空前の大帝国を築き上げた。

モンゴル帝国は、その広大な支配地域に、元朝、キプチャク・ハン国、チャガタイ・ハン国、オゴデイ・ハン国、イル・ハン国が建てられ、大ハンのもとに統合された統治形態を保ったが、大ハンの座をめぐる内紛により分立傾向が強まっていった。また、各々の支配地域に抱える被征服民の社会構造や文化的伝統も様々であり、帝国としての一体性を保持することに無理があったといえる。

とはいえ、一時期ではあるが一世紀前後の間、モンゴル族主導によるユーラシア大陸の平和が実現し、東西間の経済的、文化的な交流が格段に拡大した。『東方見聞録』で知られるマルコポーロが、父と叔父に伴われてベネチアから陸路中央アジアを経て、元朝治下の中国へと旅したのもこの時代である。

モンゴル帝国下での情報流通

モンゴル帝国では、モンゴル高原の一角に首都カラコルム（和林）が造営され、これを起点に、東西に延びた道路網と駅伝制度が設けられた。この制度は、「ジャムチ（站赤）」と呼ばれ、一日行程ごとに「站（たん）」という駅が設けられ、公用の通行証（「牌符（はいふ）」、「牌子（ぱいざ）」とも呼ぶ）を持った役人、軍人には宿泊、食料、馬が提供された。古来、世界各地に形成された大帝国、国家の多くは同様の制度を備えていたが、それがユーラシア大陸規模で、交通と通信の大動脈として営まれていたのである。治安の確保もなされ、民間の旅行者も、このルートを比較的安全に通行することができた。これにより、ユーラシア大陸全域にわたる人、物資、情報の流動は、それ以前の時代に比べ格段に活発化した。とりわけ、イスラム商人の交易活動が活発に展開し、ヨーロッパからも、ローマ教皇の使節や貿易商人が元朝治下の中国へと赴いた。

首都カラコルムは、一二三五年オゴタイ・ハンによって、モンゴル高原中部オルコン川右岸のステップ地帯に造営された。都城内には、中国風の宮殿が造られ、官庁や役人の邸宅などが配置されていた。征服地から移住した職人や各地から来訪した使節、商人なども居住し、各々の信仰する宗教の寺院・教会が立ち並んでいた。東西南北の各門には市が設けられ、各地に向かう道路の起点となっていた。フビライ・ハンが上都、中都さらに大都（現在の北京）へと都を遷して以降、なお北方の要衝として重きをなしたが、元朝の中国本土撤退後には北元の都となったものの次第に衰微した。

帝国内には、様々な民族が含まれており、言語、宗教、文化など多種多様であったが、元朝では帝国内の様々な言語に対応できる文字が考案された。これは、「パスパ文字」と呼ばれる表音文字で、モンゴルの文字にならって左から縦書きで表記される。皇帝の勅書や貨幣、牌符などの公用に使用されていた。また、宗教に関しては、寛容な政策がとられ、イスラム教、キリスト教、仏教、道教などの宗教集団は、帝国の統治に抗わない限り、免税などの特権も与えられて、信仰が容認されていた。

興味深いことは、モンゴル帝国（オゴタイ・ハン、フビライ・ハンの時代）では、通貨として「交鈔」と呼ばれる紙幣が発行され、その版図で通用していた。特に、元朝治下では、補助通貨としてではなく基本的な通貨として位置づけられていた。中国における紙幣の由来は、唐代における「飛銭」という官庁発行の手形にさかのぼるようであるが、その後の変遷を経て、元代に至って本格的な使用がなされたといえる。軽量、改ざん困難で保存性も高い紙の利便性や信頼性に根差す重要な用途であるといえる。

このように、ユーラシア大陸の東西にまたがる情報交流を実現した史上空前のモンゴル帝国であるが、様々な地域性と多様な文化的伝統を持つ諸民族を抱えた余りにも広大な版図と、当時の交通通信技術の限界から、長期にわたり持続せず、分裂と瓦解の道をたどった。

第5節　ヨーロッパと紙

ヨーロッパにおける文明社会の再生

アルプス山脈以北、ピレネー山脈以東に位置する西ヨーロッパでは、一世紀以降ローマ帝国の版図に入り、その辺境地域として文明社会の形成がなされた。ローマ帝国の軍団や行政機関の所在地を中心に都市の形成がなされたが、四世紀後半からのゲルマン諸族の大移動後、帝国の支配地域の後退や統治組織の崩壊により次第に衰微し、地中海地域の文明社会の伝統が途絶する。

やがて、西ローマ帝国の滅亡（四七六年）後、五世紀後半には、ゲルマン諸族の一派であるフランク族によって、現在のフランス、ドイツ、イタリアにまたがる版図を持つフランク王国が形成され、西ヨーロッパにおいて、東のビザンツ帝国や南東方面のイスラム勢力の影響を受けながら、独自の文明が形成されていくことになる。

ところで、このフランク王国の国家組織はまだぜい弱で権力は分散的であり、官僚組織も未発達であった。アーヘンなどに宮廷が置かれたものの、本格的な首都といえる存在ではなかった。ただ、アーヘンには宮廷学校が、カール大帝に招聘されたヨーク（イングランド）の修道士アルクインによって創設され、ここではギリシャの伝統を継ぐ自由学芸七科（文法、修辞学、弁証法、算術、幾何学、音楽、天文学）が教えられ、知的中心地となっていた。

フランク王国は、メロビング朝時代、カロリング朝時代を通して九世紀中頃まで続き、八四三年に三分割される。この後も、国王・諸侯・騎士の主従関係を基本とする封建制の発達のもとで分権化した政治体制が続いた。

他方、ローマに最高指導者たる教皇の聖座を置き、各地の司教区・教区や諸々の修道会組織を傘下に置くカトリック教会が、ヨーロッパ全域にまたがる唯一の統合的組織体として、いわば情報ネットワークを保持しており、情報の流通と保存の面で重要な役割を果たしていたといえる。特に、修道院は、一二世紀頃から各地に大学が誕生するまで、知的人材と書籍を半ば独占的に擁する組織であり、知識と技術のシェルターであった。もちろん、九世紀から一一世紀にかけての時代、個々の修道院の蔵書は今からみれば小規模であり、平均して二〇〇～三〇〇冊、多いところでも五〇〇～六〇〇冊程度であったという。修道院では、「祈りと労働」をモットーとし、知的労働として、書籍の筆写に力を入れていた。

中世ヨーロッパにおいては、教会文書や公文書は、ラテン語によって羊皮紙に筆記された。ラテン語は、教会、宮廷で、また、知識階層の間で、全ヨーロッパ的な共通言語として話された。書籍は、羊皮紙を筆写材料に用いて、初期には主に修道院で、後には専門の工房で盛んに筆写・制作された。

ヨーロッパにおける製紙業の興隆

紙は、西アジアと地中海周辺のイスラム世界で生産が盛んとなり、利用が拡大する中で、主に二つのルートからヨーロッパに伝わったようである。

その一つは、北アフリカ経由でイベリア半島への伝来し、さらに、ピレネー山脈を越えてフランスに至ったルートである。一一世紀にはイスラム勢力下の北アフリカ沿岸地域で製紙業が盛んとなり、イベリア半島南部を征服したムーア人によって、バレンシア地方にその製法が伝えられ、一二世紀中ごろの一一五一年には工場が設置されている。

もう一つは、ダマスカスからコンスタンチノープルそしてシチリア島を経てイタリア半島へ伝わったルートである。まず、一二世紀におけるダマスカス製の紙（「ダマスカス紙」）の輸入に始まり、一三世紀後半には北イタリアのファブリアーノで生産が開始された。その後、製紙業がボローニャ、パドヴァ、ジェノバ、ベネチア、ミラノなどイタリア各地に展開し、一四世紀にはダマスカスやスペインと並ぶヨーロッパの紙の有力な供給地となっていた。現在でもファブリアーノは、人口約三万人の小都市であるが、高級紙製品で世界的に名高いファブリアーノ社の本社があり、今なお紙の産地として息づいている。

以後、一四世紀中ごろにはフランスで、同じく後半にドイツで、一五世紀末期にイギリスで、一六世紀後半にはオランダで紙の生産が開始され、三〇〇年ほどの時をかけて北方、東方へと広がっていった。

この間、ヨーロッパにおいても、製紙技術の各地への伝播と事業の発展の過程で、様々な改良がなされている。一三世紀後半にはファブリアーノの製紙工場では、水力が用いられ、ヨーロッパ各地に広がった。また、カム軸により上下動する木槌を用いて水槽内の繊維をつぶしていた。同じころ、イスラムの勢力圏においては、人や動物の力による石臼の回転で行われていた。さらに、ヨーロッパでは、従来のでんぷん糊に代えて動物性のゼラチンをサイジングに使い、表面がより滑らかで、防水性や耐久性に優れた紙ができるようになった。

ところで、ヨーロッパにおいては、紙が伝来した当初、その利用は速やかには広がりをみせなかった。羊皮紙の利用が伝統として定着しており、公文書の作成や書籍の筆写に盛んに用いられており、羊皮紙と比べて紙への評価が低かった。公文書などへの使用を禁止する法令が出されたこともあった。たとえば、神聖ローマ帝国のフリードリヒ二世（在位：一二二〇〜一二五〇年）は、一度は勅令を発して公的活動における紙の使用を禁じている。もっとも勅令施行の数年後自らこれを破ったといわれる。

筆写材料としての紙の普及やその影響は、比較的緩やかであったといえるが、ヨーロッパにおける紙の伝来と製紙業の成長は、やがて一五世紀における金属活字印刷による印刷術の革新を準備し、印刷業の隆盛と相まって、大きな社会的変革をもたらしていくことになる。

世界各地への紙の伝播の過程を顧みると、普及の進み方やその影響には、多少異なる様相がみられる。[5]異なる地域に伝播するにつれて、原料の代替や、畜力や水力の導入など、地域の事情への適合や生産性の向上のための製法の改良がなされている。わが国においても、原料や製法に様々な改変が加えられ、独特な「和紙」の伝統がつくられた。

注

1 『後漢書』巻七八「宦者列伝」のなかに「蔡倫伝」が記載されている。

2 銭存訓著　鄭如斯編　久米康生訳『中国の紙と印刷の文化史』法政大学出版局、二〇〇四年

3 中山茂「紙・印刷と学問的伝統」『歴史としての学問』中央公論社、一九七四年、八二－一〇八頁

4 ＮＨＫ「文明の道」プロジェクト他『イスラムと十字軍（ＮＨＫスペシャル　文明の道四）』日本放送出版協会、二〇〇四年、五四－五九頁

5 本章の内容に関しては、注1から注4の文献の他に、以下の文献を参照した。
ピエール＝マルク・ドゥ・ビアシ著　丸尾敏雄監修、山田美明訳『紙の歴史　文明の礎の二千年』（「知の再発見」双書一二九）創元社、二〇〇六年
小宮英俊『紙の文化誌』丸善、一九九二年
原啓志『紙のおはなし』日本規格協会、二九九二年
陳舜臣著『紙の道』集英社、一九九七年
佐藤次高、鈴木董編『都市の文明イスラーム』講談社、一九九三年
宮崎正勝『イスラム・ネットワーク』講談社、一九九四年

第3章　文書庫から図書館への道

第1節　文明の創造と「図書館」の出現

メソポタミアにおける粘土板文書庫

人類最古の文明社会が、今から約五五〇〇年前にメソポタミア（現在のイラク領）南部で形成され、わずかに遅れて少し離れたエジプトでも成立をみた。ともに乾燥した気候の大河流域に展開したが、長く別個に独自の文明形成をたどり、異なる特質の文化を創造した。文字と文書をとっても、前者は楔形文字を粘土板に、後者は象形文字をパピルスに筆記して記録した。そして、各々文書を集積し保管する文書庫を設けて、必要とされる情報の保存を図っていた。[1]

メソポタミアとその周辺の西アジアや、さらには地中海東部地域（エジプトを除く）では、紀元前三五〇〇年頃から約三〇〇〇年間にわたり、楔形文字の文書が粘土板を用いて記録され保存されてきた。そして、各地で盛衰を重ねた都市国家群やこれらを併呑した巨大国家の首都には、王宮、神殿などに膨大な粘土板文書が保存され、その文書庫は、今日の図書館のはしりともいえる存在となった。粘土板は、パピルスや紙など他の記録材料と違って、重量があって運搬（情報伝達）には不便であったが、火災には強く保存性に優れていた。そのおかげで、戦火をくぐり抜けた文書庫、文書群が各地で発掘され、当時の文明の状況をありありと語る貴重な資料となっている。

文書庫の代表的な例として、初期にはニップルの神殿文書庫があり、時代が進み大規模でより図書館的な存在として現シリア領内にあった都市国家エブラ、アッシリア帝国の首都ニネベの王宮内文書庫が挙げられる。

ニップルは、メソポタミア南部の古い伝統を持つ都市で、シュメールの最高神とされるエンリルの神殿がある。この神殿から二〇〇〇枚の粘土板文書が出土している。

エブラは、チグリス・ユーフラテス河上流域、現在のシリア北西部に位置し、その歴史は紀元前三五〇〇年頃にさかのぼるとみられている。王宮跡（前二四〇〇〜前二二五〇年）の発掘により北西セム語で書かれた一万七〇〇〇枚の粘土板文書が見つかっている。王宮内の広間周辺のいくつかの小部屋が文書庫となっていた。各室の壁面に窪みが多数設けられ、そこに粘土板が置かれており、保存と利用の便に配慮がうかがえる。

文書の大半は、行政上の記録である。そのなかには、徴税、織物や金属の交易、穀物、オリーブ油、農地、動物に関する記録も含まれている。そのほかに、神話や呪文、エブラ語とシュメール語の対訳リストなどもあった。

世界最古の文明が誕生したメソポタミアを代表するニネベ（アッシリア帝国の首都）の王宮文書庫には数万枚の粘土板文書が収められ、その内容はメソポタミアの伝統的な物語・神話から帝国の法令まで幅広い。当時の文明の全容を語る記録である。

アッシリアは、紀元前二千年紀始めに、チグリス川上流域に建国し、最初は商業活動で、その後軍事活動で勢力を伸ばし、古バビロニア王国崩壊後の動乱期を経て、紀元前七世紀の前半には、エジプトを含む広い地域を版図に収めた。首都ニネベの王宮近くには、約三万枚以上の膨大な粘土板文書を収めた文書庫があり、アッシュールハニバルの図書館とも呼ばれる。現在遺っているものとしては、世界で最古の図書館かともいわれる。王室の行政文書や契約書のみならず、年代記、神話や宗教書など幅広い内容のものが含まれており、メソポタミアの文明の実情を知る有力な資料となっている。

出土資料のなかには、『ギルガメシュ叙事詩』が含まれている。これは、紀元前三〇〇〇年以前に実在したウルクの王、ギルガメシュを主人公にした伝説的な冒険談を内容とした叙事詩であり、シュメール由来のメソポタミア神話の代表作といってよい。紀元前二〇〇〇年頃にまとめられ、アッカド語で書かれている。『旧約聖書』にあるノアの箱舟の話に似た洪水伝説も含まれる。

印刷や組織的な筆写活動が展開する以前の時代であり、そもそも「出版物」といえるものはまだなかった。そうした意味では、粘土板の文書庫は、「文書館（アーカイブス）」の先駆けではあっても、「図書館（ライブラリー）」の原型ではないといわれそうである。とはいえ、ある種の文書は、筆写されて広く流布、分散保存されたし、異なる言語の間では翻訳されたりもした。

やはり幅広にとらえると、メソポタミアを中心とする地域に形成された粘土板文書の文書庫は、世界最古の図書館、少なくとも図書館的な機能を併せ持った施設ともいうべき存在であったといえる。

こうした文書庫は、記録を要するかそれに値する社会生活上の重要な情報を保存することで、この人類最古の文明社会を三〇〇〇年に及ぶ長い期間にわたって成り立たせる不可欠の要素であったといえよう。

粘土板の持つ保存性の良さは、この地域の絶えず流動した民族間、地域間の勢力変動と動乱にもかかわらず、文明社会としての基本的なパターンの継承や知的発展に、大きく寄与してきたとみることもできる。

エジプトの文書庫

エジプトでは、メソポタミアにやや遅れて、ナイル川流域を領域とする統一国家の形成によって文明形成がなされた。ファラオを頂点とする官僚と神官の組織が国家運営の中核を担った。象形文字(ヒエログリフ)が、石板や壁面に書かれたほかは、主に、葦の植物繊維を原料とするパピルスに筆記されていた。

このパピルスは、火や湿気に弱く保存性に難点があったため、メソポタミアの粘土板文書と違って、天災、火災、劣化などによって損壊し多くは残っていない。

エジプトで、図書館のはしりといえるような文書庫は、神殿や王宮に置かれた。神殿の文書庫には、神話や宗教上の儀式や行事の記録などの文書が、王宮の文書庫には、行政、裁判などの公文書や医学などの学術書が主に所蔵されていた。

第2節　文献の集積　アフロユーラシアの東西

金属活字印刷が普及する以前、ユーラシアの三大文明中心地、環地中海地域、インド、中国では、特徴ある文字文化が形成され、文物の創作、複製（写本）、収集活動も展開し、各々の文明社会を特徴づけた。

地中海周辺地域は、メソポタミアやエジプトの文明から影響を受けつつ、独自の文明特に文字文化を形成した。ギリシャ都市国家群、そしてヘレニズム諸国では、後世に名立たる図書館がつくられた。ローマ帝国では、皇帝はじめ有力者による図書の収集がなされ、図書館が開設された。写本や貸本屋も民間事業として発展を見せた。

これに対して、東の中国では、国家権力による書物の収集や編纂事業が本格的に展開され、また、早い時期から、紙の使用や木版印刷による複製が進んだ。他方、インドでは、伝統的に口承重視の文化が根強く、文字による記録（文書化）が盛んでなかったが、仏教の隆盛を機に、文献の作成や集積が進んだ。

ギリシャ都市国家群

ギリシャ人は、フェニキア文字（アルファベット）を改変して、ギリシャ・アルファベット文字を創り出した。その結果、識字層が広がり、書物の製作（筆写）や取引が増大した。そして、各地で、有力な権力者や詩人、雄弁家などのもとに、蔵書が形成されるようになった。

ギリシャ都市国家群は、アテナイを中心に独自の文化を形成し、演劇、詩、哲学などの諸分野で、後世に残る多くの著作が残された。とはいえ、口承重視の伝統が長く続き、著述が盛んになるのは、比較的遅い時期である。よく対比されるのは、哲学者として名高いソクラテス、プラトン、アリストテレスの三者である。最も先達のソクラテスは、口頭の対話や演説しかしておらず、その後に続くプラトンの思想も弟子の口述筆記によって残されたものであるが、後進のアリストテレスは、自ら大部の著作をなし、多くの書籍の収集に努め、図書館を開設するに至っている。

ギリシャ文化の中心であったアテナイには、哲学者プラトンのアカデメイア、弁論家イソクラテスの修辞学校、医術師ヒポクラテスの医学校などが開設され、ギリシャ諸都市やその周辺から広く学生を集めた。

マケドニア出身のアリストテレスは若き日々に、アテナイのアカデメイア学園で、プラトンに師事して二〇年間に及ぶ研究生活を送った後アテナイを離れ、マケドニアの王子であったアレクサンドロス（後のアレクサンドロス大王）の家庭教師となった。アレクサンドロスがマケドニア王位を継いで後アテナイに戻り、その支援を得て郊外のリュケイオンに自らの学園を開設した。この学園には、大規模な図書館も置かれ、後のアレクサンドリア図書館にも大きな影響を与えている。そのほかにも、この学園内には、アレクサンドロス大王が征服によって得た広大な領土から収集した動植物を集めた博物館も設けられていた。

他方、紀元前五世紀頃のアテナイでは、演劇が都市の重要な行事として盛んであったが、台本となるアイキュロス、ソポクレス、エウリピデスの三大悲劇作家などの作品について、写本や保存には政府が直接関与し、公立の図書館に保管され一般市民に公開されていた。

ヘレニズム世界　アレキサンドリアの研究所と図書館

アレクサンドロス大王没後エジプトを統治したプトレマイオス朝の首都アレキサンドリアは、最盛期には人口約一〇〇万人を擁し、ギリシャ人約三〇万人のほか、ユダヤ人、エジプト人、ペルシャ人など様々な民族が集まり、環地中海地域で最大規模の都市となった。しかし、こうした経済的繁栄以上に、この都市の名を歴史上にとどめるのは、学術的、文化的な功績である。

プトレマイオス朝エジプトは、広くヘレニズム世界から学者を集め、「ムーセイオン」という名の研究施設を設けて、諸分野の研究を進めさせるとともに、「古代アレキサンドリア図書館」などと呼ばれている付属の図書館を置いて、網羅的に書籍を収集させた。これによって、アレキサンドリアは、当時、環地中海地域における最大級の学術・文化の中心地となった。

ムーセイオンは、初代王プトレマイオス一世によって創建され、以後、王家の財を投じて海外から学者が招聘された。ムーセイオンに集った学者・文化人は多数に上るが、そのなかには、数学のユークリッド、物理学のアルキメデス、地理学のエラトステネスなどが含まれている。博物館、美術館を意味する英語のミューゼウム（museum）は、このムーセイオンに由来する。

図書館への書籍の収集に際しては、王権をバックにかなり強引なやり方もとられてようである。来航した船舶の船荷に含まれる書籍を強制的に借り上げ、必要を認めれば筆写し、原本ではなく筆写本を返還し、若干の補償金を支払ったという。また、外国の図書館から、原本の返還を保証して借り出し、約束を違えて、補償金とともに筆写本を返したとも伝えられる。

図書館の蔵書は、一〇万巻とも九〇万巻ともいわれ諸説定まらないが、約五〇万巻といったところで、当時としては、環地中海地域で最大規模のものであった。書籍はパピルスに筆写され、固くて冊子体にできないので、巻本として保管された。

図書館の任務は、書籍の収集、整理のみならず、原典の校訂、注釈の作成、写本の製作まで含んでいた。『七〇人訳聖書』（原典はヘブライ語）など外国語書籍のギリシャ語への翻訳も行われた。

書籍の収集をめぐっては、アナトリア半島西部を領土として繁栄し、大規模な図書館を保有したペルガモン王国と激しく競争した。

ムーセイオンとその図書館は、ローマ帝国治下で再々破壊され、四〇〇年頃に消滅したようである。

ローマ帝国

ローマはイタリア半島中部の都市国家として創建され、次第に版図を拡げ、紀元元年頃には地中海周辺全域を支配する巨大国家となった。発展の初期から、ギリシャ都市国家とその社会、文化への関心が強く、ギリシャ語とギリシャ語の書物への愛好が上流階級や知識階層の間で根強く、ギリシャ語書籍の収集も盛んで、アテネやアレキサンドリアなどの書籍（写本）市場から入手されていた。他方、ローマの国力の隆盛に伴って、ラテン語の書物も数多く創作されていた。そして、ローマ帝国の版図を東西で二分するラテン語・ギリシャ語の二大文化勢力図を反映するかのように、ローマ帝国の図書館では、蔵書は、ラテン語とギリシャ語の両部門に二分されて、双方並列に配置されていた。

紀元前二世紀頃、ローマの上流階級では、ギリシャ語の書物を収集・保存することがステータスシンボルとなっていた。そのなかで販売を目的として古典の写本を製作する書籍商が現れた。個人の蔵書も増えて私的な文庫も存在した。

より図書館に近いものとしては、軍人政治家のスッラやルクルスが外征により戦利品として持ち帰った書物を所蔵した図書館がある。スッラの図書館の蔵書には、アリストテレスの死後流転を重ねた同人の膨大な蔵書が含まれている。ルクルスの図書館は、小アジアで獲得した書物が収められ、ローマ郊外に建てられた図書館は、ペルガモン図書館をモデルにしたものといわれ、友人や学者など一部の人々に公開された。

軍人政治家のシーザーは、ギリシャ語とラテン語の書籍を集めた一大図書館の設立を計画しその実現に着手したが、暗殺され事業は頓挫した。その遺志を継いだ将軍ポリオによって、紀元前三七年、自由神殿に図書館が設置され、ローマで最初の公共図書館となった。

その後、アウグストゥスが初代皇帝となると、第二、第三の公共図書館がつくられた。さらに、ティベリウス帝、ウェスパシアヌス帝、トラヤヌス帝など歴代皇帝よって図書館の設立がなされた。ローマといえば、公共の浴場がよく知られているが、入浴だけでなく談話、スポーツ、娯楽の場を兼ねたコミュニティセンターであり、施設の一角に図書室が設けられたものもあった。三五〇年頃には、三〇近くの浴場に図書室が付いていたという。

ローマのすべての図書館を管轄する行政官として、図書館監理官（procurator bibliothecarum）が置かれた。監理官職には、初期には皇帝直属の官吏である解放奴隷が就任したが、後には上層階級出身者が任命されるようになった。現場の業務には、司書（bibliothecarius）のもとに皇帝の官吏が従事し、ラテン語部門とギリシャ語部門に分かれて配置された。

ローマでは、初期には筆写材料として主にパピルスが用いられていたが、後に皮紙が普及した。パピルスは巻子本の形態で保管されていたが、皮紙の使用が進むなかで冊子本（コデックス）の形への移行していった。おおむね二世紀までは、ローマ帝国下の図書館における蔵書の多数は、パピルス製の巻子本であったが、キリスト教の浸透、公認、国教化の流れのなかで、持ち運びに便利で特定の箇所を探しやすい羊皮紙製の冊子体聖書が、キリスト教徒に愛用され、徐々に書籍の形態も変化していった。

漢王朝

アフロユーラシアの東方に位置する中国では、西アジアやその周辺の西方の地域に比べてやや遅れて文明の形成が展開し、独自の文字が創造された。比較的他の地域から独立した文化的伝統が形成・保持されており、字体の変遷はあっても表語文字としての漢字の使用が一貫して続いてきた。社会的風潮として文書、書籍を重視する考え方が色濃く、歴代の王朝、時の権力者による文物の収集、組織的な管理・保存がなされてきた。さらに、世界に先駆けて紙の改良と普及が進み、また、木版印刷による出版活動も活況を呈した。

歴代王朝は、書物の収集と保存に熱心であり、単なる収集にとどまらず、既刊書の校訂や編纂が、しばしば国家事業として推進された。

古くは、周の王室には、「蔵室」という図書館の原型のような部署があり、かの老子もその職員いわば司書であったと伝えられる。最初の統一王朝ともいえる秦は、天下平定後、併合した六国の図書を集めて首都咸陽の王宮（咸陽宮）に収蔵している。その後歴代王朝も同様に全国的に書物の収集に努めている。

短命に終わった秦に代わった漢は、歴代王朝のなかでも比較的長期わたって存続し、中国における文明の伝統を基礎づけたといえる。

漢（前漢）の初代皇帝高祖は、各地で民間に保有されていた書物の献上を求め、大規模な書籍収集を行った。首都長安の宮殿には、北側に石渠閣、天禄閣、麒麟閣の図書館（書庫）が配され、宮廷内には延閣、広内、秘室などの図書室が置かれた。石渠閣には、秦王朝の旧蔵書が保管され、天禄閣と麒麟閣には、書と画が所蔵されていた。

後漢の班固が著した史書『漢書』のなかの「芸文志」によれば、前漢時代の宮廷における蔵書は、総数一万三二六九巻これに異本や残本を合わせると三万三〇九〇巻に上ったとされる。

漢の成帝（前三二年〜七年）は、全国に散在した書籍の収集を進めるとともに、経書やその注釈書、諸子百家の著作、詩賦などの文献の整理を、劉向に命じた。劉向の没後は子の劉歆が引き継ぎ、題目・解題を付した目録を順次作成し、最終的には、中国で最初の国家的な書誌ともいえる『別録』、『七略』の編纂を完成させた。『別録』は、宮廷蔵の蔵書について、解題（「叙録」）を分類して編纂したものであり、『七略』は、『別録』を簡略化した総目録である。

漢王朝の時代、筆写材料は竹簡、木簡、帛（はく）、石板であり、文書や書籍は主に筆写された竹片、木片をつないでつくられ保管された。石板に彫られて屋外に掲示されるものもあった。一七五年に後漢の霊帝は、『詩経』『書経』『易経』『儀礼』『春秋』『論語』といった経書の公認された正本を石刻し、大学門外に建てて公開した。「嘉平石経」と呼ばれる石刻碑である。これを筆写に訪れるものが群れをなしたというが、これも公共図書館のはしりであろうか。

後漢の時代には、個人の蔵書も増加し、蔡邕のように一万巻近い蔵書を持った蔵書家も現れた。後漢末期には、書物の需要増加にともない専門の書籍商「書肆（しょし）」が登場する。

後漢の和帝の時代には、蔡倫による紙の改良がなされ、以後、紙の製造と利用が徐々に拡大するが、簡策（竹簡・木簡）、帛書（文字が書かれた絹布）に加え紙が並行して用いられる時期が続き、四世紀以後次第に紙が主流となる。後漢の衰亡後約四〇〇年の時を経て、隋・唐の統一王朝の時代を迎える。

このように、周から秦、そして漢の時代朝廷において、国家的な威信や公用上の必要性、また、思想・言論の監視・統制を意図して、書籍の網羅的な収集・保存が進められ、目録・書誌作成の作業が国家的事業として取り組まれている。こうした文物に対する国家的な関心は、漢王朝（後漢）滅亡後も、隋・唐以降清に至るまで、歴代の王朝に受け継がれている。この間、王朝崩壊に際しての戦乱のなかで、朝廷はじめ官民の蔵書は、焼失、略奪などにより毀損、散逸する災厄に見舞われているが、天下平定、新たな王朝の成立後、再建が図られてきた。

隋・唐以降における紙の普及、宋代以降の木版印刷の隆盛により、書籍の供給が次第に増加し、その結果、朝廷、廷臣など上流階層にとどまらず、幅広い識字階層に蔵書が広がり蔵書数も増大をみせる。国家的な書籍の収集・編纂事業もその規模が拡大している。

唐の時代、朝廷の蔵書管理は、中枢官庁の一つ秘書省の所管であり、蔵書は、弘文館、史館、集賢殿書院の三館などに分散して保管された。このうち、弘文館では、二〇万巻の書物を収めて、皇族・貴族の子弟に教育の場ともなっていた。集賢殿書院は、長安と洛陽の二都に並置され、皇帝の蔵書を二部ずつ保管、各一部を両都の施設に分置した。経・史・子・集の四部に分類され「四庫書」と呼ばれた。開元年間に編纂された『群書四部録』には、二六五五部、四万八一六九巻の書物が、分類し解題を付して収載されている。

紙の普及とともに、個人的な蔵書も発達し、長安や洛陽には、官吏や文人などのなかから万巻以上の蔵書を持つ蔵書家も多く現れるようになる。

時代は下って明では建国後、初代洪武帝（在位：一三六八～一三九八年）が朱子学を官学と定め、その後永楽帝（在位：一四〇二～一四二四年）によって、朱子学の既存の学説を集成した『四書大全』『五経大全』『性理大全』の編纂がなされている。また、古今の書籍から一部または全文を抜粋し事項別に編集した『永楽大典』の編纂も進められた。これは、全体で二万二八七七巻に及ぶ大部なものである。

このような国家の主導による収集・編纂事業は、中国王朝に顕著にみられる動きであり、明朝に続く清朝においても、『四庫全書』の編纂事業のように、さらに大規模に展開されている。他方、明代中期以降の経済発展を背景に、民間でも、木版印刷による書籍出版も増大し、科挙の受験参考書から小説、実用書などが多数出版されている。それらのなかには、『三国志演義』『水滸伝』『西遊記』『金瓶梅』といった著名な長編小説も含まれており、都市を中心とした読者層の広がりをうかがわせる。

インド

インド亜大陸では、古くはインダス文明におけるインダス文字にさかのぼる文字文化の伝統がある。さらに、これに替わったアーリア人の文明社会においては、紀元前一五〇〇年頃から紀元前五〇〇年頃にかけて約一〇〇〇年の歳月の間に『ヴェーダ（Vedas）』と呼ばれる膨大な宗教的伝承を創り出した。ただ、口承重視の伝統が根強く、文字による記録を排して、専ら口伝による伝承が師弟間、世代間で続けられ、一四世紀後半まで文字で記述されることがなかった。これは、インド社会に根強く形成されたカースト制度のもとで神聖な『ヴェーダ』は、上位の三カーストの占有とされ、最下層のカースト（シュードラ）による修得・朗誦が禁じられ、いわば部外秘の情報であったことや、発音の仕方にも正確さを求められていたためといわれる。このため、バラモン教後のヒンズー教による宗教活動が大量の文書作成をもたらし、その集積・保管を担うような図書館的な施設の形成が促されるようなことがなかった。

紀元前五世紀に、カースト制度を否定する仏教が、ゴータマ・シッダールタ（釈迦）によって創始され、その教えは没後に弟子たちによって口頭で伝承されたが、やがて経典の編纂作業が組織的に行われ、釈迦の死後数百年を経て、文字で記録され文書化された。

この間、紀元前三世紀には、マウリヤ朝のアショーカ王が仏教に帰依し、これを厚く保護したことで、インド各地に仏教の僧院（共同生活と修業の場）が形成され、経典などを保管する施設が設けられ、図書館の原型の一つとなった。その代表的な存在がナーランダ僧院とその附属図書館である。

ナーランダの僧院は、インド北東部のガンジス河流域に位置し、五世紀初頭から一二世紀末期にかけて存続した。最盛期にはインド内外から一万人以上の学生が集い、二〇〇〇人近い教師がいたともいわれている。七世紀には、孫悟空の物語にも出てくる三蔵法師のモデル、玄奘三蔵もここを訪れ数年間研鑽を積んでいる。この僧院は、今日、インドあるいは世界最古の大学ともみなされ、ナーランダ大学とも呼ばれている。

ところで、ナーランダ僧院の図書館は、蔵書規模五〇〇万冊ともいわれ、仏教経典に限らず文法学、哲学、天文学、医術など幅広い分野の書物が保有されていた。

この僧院をモデルとして、インド各地に僧院と附属図書館が設けられていた。

ただ、一〇世紀後半からは、インドはイスラム勢力の侵攻を受け、仏教に限らずヒンズー教、ジャイナ教などの寺院・僧院が破壊され、その保有する蔵書も焼失するものが多かった。

第3節　文明の大交流時代と図書館の新展開

イスラム文明と図書館

メソポタミアやエジプトを舞台とした文明創生から四〇〇〇年近い歳月を経て、再び西アジアは、アフロユーラシアの一大文明中心地となり、イスラム帝国アッバース朝の首都バクダッドは、当時のアフロユーラシア大陸における広域通商の中心地となっていた。そこに設立された学術研究施設「知恵の館」では、ギリシャ・ローマの学問やイスラムの法・教義など幅広く研究され、東西の文献が収集され、翻訳もなされ、一大図書館が形成されていた。

同じ頃、文明間、地域間の交流拡大のなかで、ヨーロッパと日本において独自の文明形成が進展し、書籍の普及やその収集保存、そして様々な形の図書館の形成も展開を見せた。

イスラム教の浸透につれて、イスラム教徒が住む各地域には、礼拝施設としてモスクが設けられるようになり、さらに、その中には、イスラム教の研究・教育の場としてのマドラサ（学院）や、図書館が併設された。

初期のモスク附属図書館の代表例として、ウマイヤ朝時代に首都ダマスカス（現在、シリアの首都）にウマイヤド・モスクの図書館が挙げられる。このモスクは、ウマイヤ朝第六代カリフのワリード一世（在位：七〇五～七一五年）によって創建された。

アッバース朝の時代には、イスラム国家の勢力範囲、イスラム教徒の活動範囲が広がり、信徒の構成も、アラブ人中心から多くの様々な民族を含むものとなっていった。モスクも附属する図書館も増加し、首都バクダッドやイベリア半島のコルドバをはじめ主要都市には、大規模な図書館が形成され、多くは一般にも公開されていた。

この時代には、中国（唐）から紙の製法が伝わり、イスラム世界で急速に普及した。書籍の書写材料としても紙が用いられるようになり、写本製作の隆盛を支えた。イスラム世界の書籍の特色として、優美な文字デザイン（カリグラフィー）が挙げられる。なお、偶像崇拝を厳禁するイスラムの教えから、ヨーロッパの書籍にみられるような色彩豊かな装飾画の類は添えられていない。

収集された書物は、まず第一には、ムハマッドの言葉を記したイスラム教の聖典「コーラン」やイスラム教関連書であるが、ギリシャ語文献をはじめ、ペルシャ、インド、中国の書物も含まれた。

バクダッドの書籍商イブン・アンナディームは、一〇世紀後半に『目録の書』を著して、一〇部に大別する分類法を作成し、長くイスラム世界の図書分類において基本とされた。

バクダッドの都と知恵の館

サラセン帝国（アッバース朝）の新首都バクダッドは、巨大帝国の首都たる巨大都市であるだけでなく、東西南北の通商路が交差し世界的な通商拠点として繁栄をみせ、人口約一〇〇万人を擁し、唐の長安と並ぶ世界最大級の大都市であった。

バクダッドには、大小多くのモスクがあり、イスラム教徒の礼拝の場であるとともに、なかには、イスラム法学の教育・研究機関となり、附属の図書館が設けられていたものもある。さらに注目されるのは、七代目カリフのマームーン（在位：八一三〜八三三年）によって、学問研究と書籍収集の施設として、「バイト・アルヒクマ（知恵の館）」が開設された。ここに多数の学者や有識者が招かれ、イスラム教関連から歴史、地理、天文学、数学など幅広い分野での研究活動が展開した。アラビア語はもちろん、ギリシャ語、ペルシャ語、サンスクリット語などで書かれた東西の哲学・文学や自然科学の文献が幅広く収集され、アラビア語への翻訳活動も活発に行われた。とりわけ哲学や科学に関するギリシャ語の文献が数多く翻訳されている。この知恵の館での学術研究・文献収集は、モンゴル軍の襲来（一二五八年）によるバクダッドの壊滅まで四〇〇年余に及び続けられた。東西の思想、文芸、学問の伝統が集成され、さらに発展をみせ、アフロユーラシアの諸地域、とりわけヨーロッパの文明形成に大きな影響を与えた。

このバクダッドの知恵の館は、総合的な学術研究施設で大規模な図書館を附属している点では、かつてエジプトのアレキサンドリアにあったムーセイオンと似通っているといえる。ただ、収集された文献の地域的、言語的な広がりでは、ヘレニズム時代のムーセイオン、さらに古くはメソポタミアの粘土板文書庫とは格段に異なり、知恵の館に集積した文化的所産は、より多彩であり、多様な文化が交差・融合したものであった。メソポタミアにおける文明形成以来のアフロユーラシアにおける文明社会の各地域での多様な形成と地域間の交流の拡大を物語っている。

ヨーロッパ

西ヨーロッパ地域では、西ローマ帝国の滅亡前後から、ローマ帝国の統治下で形成された行政機能や都市生活が崩壊し、既存の図書館も消滅してしまった。このため、東方のビザンツ帝国、新興勢力のイスラム国家においては、ギリシャ・ローマの著作が継承されていたのに対し、西ヨーロッパでは、文化的伝統の断絶が生じた。

西ローマ帝国の滅亡後、行政機能や都市生活が崩壊するなか、ローマ教皇を頂点とするカトリック教会のヒエラルキー、教会と修道院のネットワークが、ヨーロッパにおける情報流通や文化的資産の最有力な担い手となった。一一世紀頃にはカトリック教会の教区がほぼヨーロッパ全域に広がりをみせた。分権化した政治・社会体制のもと、修道院、後には大学で書籍の収集がなされ、写本活動も活発に展開した。

四世紀初め、エジプト人パコミウスは、エジプト南部の砂漠に最初のキリスト教修道院を開いた。厳しい修業生活をともにする修道士の共同体であるが、日常活動のなかで識字教育と読書が重視され、読書は日課の一部として義務づけられた。以後これを先駆として、エジプト全土さらにはビザンツ帝国全域に修道院がつくられていった。

五二九年には、ベネディクトによって、イタリア中部のモンテ・カッシーノに、修道院が設立され、そこでも修道生活の中で読書が重視された。これより少し後に、カッシオドルスが南イタリアのヴィヴァリウムに修道院を設けた。ここでは、読書に加えて、当時重きを置かれていなかった写字作業を重視し、写本の転写とその保存を使命の一つとした。また、パコミウスやベネディクトの修道院では、蔵書がキリスト教の関係書に限られていたのに対し、この修道院では、学問や文学にも幅を広げた。

修道院は、ヨーロッパ全域に広がり、附属して図書館がつくられ、祈りや労働と並んで、読書と本の筆写は修道士の生活の重要な要素とされた。

五世紀から九世紀にかけて西ヨーロッパの中心部を版図に収めたフランク王国では、カロリング朝のカール大帝（シャルルマーニュ）によって、宮廷図書館が創設された。

時代が進み、都市と商業活動が活発化するにつれて、各地に大学が設立され、大学の発展に伴って、附属施設として図書館が設置され、次第に蔵書の充実も進み、修道院に代わって、書籍収集の中心的存在となっていった。

一二世紀中には、イタリアのボローニャとフランスのパリを先駆として大学が形成され、以後各地で大学設立が進むことになる。

ボローニャ大学は、イタリア有数の法学校を母体として、教会法やローマ法を教授する法学部を中心に発展し、神学、医学、自由学科に幅を広げた。また、大学組織の形成に当たっては、各国から集まった学生たちが、学生生活や教育水準を確保するために「組合（ウニヴェルシタス）」を結成し、学長は組合長であった。これに対して、教師側は「教授組合（カレッジ）」を結成する。いわば学生主体の大学組織であった。イタリア、南フランス、スペインでもこれに類した大学組織が形成された。

これに対して、パリ大学は、ノートルダムのパリ司教座教会附属神学校を前身とする。組織運営に当たっても、教授組合が主体となった。当初はパリ中心部のシテ島で講義が行われていたが、後に現在の大学地区カルチェラタンへ移転した。神学、医学、法学、人文（自由学科）の四学部から構成され、中世ヨーロッパの大学の典型となった。

大学における教育・研究活動が盛んになると、テキストへの教師、学生双方からの需要が増加し、教師と学生は書籍商に借料を支払ってテキストを借り出し、写字職人に頼んで筆写させた。テキストの入手には高額の費用を要した。講義録は、大学が管理し指定の書籍商を通じて貸し出された。

一三世紀初期には、大学や学寮に附属の図書館は置かれていなかった。研究や学習に必要な書物は、個々の教師や学生の小規模な蔵書にとどまっていた。パリ大学神学部の教授の一人は、約三〇〇冊の本を持っていたとされるが、例外的に多いケースである。

一二五七年に、パリ大学に貧しい学生向けにソルボンヌ・カレッジ（学寮）が開設され、そこに教師や学生のための図書館も設置された。寄贈によって蔵書が増え、一二九〇年の目録では一〇一七冊が記録されている。

一三世紀末以降同図書館には、大図書室と小図書室が置かれ、大図書室には貴重な書物や必読書、参考図書などが鎖につないで保管（繋鎖式）され、小図書室には複本や比較的重要度の低い書物が配架され、貸出も行われた。この二元的な閲覧室の構成は、一四世紀以降、ヨーロッパの大学図書館の一般的な方式となった。

日本

日本列島における文字の使用は、大陸からの漢字の伝来に始まり、一世紀頃には、漢字の存在や用途が知られていたと思われる。三～四世紀以降には、刀や鏡に漢字が記されているものが古墳から出土し、八世紀に入り奈良時代には、「古事記」や「万葉集」など、漢字を用いて書かれたわが国の文献が出現する。この間、大陸方面との政治的、経済的交渉には漢字文書が用いられ、漢字の文物も多く渡ってきたとみられる。

漢字は、日本語を表記する手段として活用されていった。音を借りての使用（仮借）から「万葉仮名」が形成され、平安時代初期には、それが簡略化されて「片仮名（カタカナ）」、「平仮名（ひらがな）」の二種の仮名文字が創られた。

紙の製法と利用は、日本へは朝鮮半島を経て伝来したとみられる。紙そのものの存在は、卑弥呼が魏に使節を派遣した三世紀あたりから、知られていた可能性がある。七世紀初頭には、わが国にも紙とその製法が伝わっていた。

七〜八世紀には、推古朝から奈良時代にかけて仏教が広まるにつれて経文の写経が盛んとなった。また、七〇一年（大宝元年）の大宝律令制定、その後の律令国家体制の整備に伴って、行政文書たとえば戸籍の作成などが進められた。

律令制下における八省から成る国家行政機構の一環として、中務省に図書（ズショ）寮が設けられた。中務省は、天皇を補佐し、朝廷に関する幅広い職務を担う中枢官庁であった。図書寮の所掌は、朝廷の蔵書管理をはじめ、仏教や儒教の経典、仏像などの管理である。図書寮が所蔵する書物は、貴族・官人に貸出が許されていた。当時のいわば国立図書館といえる組織であった。また、紙の必要性が増大するなか、図書寮の付属機関として紙屋院が設けられ、朝廷で用いる紙、筆、墨の製造が行われた。なお、文書の保管を司る文書館の役目は、太政官所管の文殿（ふどの／ふみどの）が担っていた。平城京の時代、律令制の国家体制は一段と組織的な拡充を遂げている。日本最初の貨幣である和同開珎（わどうかいちん）が鋳造され、また、遷都後の七一一年（和銅四年）には、「古事記」が完成、さらに、「日本書紀」と「風土記」の編纂が進められた。国として共有し伝承していく情報の文書化が進展したのである。

この頃から、朝廷における書物の収集・保存のほかに、貴族、寺院、大学・国学などで、まとまった規模の蔵書、文庫の形成が進んでいく。

貴族による文庫設立の代表例として、石上宅嗣（いそのかみのやかつぐ、七二九〜七八一年）の芸亭（うんてい）が名高い。宅嗣は、大納言にまで昇任した上級官人であり、文人で仏教信仰も篤かった。私邸を提供して阿閦寺（あしゅくじ）を建て、その中に芸亭と称する文庫を設けた。この文庫は、仏教関係書（内典）のみならず儒教その他の書物（外書）も備え、好学の人々に公開され、日本最古の公開図書館ともいわれる。

九世紀末には、日本最古の漢籍目録とされる『日本国見在書目録』が作成されている。

第4節　文字と紙の保管庫

文明社会の創生に際して、文字が創造、使用され、少なくとも社会の中枢部に普及すると、やがて文書が集積・保存される文書庫が置かれるようになり、ここに現在の図書館の源流をみることができる。基本的には文書館（アーカイブ）に近いが、一部に他から筆写した複製文書、出版物的な文書も含まれ、図書館としての機能も併せ持つものとみることができる。

そうした文書庫で大規模なものは、主に、皇帝、王、領主といった権力者とその支配機構、あるいは神殿、教団などの宗教組織のもとに置かれ、富裕層、エリート識字階層などの保有する文書庫や私文庫もあった。巨大な権力機構や宗教組織が、文書の作成や筆写による複製を促進したといえる。

大規模な文書庫や図書館の設立と運営は、権力者にとって自らの必要とする情報の保存にとどまらず、文化的な威信の象徴として権力の正当性を根拠づける役割を果たし、その支配領域における広域的な情報流通を根底で支える機能を持つものと考えられる。そうした意味では、道路網や駅伝制度の整備、公用語その他の広域的な共通言語に関する政策、筆写材料の製作・管理などと並ぶ、「情報の覇権」をめぐる一連の制度・政策の重要な要素とみることができる。

大規模な文書庫は、識字エリートの文書管理者が、文書・書籍を管理し、分類・配架から編纂・校訂に至る幅広い業務に従事した。司書や文書管理官に類した専門職の由来はほぼ文明の起源にまでさかのぼるといえる。

筆写材料は、初期には、メソポタミアの粘土板からパピルス、木片・竹片、植物の葉、布など様々であり、文書の保存性や保管・利用の便利さに大きな差があった。後にこれらは、時期は異なるが紙に替えられていった。筆写媒体の保存性の良し悪しは、資料の命運を大きく左右した。もちろん書物の敵は、自然的な腐食や損耗だけでなく、地震、水害などの天災、そして戦火、焚書、略奪といった人災が、文書や書物を大量に失わせた惨禍は枚挙にいとまがない。

文明社会と文字との間に不即不離の密接な関連があるといっても、地域と時代を異にする文明社会どうしで、文字に対する見方の違いがあり、文書の作成や複製への姿勢の違いがかなりあり、それが文書庫、図書館の発達にも反映したようである。ソクラテス、プラトンあたりの時代までのギリシャや、仏教興隆以前のインドなど、宗教、哲学、文芸など豊富な創作を生み出しながら、主に口頭による伝承によって継承されていた。

文字の使用は、情報の保存と共有に飛躍的な機能拡大をもたらしたが、文書庫さらには図書館の形成は、その機能を組織的に担うシステムを社会の中核に形成するものとなった。そしてそうした情報機構の存立によって、文字の持つ効用が格段に大きなものに拡張されたといえる。

そして、文書の組織的管理のなかで、情報の管理に関するシステムが形成されることになる。文書管理の業務上の仕組みとして、文書、書物の組織化、今流にいえばメタデータの整備が、文明史の早い時期から、徐々にではあるが、発達をとげてきた。メソポタミアの文明社会では、当初文書庫が小規模なうちは、保管文書についての文書管理人の記憶に頼っていたと想像される。やがて、前二〇〇〇年頃にニップルで作成された粘土板のように、順不同に題名をリストアップした文書目録が現れており、より体系的な整理への第一歩であった。その後、紀元前一七世紀から紀元前一三世紀にかけてヒッタイト帝国の首都であったハットッサの王宮跡から出土した膨大な粘土板文書のなかには、裏面に文書に関する情報が付記されたものも含まれている。文書庫や図書館における文書・書物の保管と集積は、分類体系の構築へと展開し、知識の体系化を促進するものとなった。

ところで、紙の伝播と普及によって文書によるコミュニケーションが活発化し、筆写による書物の複製も増大した。図書館の増加、蔵書数の拡大をもたらした。これは、筆写材料としての利点、加工（製本）のしやすさ、大量で安価な供給の可能性による。また、巻子本から冊子本への移行を促進したといえる。もちろん、紙の巻物もあれば、羊皮紙の冊子本（コーデックス）もあり、紙と冊子本を固く結びつけて考えるわけにはいかないが、大きな視点でいえば、紙の普及が、冊子体が書籍の主流となる上で、重要な要因であったとはいえるであろう。

しかし、そうした影響は、世界各地に一様に展開したわけではない。

そもそも紙の普及は、後漢の蔡倫による改良に端を発し、中国発のイノベーションとして、約一千年の歳月をかけて、アフロユーラシアの東から西へ伝播した。この時間差は、紙を筆写材料とする情報伝達・保存の歴史的伝統の長短、紙伝来の時期の時代状況との結びつきの差異となり、影響の仕方に地域差を生み出すことになったと考えられる。

中国では、もともと文字重視の考え方が根強いところに、世界に先駆けて筆写材料として紙が普及し、文書重視の行政、文献重視の学問の伝統が形成され、また、筆写あるいは木版印刷による出版活動の隆盛となった。

西アジアでは、中国からの紙の伝来と普及が、イスラム勢力の拡張期と重なり、イスラムの経典『コーラン』の複製、国家行政の運営、商取引の成長、東西の学術の集成と新たな発展などを支え、モスク附属の図書館の隆盛をみた。ただし、イスラム教の教義により画像表現が厳しく制限され、また、筆写重視の考え方が根強く、後々印刷術の導入に際して制約要因となった。

ヨーロッパにおける紙の普及は、中国での紙の改良から一〇〇〇年余の歳月を経ており、羊皮紙との併用の時期を経て、紙の本格的な使用は、一五世紀半ば以降の印刷革命と深く結びつく展開となった。

いずれにせよ、概していえば紙の普及は、書物の複製、出版活動を活発化し、図書館の蔵書構築を促進したものといえる。

注

1　第3章、第6章、第9章では、情報革命の展開に対応した図書館の形成・発展を取り上げているが、主に以下の資料を参照している。
スチュアート・A・P・マレー著　日暮雅通監訳『図説　図書館の歴史』原書房、二〇一一年
マシュー・バトルズ著　白須英子訳『図書館の興亡：古代アレクサンドリアから現代まで』草思社、二〇〇四年
ライオネル・カッソン著　新海邦治訳『図書館の誕生：古代オリエントからローマへ』刀水書房、二〇〇七年

佃一可編集『図書・図書館史』 樹村房、二〇一二年
寺田光孝編集『図書及び図書館史』 樹村房、一九九九年

第Ⅱ部

活字とケーブルが拡げた世界

第Ⅱ部

一五世紀のグーテンベルクによる金属活字印刷の発明と事業化は、文書の複製を効率化し、出版活動の隆盛をもたらした。その影響は広範囲に及び、宗教的、政治的な変革、国語・公用語の普及と国民国家の形成、科学研究や大航海事業などを促進した。出版物の増大と多様化は、各種の図書館の発達を支え、社会的な役割を大きなものとした。

一九世紀における電信の発明と世界的な電信網の整備は、距離を超えた瞬時の情報伝達を可能にし、経済活動や社会生活に画期的な利便をもたらした。また、ニュース配信など関連ビジネスが展開した。そして、現代の情報通信技術（ITC）につながる一連の情報メディア革新の出発点となった。

第4章　印刷革命——情報の複製と国民的な情報圏の形成

第1節　国民国家の形成と大航海時代

一五・一六世紀の世界

一五世紀から一六世紀にかけて、アフロユーラシア大陸の西北に位置するヨーロッパは、その文明史的な転換点にさしかかっていた。カトリック教会による精神的統合と大小の封建領主や都市国家が割拠する分権的な政治秩序が崩壊し、国家権力を中核とした新たな政治的・文化的な再編が進展しつつあった。そして同時代に、ヨーロッパ人が世界の海洋へと進出し、世界的な航海、通商、征服活動を展開し、「大航海時代」を迎える。これは、今日のグローバルな世界秩序、地球文明の形成へとつながり、世界全体にとっても、この時代が、文明史的な転換をもたらす重要な変局点であることを意味する。

その時代、ヨーロッパの一角において、金属活字を用いた印刷術が発明され、急速にヨーロッパ全域に普及し、印刷業、出版業の隆盛をみることになった。その影響は、文化・学術の領域にとどまらず、政治・経済の領域を含め、多岐にわたり、重大なものとなる。

ところで、一五世紀から一六世紀にかけてのアフロユーラシア大陸を一望すると、大陸の中央部、西アジア、南アジアでは、イスラム革命の余波とモンゴル帝国の余韻ともいうべきか、イスラム化した遊牧民勢力による国家形成（征服王朝）が展開した。

西では、オスマントルコがビザンツ帝国を征服して、東地中海地域の覇権を握り、ペルシャやその周辺地域では、トルコ化・イスラム化したモンゴル族を主体にした勢力によるチムール帝国（一三七〇～一五〇七年）が形成され、さらに時代が進むと、その系譜を引く勢力によってインド亜大陸の中央部には、ムガール帝国（一五二六～一八五八年）の樹立をみた。これらの地域では、先在する異教徒、オスマントルコ帝国ではギリシャ正教徒や東方のキリスト教諸派、ユダヤ人、ムガール帝国ではヒンズー教徒などを支配下に置きつつ、社会構成の複合化や、文化の混在・融合が進んだ。

オスマントルコ帝国は、アナトリア半島のトルコ系小国家に端を発し、次第にビザンツ帝国領を侵食し、一四五三年にはビザンツ帝国の首都コンスタンチノープルを陥落させ、イスタンブールと改称して自らの首都とした。その版図は、一六世紀スレイマン一世（在位：一五二〇～一五六六年）のもとで最盛期を迎え、西ヨーロッパを除く地中海周辺地域に加えて、メソポタミア（現在のイラク）やアラビア半島の一部（メディナとメッカを含む紅海沿岸地域）を含むものとなった。

帝国支配下には、トルコ人イスラム教徒やアラブ系イスラム教徒のほか、ギリシャ正教徒、キリスト教諸派、ユダヤ教徒など様々な民族を抱え、一定の条件のもとで、信仰と集団的自治が容認された。帝国内で使用された言語も様々であり、行政上の公用語はトルコ語であったが、ギリシャ語やアラビア語で記載されることもあったし、日常的には多種多様な言語が話されていた。帝国の支配組織として、スルタンのもと大宰相を頂点に中央—地方の官僚組織が発達し、その中枢をなす「御前会議」事務局や、後には「大宰相府」の諸事務局には、膨大な量の文書が各地から集まり、また、法令や命令書などが作成され、保管あるいは各方面に送付された。[1] もっぱら紙を用いて筆記されたが、一五世紀あたりからイタリア特にベネツィア製、一六世紀にはフランス製のものが輸入されて多用されたという。

最盛期にはインド亜大陸の大半を支配したムガール帝国では、イスラム教徒の支配集団と伝統的な多数派であるヒンズー教徒との間に緊張関係をはらんでいたが、三代目皇帝のアクバル大帝（在位：一五五六〜一六〇五年）の治世下では、ヒンズー教徒の王女との結婚、政府高官や軍人へのヒンズー教徒の登用、ジズヤ（非イスラム教徒に課される人頭税）の廃止などヒンズー教徒に対する融和政策がとられた。緊張関係は解消されなかったものの、タージ・マハールのような建築物などにみられるヒンズーとイスラムの両文化が融合した「インド・イスラム文化」の創造、インドの伝統的言語とペルシャ語、アラビア語が混合した混成言語としてヒンドゥースタニー語（現在では、パキスタンのウルドゥー語とインドのヒンディー語に分化）の形成、一五世紀末には両宗教が内容的に混交したシク教の創始など、伝統的な在来文化と外来の征服者の文化との混交、融合が展開していた。

東アジアでは、若干様相が異なるが、中国ではモンゴル民族の元朝に代わって漢民族の王朝である明（一三六八〜一六四四年）が建国された。明代中期以降、江南下流域から中流域へと米作穀倉地帯が拡大し、江南地方で上海、松江の綿織物、蘇州の絹織物に代表される織物生産が盛んとなり、農村では綿花栽培や生糸生産が広がりをみせた。四川、福建などの茶栽培や景徳鎮の陶磁器など各種の手工業生産も発達を遂げた。生糸、絹織物、陶磁器などは、海外との交易の拡大のなかで、有力な輸出商品となった。

明では建国後、初代洪武帝（在位：一三六八〜一三九八年）が朱子学を官学と定め、その後永楽帝（在位：一四〇二〜一四二四年）によって、朱子学の既存の学説を集成した『四書大全』『五経大全』、『性理大全』の編纂がなされている。また、古今の書籍から一部または全文を抜粋し事項別に編集した『永楽大典』の編纂も進められた。これは、全体で二万二八七七巻に及ぶ大部なものであるが、このような国家の主導による収集・編纂事業は、中国王朝に顕著にみられる動きであり、明朝に続く清朝においても、『四庫全書』の編纂事業のように、さらに大規模に展開されている。他方、明代中期以降の経済発展を背景に、民間でも、木版印刷による書籍出版が増大し、科挙の受験参考書から小説、実用書などが多数出版されている。

アフロユーラシア大陸、地中海東部地域から東アジアにかけて、地中海、ペルシャ、インド、中国といった、かつて巨大帝国が興亡を重ね、多様な文化的伝統が堆積した諸地域で、新たな巨大帝国が形成されていた。そうして政治的秩序の再建のもとで、長い伝統と多様な民族によって担われてきた多様な文化的資産が集成され熟成をみせていた。また、農業生産の向上、手工業生産の発達がみられ、人口、経済活動の面で、世界の大半のシェアを占め、一八世紀中ごろに至っても、アジアは世界人口の六割を超え、生産額では八割を占めたと推計されている。[2]

ユーラシア大陸の諸地域間の交流も、西アジアを中心に、陸海の通商活動・文化交流は拡大を続けていた、特に、八世紀以来のイスラム商人の海上進出により、東地中海からインド洋を経て東アジアに至る「海の道」が、交易路として次第に隆盛をみせ、一三世紀以後は、インド、東南アジアへのイスラム教の浸透も進んだ。

これに加えて、一五世紀あたりからは、中国、日本から南方の地域に向けての航海・交易が活発化した。明代初期には永楽帝の治下で、一四〇五年以降、宦官鄭和を総指揮官とする海上遠征が、国威を示し朝貢を促す目的で数次にわたり推進され、遠くはアフリカ大陸沿岸にまで達している。ただ、こうした国家主導の航海事業は、政治的状況により一時期で途絶えたが、中国商人は、ジャンク船を用いて、陶磁器などを主な輸出品として、南シナ海からインド洋にかけて交易活動を続けた。日本からも室町時代から江戸時代初期にかけて、東南アジア方面との交易活動が活発化し、各地に日本人町が形成された。

眼を南北アメリカ大陸に転ずると、この大陸では、歴史的にアフロユーラシア大陸とは別個に文明形成の歩みが続けられ、北アメリカ（現メキシコ）南部にアステカ帝国、南アメリカのアンデス山脈地域にインカ帝国が形成され、独特な社会組織、文化様式の発達をみていた。この時期を最盛期として、一六世紀前半には、スペイン人の侵攻によりそれぞれの帝国は崩壊し、独自の文明形成の道は途絶えてしまう。そして、ヨーロッパ人の支配のもとに、ヨーロッパ主導の大西洋経済圏の一部としての地域形成を余儀なくされることとなった。

一五・一六世紀のヨーロッパ

視点をヨーロッパに戻すと、西ローマ帝国の滅亡（四七六年）後も、西ヨーロッパ地域は、東方のビザンツ帝国やアッバース朝、オスマントルコ帝国のようなイスラム勢力と対立・緊張関係をはらみつつ、地中海交易・文化交流を続け、徐々に独自の文明形成を成し遂げてきた。

フランス、ドイツ、イタリアなどヨーロッパ地域の中核的な部分を政治的に統合していたフランク王国が九世紀中ごろに分裂して、分権的な封建社会の形成を経た後、言語・文化を共有し、政治的にはより集権化した「国民国家」の形成に向けた動きが徐々に進行し、一五世紀あたりから、中央集権国家（絶対王政）の確立という形で本格化していく。中央政府のもとに官僚組織や常備軍が整備され、王宮、官庁などが所在する首都が成長し、ここを中心とした河川や道路の交通網が形成され、さらに、様々な統一規格、共通の貨幣（通貨）、国内で主力をなす言語として「国語」が普及するなど、国家の領域内をより強力に一体的に統合するシステムが形成されていく。

一一世紀以降、西ヨーロッパでは封建社会の安定と農業生産の向上があり、さらに、商業と都市の再生の動きが各地にみられた。また、少し時代が下ると、政治的には、王権の伸張に伴い官僚組織や法曹階層が形成され、知的領域では、司教座や修道院の付属学校のほかに、大学が各地に設立され発展して、医学、法学、哲学などの高等教育が発達する。

やがて、ヨーロッパ全体としては、大小の国々が競合・連係する諸国家の集合体が形成され、現代の国際社会の原型ともいえるシステムがつくられていく。

他方、ヨーロッパ人は、一四九二年コロンブスのアメリカ航海、一四九八年ヴァスコ・ダ・ガマの喜望峰航路発見を皮切りに、世界的な航海・通商、植民活動を拡げて行く。これ以後、各地で独特な特質の文明社会を形成してきた人類が、地球規模での相互交流のもとで緊密な関係をもって歴史的展開をみせることとなった。

もちろん、ヨーロッパ人の活動は、アジア各地では、既存の交易ネットワークに割り込むものに過ぎず、アフリカや東南アジアの一部を除けば、国家社会への影響は、全地球的な世界像やキリスト教、ヨーロッパの学術の伝播などに限られていた。他方、南北アメリカ大陸においては、現地の独特な文字文化などを持つ文明、国家社会の滅亡、住民の隷属化という惨劇を生み出した。

そうした最中、一五世紀中頃に、ドイツのヨハネス・グーテンベルクによって金属活字印刷術が開発され、印刷による書籍出版が事業として発展を遂げた。さらに、一五世紀末以降には各国で郵便制度が発達をみるなど、情報の流通をめぐる新たな展開がみられた。

第2節　グーテンベルクと印刷革命

印刷術の革新とその普及

印刷は、しばしば火薬と羅針盤と並ぶルネサンスの三大発明と称されてきた。これは、一六・一七世紀、イギリスの哲学者フランシス・ベーコンの著作に発しているとされる。

「発見されたものの力と効能と結果を考えてみることは、有益である。古人に知られていず、その起源は、新しいのに、不明ではなばなしくない三つの発見、すなわち印刷術と火薬と羅針盤との発見にもっとも明らかに現れている。すなわちこれら三つの発見は、第一のものは学問において、第二のものは戦争において、第三のものは航海において、全世界の事物の様相と状態をすっかりかえてしまって、そこから無数の変化が起こったのである。」[3]

ここには、印刷術が持つ地味ではあるが底力のある影響力が強調されている。もちろん印刷術も含めこれら三大発明は、すでに中国宋代に先行してみられたものであり、その功績をルネサンス期のヨーロッパ人に帰することは、現代の世界史的視点からは適当ではないだろう。ただ、ルネサンス期以降のヨーロッパにおいて、改良が加えられ本格的に利用されていることは確かである。

ところで、印刷を広い意味で、文字・画像の複製と捉えると、文明の誕生とともに各地でみられた印章の類にさかのぼることができるし、後には石碑などからの拓本の制作も印刷の起源に含めることができよう。

ただ、文書・図画・書籍の複製を意図的に実現するものとしての印刷は、木版印刷によって行われ、まず、中国において盛んになり、日本、朝鮮などを含む東アジア地域で発達をみせた。版木印刷にとどまらず、木製の活字印刷も行われ、一五世紀前半に朝鮮では金属活字による印刷もなされていた。

こうした東アジアにおける先駆的な印刷活動の隆盛にもかかわらず、一五世紀のヨーロッパにおける印刷術の革新が、世界史上の一大エポックとされるのは、後で述べるように、その社会的影響の重大さと世界的な広がりにあると考えられる。ここで取り上げる「印刷革命」とは、一五世紀のヨーロッパにおける金属活字印刷の発明とその普及、社会的影響を指している。

一四四五年頃、ドイツのヨハン・グーテンベルクが金属活字を用いた活版印刷機を製造し、聖書やラテン語の文法書、贖宥状（免罪符）などの書籍や刷り物の印刷を始めた。ちなみに、グーテンベルクによって初期に制作された書籍として、いわゆる「四十二行聖書」（二段組のラテン語の大判聖書）がよく知られている。

グーテンベルクは、一四〇〇年前後にライン川とマイン川の合流点に近いドイツ南西部の都市マインツで、冶金業や商業を営む一族の一員として生まれた。若き日に金細工師として修業し、また一四四〇年前後の一時期、一家でストラスブールに移り住み、そこで文字の機械的な複製について考案を重ね、金属活字による印刷術の開発に取り組んだといわれる。やがて一家はマインツに戻り、グーテンベルクは、一四五〇年頃にはマインツの金融業者ヨハン・フストと共同で印刷業を開始し、先に述べた四十二行聖書をはじめ様々な印刷物の制作を行った。

なお、マインツは、現在はドイツ経済の中心地フランクフルトに近い小都市に過ぎないが、一四世紀初頭には、人口二万五千人を擁する当時のドイツでは有数の大都市の一つであり、金属加工業の発達した商工業都市として栄えていた。この金属加工業の発達、とりわけ優れた彫金技術は、このマインツで金属活字印刷がヨーロッパで先頭を切って始められた重要な条件とみられる。[4]

グーテンベルクの発明は、現在の印刷術の原型をなすものであるが、①鉛、スズ、アンチモンなどを混合した合金による金属活字、②ブドウの圧搾機にヒントを得たとされるプレス機、③印刷に適するよう配合されたインクが主要な三要素であり、これらを組み合わせて印刷術の一大革新が実現したものである。

やがて、グーテンベルクのフストからの借金をめぐる訴訟が生じ、結果として共同事業は破たんし、印刷設備はフストに引き渡された。そして、印刷事業は、フストとその娘婿でグーテンベルクの弟子であったペーター・シェッファーに引き継がれ、ビジネスとしての成功を収めた。他方、グーテンベルクは、不遇にあって、マインツとその近郊で印刷業を続け、一四六五年になりマインツ大司教アドルフ二世の庇護を得て、その功績が報いられるところとなったが、一四六八年同地で没した。

その後印刷術は、マインツを起点に多数の職人が育成され、一五世紀の後半を通して、マインツからドイツ他都市へ、そしてヨーロッパ全域へと急速に広がっていった。

金属活字印刷が普及する以前、ヨーロッパでは、写本による書籍製作が、まず修道院で盛んとなり、後には大学と専門の業者との連携（前者の後者に対する規制・監督）のもとで、組織的に事業として営まれていた。

金属活字による印刷は、写本や従来の木版印刷などの印刷方式に比較して、手間が大幅に効率化し、文書や書籍の制作コストを大幅に引き下げることが可能となった。また、写本の時代に比べて、原本により忠実な正確度の高い書籍を、同一の製品として大量に供給できることになった。もちろん誤植の可能性は排除できないが。

印刷術は、書籍から小冊子、定期刊行物などの出版事業の興隆をもたらした。印刷所は、同時に出版社の役割を兼ねており、印刷業者は出版業者でもあり、その事業は、企業的な立場に立って進められた。その規模は、ヨーロッパにおいて一五世紀後半の半世紀間に、約三万〜三万五千点に及ぶ「インキュナブラ（揺籃期本――一五〇〇年以前に刊行された書籍）」が刊行された。さらに、一六世紀中には、約一五万〜二〇〇万点の書籍が出版されたと見積もられている。[5]

なお、金属活字による文字の印刷にとどまらず、同時に、木版画、銅版画による図像の印刷も発達をみせ、書籍の内容を豊かにし、情報の伝達を幅広いものにした。

金属活字印刷による印刷術の革新は、書籍生産の大量化、低廉化をもたらしたが、初期においては、印刷された書籍が、必ずしも高い評価を得たものではなかった。従来の筆写本を尊しとし、印刷本には低い価値しか認めない向きも根強かった。しかし、書籍の低廉な大量供給を目の当たりにして、カトリック教会の聖職者からも、印刷術を宗教的に有益なものとして、画期的な発明と称賛する声もあがっている。[6]

金属活字印刷の技術は、まず発祥の地ドイツにおいて、グーテンベルクがマインツで印刷を開始してからわずか三〇年余りの間に、多分数百人規模の多数の印刷職人が育成されていった。そのドイツの職人達は、広く他のヨーロッパ諸国へも移動・拡散していき、各地に印刷所を開設し事業を営んだ。印刷所の立地は急速にヨーロッパ各都市へと広がりをみせた。一四八〇年までに、西ヨーロッパでは、ドイツ人以外の経営も含め、一一二の都市に印刷所が存在したという。そのうち、当時のヨーロッパにおける経済・文化の先進地域であるイタリアに半数近くが存在し、ドイツと合わせると大半を占めた（表4参照）。[7]

これ以後、二〇年間に印刷機のある都市は倍増し、一五〇〇年には二三六都市に及んだとされる。

一五世紀後半に印刷業が展開した西ヨーロッパの主要な都市を、年代を追って概観すると、商工業、国際商取引の中心地、司教座や王座の置かれた聖俗の権力中心地が多く、著者となる人材や書籍の需要がある大学都市は意外と出てこない（表5参照）。[8] 多様な人材の往来、大規模な書籍需要、販路を確保する上での取引市場、物流の容易さなどが立地上の重要な要件として重要であったと考えられ、

表4　印刷機のある都市の数（1480年）

イタリア	50	ドイツ	30	フランス	9
オランダ	8	スペイン	8	ベルギー	5
スイス	5	イギリス	4	ボヘミア	2

表５　印刷業の地理的展開（印刷所の開設）

年次（年）	ドイツ	イタリア	その他
1464	ケルン		
1466			バーゼル（スイス）
1467		ローマ	
1469		ベネツィア	
1470	ニュルンベルク		パリ（フランス）、ユトレヒト（オランダ）
1471		ミラノ、ナポリ、フィレンツェ	
1472	アウグスブルク		
1473			リヨン（フランス）、ヴァレンシア（スペイン）、ブダペスト（ハンガリー）
1474			クラクフ（ポーランド）、ブリュージュ（ベルギー）
1475	リューベック		ブロツラフ（ポーランド）
1476	ロストク		ウェストミンスター（イギリス）
1478		パレルモ、メッシーナ	ジュネーブ（スイス）
1480			ロンドン（イギリス）
1481	ライプツィヒ		アントワープ（ベルギー）
1482			オーゼンセ（デンマーク）
1483			ストックホルム（スウェーデン）

出典：S・H・スタインバーグ著　高野彰訳『西洋印刷文化史　グーテンベルクから500年』日本図書館協会，1985，p.48 の記述をもとに著者作成

表6　（印刷所立地）主要都市の出版点数（1480～1482年）

ベネツィア（156点）	ミラノ（82点）
アウグスブルク（67点）	ニュールンベルク（53点）
フィレンツェ（48点）	ケルン（44点）
パリ（35点）	ローマ（34点）
シュトラスブルク（28点）	バーゼル（24点）
ハウダ、ボローニャ、トレヴィーゾ、リヨン、パドヴァ、デルフト、ルーヴァン（25-15点）	

出典：リュシアン・フェーヴル，アンリ＝ジャン・マルタン著　関根素子ほか訳『書物の出現　下』筑摩書房，1998，p.37-38

印刷のビジネスとしての性格を浮き彫りにしている。

上記（表6）の都市のうち、一五世紀末期から一六世紀にかけて、イタリアのベネツィアがヨーロッパ随一の出版中心地としての地位を築いていた。インキュナブラ（揺籃期本）の書誌目録による調査によると、一四八〇年から一四八二年にかけての時期には、ベネツィアで出版された本は一五六点に及び、これに次ぐのは、同じくイタリアのミラノが八二点、ドイツのアウグスブルクが六七点であり、以下、イタリアとドイツの都市が目立つが、パリ、リヨン（フランス）やバーゼル（スイス）、ルーバン（ベルギー）といった他の国の都市も一定の実績をみせている。[9]

当時ベネツィアは、アドリア海の奥に位置する一都市国家ながら地中海貿易で主導権を確保し、ヨーロッパ屈指の海軍国、経済大国の地位を誇っていた。そして、「知識層の集中」「豊富な資本」「高い商業力」という出版事業が成功するための三つの条件がそろっていたといわれる。[10]しかも、長く安定した共和政体のもとで、当時としては出版の自由があり、また、製紙業も盛んで、良質で大量の紙の供給が可能であった。

その後、アルプス以北では、一五世紀末のフランスは、パリと次いでリヨンが出版業の大中心地として重きをなしていた。一六世紀から一七世紀にかけては、アムステルダムの印刷業が成長を遂げ、一七世紀末頃には、出版活動が比較的自由なアムステルダムが、フランス語出版物においてもパリに次ぐなど、ヨーロッパの一大出版中心地としての地位を誇った。

印刷革命の影響①　出版業の興隆

印刷革命の展開により生じた社会的な変化として、まず、出版業の興隆が挙げられる。

印刷革命は、同時に書籍の出版革命であり、印刷術の普及と印刷業の発展は、出版業の隆盛でもあった。その状況は、先に述べたような一五世紀後半から一六世紀にかけての書籍の出版点数の爆発的な増加傾向にうかがえる。

この印刷事業は、かつての修道院における写本製作とは違って、たとえ大口の顧客に教会・修道院や王室・領主などもあったにせよ、事業それ自体は民間のビジネスとして営まれた。それも、先端的な技術と多様な知見・学識・才能を結集して推進される、今風にいえば最先端のベンチャービジネスであったということができよう。

印刷業者は、同時に出版業者として、企業活動の視点から書籍の刊行を企画し、著者、画家、印刷職人、書籍商、金融業者など書籍の刊行に関係する様々な人々の協力関係を取り結んで、いわば書籍制作のプロデューサーとしての役割を果たしていた。印刷業者と出版業者が、現在のように分離するのは、後の時代である。初期の大手印刷業者の工場や私邸には、聖職者、学者、作家、画家などの有識者、文化人や職人達が出入りしていた。

その様相について、フェーブルとマルタンの『書物の出現』では、「類を見ない経済的繁栄とユマニスムの時代であった一六世紀前半は、書籍産業がかつてなく強大な資本家の牛耳る大産業となった時代」であり、「大書籍商たちがヨーロッパ全域において通商関係を取り結び、それらが教養人たちの知的関係の媒体」となり、「書物取引が大規模な国際貿易の趣きを呈し、印刷業は黄金時代を迎える」と述べられている[11]。

少なくとも、ラテン語の出版物が主流であった段階では、本は、ヨーロッパにおける主要な国際的商品であり、ドイツのフランクフルトやフランスのリヨンといった国際的な大市が開かれる都市に持ち込まれて盛んに取引されたし、書籍の販売業者が国を越えて行商を行うこともあった。

写本による書籍製作の時代と異なり、印刷業者は、その事業の性格上、大量生産に見合う大量販売が必要とあって、売行きの見込める著作を見極め、選択する傾向がみられた。

出版物は、当初は、言語としては当時の知的エリートの共通語であったラテン語の著作が圧倒的に多く、内容的には宗教（キリスト教）関係の書籍が多数を占めた。

一五〇〇年以前に刊行された書籍、インキュナブラ（揺籃期本）の約七七％がラテン語の書物によって占められ、それ以外では、七％がイタリア語、五～六％がドイツ語、四～五％がフランス語、一％強がフラマン語の書物であったという[12]。

しかも、諸国の言語で出版された本の大部分も、元はラテン語本の翻訳で占められていた。[13]分野別にみると、聖書の様々な版や典礼関係書など宗教書が約四五%を占め、その他は、文学関係が三〇%強、法律書と科学書が各々一〇%となっている。

その後、時を経るに従い、言語別にはラテン語の書籍の割合が次第に減少し、その流れは一六世紀を通して持続し、一七世紀にはヨーロッパの出版市場におけるラテン語の退潮は顕著なものとなる。一五〇〇年から一五四〇年にかけて、アントワープ（現ベルギー領内）で出版された書籍のうち約半数が、フラマン語やフランス語などの俗語（各国語）で出版されていたという。フランスでは、パリで出版された書籍全体のうち、一五四九年にはフランス語で書かれたものは約二〇%に過ぎなかったが、一五七五年には約五五%となっている。

分野別の比重では、宗教書以外の書籍、法律関係書やその他の学術書、実用書、小説など幅広い分野を含むようになり、一六世紀に入る頃には、宗教書の占める割合は減少していた。

ただ、一五一七年にドイツでマルチン・ルターが「九十五カ条の提題」を発表したことを契機に、ヨーロッパ全域で、ローマ教皇庁の権威をめぐる宗教的、政治的対立が激しく展開し、その中で、各陣営において、ラテン語のみならず各国語で各国語訳の聖書を含む様々なキリスト教の宗教書が刊行され流布されるようになり、一時期は、ラテン語のみならず各国語訳の聖書や新旧各宗派の宣教文書など宗教関係の印刷物が増加した。

印刷革命の影響② 社会的変化の促進

金属活字印刷の社会的影響は多岐にわたるが、主に、出版業の興隆を通して具体化したものといえる。

印刷による出版活動は、従来の写本による書籍の供給と比べて、同時大量の書籍の複製・供給を可能とした。さらに、直ちに製作経費が写本に比べ著しく低下したわけではないが、長い目で見れば、一冊当たりの費用を次第に安価なものとした。

それによって、聖職者、学者のみならず法律家や官僚、都市の商工業者など幅広い識字階層の拡大する書籍需要に対応することができた。これは、都市の成長、商工業の発展、行政・司法機能の強化と国家組織の集権化において、不可欠の知的基盤を形成することに大きく寄与するものであった。

もちろん、初期においては、様々な版の聖書や、ミサ用の典礼書、祈祷書などキリスト教の宗教書が多数出版され、旧来の教会や修道院関係の大量の需要により的確に応えるものであった。

また、「ルネサンス」の後期局面において、ギリシャ語、ヘブライ語、ラテン語で書かれた古典文献の出版も盛んとなり、それらの保存・拡散に貢献し、ルネサンスというヨーロッパ文明の形成に一大エポックとなった文化運動に寄与したともいえる。

さらに、商業分野での動きに目を向けると、「商人の手引き」と呼ばれる商業活動のマニュアル書が、ラテン語や各国語で多種刊行されていた。この類の書物は、各地の商業事情や算術から文学など教養的内容まで含み、もともとは一三世紀後半に当時の経済先進地であったイタリア北部の諸都市で作成されたとされるが、やがてヨーロッパの北部地域でも執筆され、印刷本として大量に出回り、広域的な商業取引の円滑化を促す上で重要な要因とみられている。同様に、主要な商業中心地で刊行されるようになった「商業新聞」や商品取引の「価格表」も、商取引の活性化を促進するものとなった。[14]

活版印刷術は、新旧様々な需要に応えつつ、長期的にみれば、より幅広い読者層の多様な需要を充たしていく上で画期的な技術革新であった。

さらに、印刷術の革新は、社会的なコミュニケーションの量と質の両面でレベルアップし、また、迅速化することで、社会的な変化のプロセスを促進する働きがあったといえるであろう。

宗教改革運動の激しい展開においては、新旧両教徒側から、多数のラテン語聖書、各国語訳聖書をはじめ宣教のための書籍、パンフレットが刊行され、大量に流布された。このことは、双方の主張を一般民衆も含め各階層に宣伝する上で、重要、不可欠な武器となった。特に、プロテスタント側にとって印刷術の利用価値は大きかったようである。少なくとも、印刷革命以前におけるカトリック教会への批判や改革運動の散発的な展開とその末路に比べると、ドイツのルターやスイスのカルビンの主張が、短期間に大規模な支持者層を得て、存立可能な宗教集団をなしえたのは、背景をなす社会的状況もあるが、印刷革命による大量の出版物の頒布によるところが大きいといえよう。

宗教改革でみせたこの一面は、その後一八世紀あたりから、アメリカ独立革命やフランス革命に代表される、ヨーロッパ各国で展開する階級間の政治的闘争において、激しい言論戦、宣伝戦が重要な要素となり、印刷術はその効用をますます際立たせるものとなった。

印刷革命の影響③　科学的研究の促進

出版活動の発展は、熱狂的な宗教活動、政治活動を活性化しただけではなく、他方、緻密な科学研究を促進する手段としても意義が大きかった。天文学や地理学、博物学など、大規模な観測・観察データを必要とする分野で、写本時代と異なり、正確に複製された書籍が大量に供給されることとなった。そこで、多くの関心ある研究者、読者の間で、データ・知識の共有が容易になり、科学研究の継続的で累積的な積み重ねがやりやすくなったとみられる。

各種の実用書の流布も、生活や生産の各領域での技術・手法の共有や改良を促進することになった。ただし、早い時期には、科学書や実用書の類が多く出版されていたわけではなく、むしろ、占星術や錬金術などの本が多数出版され販売されていた。

ところで、金属活字印刷の普及は、ヨーロッパが最初に世界的なインパクトを与えた大航海事業とも関連が深い。一五世紀後半にイベリア半島のポルトガルとスペインが、世界的な大航海活動に乗り出す以前に、ヨーロッパ人は、地中海方面と北海方面で活発に航海活動と商業活動を展開していた。航海活動に関連する航海術、天文、気象、地理（地誌、地図、海図）などの知識、技術の蓄積がなされていたが、出版業の発展のなかで、航海術や天文・地理に関する書籍も多く出版され、航海活動を支える重要な情報源として活用された。

一例として、近代的地図製作の創始者といわれるアブラハム・オルテリウスによって編集された『テアトゥルム・オルビス・テラルム（Theatrum orbis terrarum：世界の舞台）』は一連の世界各地の地図を含み、世界初の近代的地図とされている。アントワープで一五七〇年に出版されると、一五九八年の彼の死までに二八回版を重ね、地理に関する知識の集成と普及に大きく貢献している。[15]

また、大航海事業の進展は、世界各地の事情についての情報を、偏見も交じりながらではあるが、大量にヨーロッパにもたらされ、その中には書籍として出版されるものも多く、海外進出熱をますますかきたてるとともに、三大洋を越える遠洋航海に必要な知識を提供した。また、世界各地の地理、風俗、社会、文化などに関する知見も、航海者あるいは航海者からの伝聞による著作の出版により、広く当時のヨーロッパ社会に伝えられ、ヨーロッパ人の世界観や思想、文化の形成に大きな影響を与えた。

印刷革命の影響④　公用語・国語の普及

最後にもう一つ強調しておくことがある。印刷術の革新による出版物の大量流通は、同時期に進展しつつあった、王権の強化による中央集権化された国家の構築、「国民国家」の形成が進むなかで、「国語」あるいは「公用語」の言語としての標準化や、その全国的な浸透、普及に寄与するものとなった。全国的な共通言語の常用が、国家の統合や運営に重要な意義を持つ。国家単位での情報流通圏が構築され、国家を基本単位とする国際社会が形成されていく。この点については、後の節で改めて触れることとする。

総じていえば、印刷術の革新は、広範な階層への出版物の普及をもたらし、情報流通や知的発展を促し、ヨーロッパ諸国の政治的変革、経済発展、文化的充実を促進する基盤的な役割を果たしたといえる。それは、ヨーロッパ諸国の海外進出を直接的、間接的に支えるものともなって、グローバル化を推進し、地球規模での文明社会の再編を推進した一因といえる。また、金属活字印刷は、ヨーロッパを超えて世界各地に広がっていき、各地域の知的、社会的な変化を促進する要因となったと考えられる。

第3節　国語と国民国家

一五世紀以降ヨーロッパにおいて、イベリア半島（ポルトガル、スペイン）、フランス、イギリス、北欧において、強力な王権、いわゆる「絶対王政」の形成により、中央集権化した国家が形成され、官僚制の整備、首都の成長、そして「国語」の普及が進んだ。中央集権化が進んだ各国では、各国語の文法典の作成が行われ、また、その公用語としての使用を促進する動きが展開する。なお、ドイツやイタリアでは、言語を共にする領域に、多数の王国、領邦や都市が分立する状態が続く。

出版事業の発達は、当初はラテン語の出版物が多かったものの、各国語の出版物の増加と流通拡大によって、各国語の使用を促進する役割を担った。

一五世紀以降のヨーロッパを中心とした国民国家の形成において、その精神的、心理的側面として、国民的な一体感、国民意識の形成が重要不可欠であるが、多くの国々において、国家的、民族的な共通言語の役割が大きいとされてきた。もとより実際的な問題としても、国家的な行政組織の運営や全国的な経済活動の展開においても、言語の共通性は、その効率性にとって重要である。

八世紀以降イスラム教徒勢力の支配下にあったスペインでは、キリスト教徒勢力によるするレコンキスタ（国土回復運動）の動きが一五世紀にかけて進むなかで、カスティィリャ地方の方言が有力となり、現在のスペイン語の源流をなしていく。

カスティィリャの人文主義者アントニオ・ネブリハは、一四九二年、カスティィリャ語の文法書を出版し、イザベル女王に献上した。「これは何の役に立つのか？」との女王の問いに対し、ネブリハは、「言語は帝国の完全な道具」である旨答えている。[16]

カスティィリャ語は、その後、統合されたスペイン国家と海外に拡がった植民地を含むスペイン帝国の公用語となり、本国と海外植民地にまたがる広大な帝国領土において、官僚機構の整備と行政文書の多用が進むなか、その統治を支える有力な手段となったといえる。

フランスでは、一五三九年にフランソワ一世は勅令（ヴィレル・コトレ）を布告し、従来使われてきたラテン語を排して、フランス語をフランスにおける行政と司法の公用語とした。

約一〇〇年後の一六三四年には、時の宰相リシュリューによって、アカデミー・フランセーズが設立され、その主たる目的はフランス語の洗練に置かれ、辞書と文法書の編纂を任務とした。

その後、フランス革命を経て、フランス語は同国の国語としての普及が進んだだけでなく、一七世紀から一九世紀にかけて、その国力と文化的影響力により、ヨーロッパにおける外交用語あるいは国際的な文化・学術の共通語（「リンガ・フランカ」）としての地位を築いた。

イギリスでは、一一世紀のノルマン・コンクエストの後、上流階級の間でフランス語が話され、ラテン語とともに公用語とされた時期を経て、一四世紀後半には、英語が公用語とされるようになる。この頃、様々な方言のなかでも、ロンドンの方言が、標準語とみなされるようになり、G・チョーサーの『カンタベリー物語』やJ・ガワーの詩、J・ウィクリフの英訳聖書などが、これで書かれている。ロンドンやその周辺地域の政治的、経済的な役割の増大と、知的、文化的な活動の集積を背景に、全国的に普及し、一五世紀後半以降は、印刷された文書、書籍の流通により、その動きが促進された。

これらの国々と異なり、政治的な分裂状態が続き統一国家形成が遅れたドイツやイタリアは、各々の国語形成が多少別の展開をみせる。

ドイツ語地域はその大部分が神聖ローマ帝国の領域に属し、一五世紀まで帝国の公用語はラテン語であったが、同世紀末にかけて、裁判や行政、大学におけるドイツ語の使用が進んできた。一六世紀初頭には、高地ドイツ語をもとにしたドイツ語の標準形が形成され、折から、ルターのドイツ語訳聖書やパンフレットなどにより広まったといわれる。

イタリアでは、一四世紀になってフィレンツェを中心とするトスカーナ地方の方言が、イタリア語の標準形としての地位を築き始め、一五・一六世紀を通して固まっていった。ラテン語との隔たりの少なさに加え、フィレンツェの繁栄とルネサンス期における中心的役割、ダンテ、ペトラルカ、ボッカッチョといった同地出身の文学者の活躍などが背景にあるといわれる。

ドイツやイタリアにおいては、政治的には未統一の分裂状態のもとで、社会的情勢として、言語の標準化が進展した。国家権力の上からの推進策を伴わないだけに、印刷術の影響はより大きかったものといえそうである。

国民国家を精神的に支える国民意識の形成において、言語、それも印刷術によって多くの出版物が刊行されている言語（「出版語」）は、重要な役割を担っている。ナショナリズム研究の大家、ベネディクト・アンダーソンの言うところでは、言語において重要なことは、「想像の共同体を生み出し、かくして特定の連帯を構築するというその能力にある」とし、「ナショナリズムを発明したのは出版語である」と断じている。[17] なお、この「想像の共同体」とは、想像力の産物としての「国民」のイメージを指す。

『印刷革命』の著者E・L・アイゼンステインも、同著のなかで、王権の強化やナショナリズムと印刷術の革新との関連性に注目すべきであると強調する。「印刷術は言語の乱れをくい止め、国語の標準化をなし遂げるとともに豊かにもし、ヨーロッパの主要言語の意図的な浄化・体系化への道を切り開いた」とし、「各国語の小祈禱書や翻訳書の印刷はその他の面でもナショナリズムの誕生に貢献した」し、「初等教育でラテン語ではなく国語の教材を用いるようになってからは、言語面での『母国語意識』と自国に対する帰属観念は密接にからみあうようになった」と指摘している。[18]

各国語が文法的にも整えられ、また、読書階層の広がりと、各国語による教養、学術、文学の充実をもたらすこととなった。もちろん、一五・一六世紀以降、多くのヨーロッパ諸国で、王権強化・中央集権化、そして中心的な母語の公用語化の動きが進むなかでも、各々の国家間には、しばしば戦争をまじえながら外交関係を持ち、貿易や人的交流は緊密になされていた。その中で知的共通言語としてのラテン語の一定の役割はなお続いたが、一七世紀末頃までには、その影響力は、前述のように、フランス語の外交や学術の領域での優位の前に一層影が薄いものとなっていった。

こうして、印刷術は、ラテン語の退潮とヨーロッパ各国の国語の普及を促進したが、それでも、各国内の少数派言語がすべて消滅したわけではない。イギリスのウェールズ語、アイルランド語やスペインのバスク語、カタロニア語などは言語としての生きた伝統を保ってきた。これらの言語の存続についても印刷の役割は大きかったといわれ、逆に印刷による出版物が欠如した言語は、存続が危うくなる運命をたどった。[19]

第4節　郵便制度と国家形成

ヨーロッパにおいて、前世期の創業時代を受け継いで、印刷業（＝出版業）がますます成長を遂げていた一六世紀には、同時に、もう一つの情報革命ともいえる動きが展開しつつあった。それは、現代の世界各国の郵便制度の直接的な原型ともいえる国家的な郵便制度の発達である。

郵便制度に類したものは、第一章で触れたように、ローマ帝国において駅伝制度（本節では、以下「駅逓」の語を使用）が整備されていたし、古くは、アケメネス朝ペルシャ帝国や、秦以来の中国歴代の統一王朝、南アメリカのインカ帝国など世界各地の文明社会でも形成されていた。ただ、これらは、主に国家の公用のために整備されたものであり、一般公衆に広く利用が認められたものではなかった。

西ローマ帝国の滅亡後、まず、全ヨーロッパ的な権威と組織を持つカトリック教会が、教皇座のあるローマとヨーロッパ各地の司教座、修道院とを結ぶ通信網を構築していった。一二世紀あたりから、こうした教皇庁や大司教、修道院から派遣される僧院飛脚と呼ばれた配達人が、文書や書簡を運んで頻繁に往来するようになった。

また、一二世紀以降、大学が各地に設立されると、そこに集まった教師や学生と故郷を結ぶ通信手段が必要となり、「大学飛脚」による大学と各地との書簡の配送が行われた。たとえばパリ大学では、学生の出身地ごとに同郷会がつくられ、同郷者間の相互扶助や大学経営への参与がなされたが、出身地との通信手段の確保も重要な役割であり、パリ市内の名望家に飛脚業務の運営を委託した。やがて、大学飛脚は、大学関係者以外の書簡も運ぶようになり、一四世紀末には、それが利益の多いビジネスに成長していたという。[20]

教会や大学と並んで、都市もまた、商工業の発展を背景に、主に商業上の通信の必要性から、飛脚業務を組織化した。

ドイツでは、シュトラスブルクのように早いところでは一〇～一一世紀から飛脚制度を整えて市民の用に応えており、一四世紀後半には、ケルンやフランクフルトのような都市で他の都市との連絡に当たる飛脚のシステムが整っていたことが知られている[21]。

このように、教会、大学、都市といった個別の主体が公認あるいは運営する飛脚システムの発達をみていたが、やがて一六世紀初頭を境に数世紀をかけて、国家権力を背景とした国家単位での郵便制度の形成に向かう。

その先駆けといえる動きとしては、一四九〇年、ハプスブルク家の当主マクシミリアン一世とイタリア人飛脚業者のタクシス家との間で、ハプスブルク家領内の郵便網整備を委託する契約が結ばれている。タクシス家は、もともとベネツィア支配下にあった北イタリアの都市ベルガモ出身の大手飛脚業者であり、ローマやベネツィアをはじめイタリア各都市を結ぶ飛脚業務を経営してきた。当時のハプスブルク家の政庁所在地インスブルックと同家の所領となったブルゴーニュ公国の中心都市ブリュッセルとを結ぶ幹線ルートを中心とする駅逓網が構築され、やがて西はフランス、スペイン、南は南イタリアともつながっていった。

その後、一五〇五年、一五一六年と委託契約は改訂されており、まず、一五〇五年の契約では、毎年定額の国家からの支出金、タクシス家による郵便網整備と事業運営の責任が定められ、私信や人の輸送も容認されている。次いで、一五一六年の契約では、タクシス家の郵便事業独占権、ブリュッセルを起点とするイタリア、フランス、スペインの各方面に向けた恒常的郵便コースの設置、教皇領など他国領土を通行する際の便宜供与などが定められている。[22]

このタクシス家による郵便事業は、一定区間ごとに宿駅を設け騎手と馬を替えながら、目的地に文書や書簡を運んでいくシステムで、古い時代の巨大国家に見られた駅伝制度に似ているが、運営体制は、路線周辺の領民による義務的な労役（賦役）に依存するのではなく、国庫からの支出金、利用料金、独占権などの特権付与による独立採算の事業である点が異なっている。このタクシス家の郵便事業は、曲折を経ながら、一九世紀におけるプロシア主導によるドイツ統一の頃まで存続した。

他の国々でも郵便網の整備や郵便事業の制度化が進められ、各国内での国営または国に公認された独占的郵便事業が構築される。

フランスでは、国家による郵便事業の整備は、ルイ一一世が一四七七年に王室御用便として駅逓の整備に乗り出したのが発端とされる。もちろん、公用便専用ではあるが、後年駅逓網の整備が進むにつれ、副業的に私信の配送も行われていたという。宗教内戦の最中、一五七六年にはアンリ三世が、王立郵便を設立し、公用郵便の独占や私用郵便の取扱いを始めたが、その後も、大学飛脚などとの併存が続く。ルイ一三世の治下、宰相リシュリューが一六二〇年代に順次郵便改革を強力に進めた。ちなみに、一六三二年当時のフランスの駅逓地図によれば、パリとリヨンを二大ハブとして、駅の総数六二三、フランス全土にほぼ駅路が伸びていた。その後、変転を重ねつつ、一七一九年郵便公社が設立され、官民併存状態に一応の終止符が打たれる。[23]

イギリスでは、チューダー朝のヘンリー八世の治世下で、一五一六年に駅逓長官職が置かれ、イングランド全域にわたる駅逓網の構築が進められた。一五九一年には、エリザベス一世が、郵便の国王大権を宣言し、以後、郵便の国家独占への努力が続くが、実際には、民営の同種サービスとの並存、競争が長く続くことになる。一六三五年には、一般書簡局の設置、駅逓の国家独占や国による駅路整備、王室駅逓による書簡送達や駅馬賃貸サービスの一般人への開放を定めた布告が出され、その後の郵便制度の原型といえる制度がつくられた。一七世紀中には、国による独占的な郵便制度が実質的に機能することになった。

イギリスの駅逓路網は、一六世紀エリザベス朝時代には、ロンドンから五本の駅逓路が伸びる程度にとどまっていたが、一八世紀には、イングランド全域を本線・支線で縦横にカバーする駅逓のネットワークに発展をみせている。

ハプスブルク家領内やフランス、イギリスにみられるように、ヨーロッパ各国で多少の遅速はあっても、一六世紀あたりを起点に数世紀をかけて、専ら公用目的の王室御用の駅伝制度から、一般人の私用目的にも門戸を開いた国家的な郵便制度へと体制の整備が徐々に進んできた。

この時代は、まさに活版印刷術の発明・普及と出版活動の飛躍的発展の時期と重なっており、両者には深い関連もみられる。

グーテンベルクによる活版印刷の発明以降、ヨーロッパでは、ニュースを一枚刷りにした印刷物が、街頭で売られていた。その後、一七世紀に入ると、現在の新聞の原型ともいえる定期刊行物が多数発刊されている。

イギリスでは、一六二二年に『ウィークリー・ニューズ』が、最初の継続的に刊行された新聞として創刊されている。フランスでは、これは政府の上意下達が目的であるが、一六三一年、あの宰相リシュリューが『ガゼット（官報）』を発刊している。

こうした定期刊行の出版物の店頭売りや街頭売りをはじめ販路は様々であろうが、多くが郵便により配送された。

ドイツでは、三〇年戦争（一六一八〜一六四八年）の時期に新聞創刊ラッシュを迎えたが、タクシス家により郵便網の整備が進んだ同地では、有力な郵便局が新聞を発刊するケースもみられた。たとえば、フランクフルトの中央郵便局長ビルグデンは、『フランクフルト郵便新聞』を発刊、その発行部数は五〇〇〇〜六〇〇〇に及び、当時ヨーロッパ最大の規模を誇った。ドイツでは、一七世紀中に約二〇〇の新聞が発刊され、二〇万から二五万の読者を得たとされる。[24]

おおむね一六世紀初頭以降、ヨーロッパ各国において、長い時間をかけて、郵便事業の基盤整備や制度構築が進み、そのサービスが普及したことは、一五世紀の金属活字印刷術の発明とそれに基づく出版業の飛躍的な成長と並ぶ、ほぼ同時代のもう一つの情報革命ともいえる。

しかも両者は、単に並行的に進展したのではなく、新聞の誕生にみられるような相乗的な展開もみせている。印刷による大量の出版物の安価な提供と、郵便網による配送が一体となって、雑誌や新聞の広範な普及をもたらすこととなった。

公文書に始まり、業務用の連絡文書、私的な手紙、さらには出版物までを含む文書情報を、定期的で確実性の高い配送手段が実現したことで、各国内での、国語と各国語出版物の普及とも相まって、国家が次第に緊密な一体性を持つ情報交流圏に統合されていった。まさに、「朕は国家なり」ならぬ「郵便は国家なり」であったともいえる。

第5節　巨大情報センターとしての首都

絶対王政のフランスと首都パリ

西ヨーロッパ、北ヨーロッパに中央集権化した国家が形成され、各国の都市群のなかでも特に首都が成長をみせ、突出した存在となった。政治権力の所在地、国家統治の拠点として、国内各地への影響力を強め、また、経済、文化の中心地としても役割を増し、総じて、国中の情報が集中する情報センターとしての機能が顕著になる。その典型的な例をフランスのパリにみることができる。

フランスの首都パリは、国際的な観光都市として世界中の注目を集めているが、本書においても特筆に値する都市の一つであることは間違いない。

フランスは、一五世紀からヨーロッパの西部と北部において形成が進んだ中央集権国家の典型的な例の一つであり、その首都としての地位を得て急速に成長を遂げたパリは、大規模で一極集中的な首都の代表格でもある。パリは、政治中心地、経済中心地であるにとどまらず、大聖堂や修道院、有力な大学を擁する知的活動の一大センターであり、そして、印刷所が集まる一大印刷・出版センターでもあった。

都市の形成と成長

現在のフランスの領土（本土）をなす地域は、紀元前一世紀に、ジュリアス・シーザーの遠征後、ローマ帝国の版図に入り「ガリア」と呼ばれた。現在のパリ中心部（シテ島）付近には、先住民パリシイ族が居住し、古くからセーヌ川を利用した交易が盛んであり、その拠点となっていたようである。ローマの支配下で神殿、円形競技場、水道、浴場などを備えた都市が建設され、周辺地域への街道も整備されて、河川と陸路による交易と行政の拠点としての役割を担った。四世紀にはコンスタンチヌス帝の治下で、副帝ユリアヌス（後に皇帝）の宮廷が置かれ、ガリア支配の拠点となったこともある。

西ローマ帝国の勢力後退そして滅亡、ゲルマン諸族の侵攻により、ガリアでは、統治機構や都市の衰退、ローマ帝国下での文明の伝統の崩壊をみるが、フランク王国（メロビング朝）の成立により政治的秩序の安定をみて、初代の王クロービス（在位：四八一〜五一一年）がパリに宮殿を建てたことで、同王国の首都としての地位を得た。キリスト教の浸透が進み、多くの教会、修道院が設立された。五〜六世紀に人口は一万五〇〇〇人から二万人に達した。しかし、カロリング朝に代わってからは、カール大帝によって主たる宮廷がアーヘン（現ドイツ領）に置かれ、九世紀後半には、ノルマン人の来寇もあり、パリは苦境の時代を迎えた。

パリにとって、現在の首都としての地位は、フランク王国分裂後の現在のフランス領にカペー王朝が成立（九八七年）し、パリに宮廷が置かれたことに由来するといえる。同王朝のフィリップ・オーギュスト（在位：一一八〇～一二二三年）の治世下で、道路の舗装、市場の設置、市壁の建設といった町の整備が進んだ。

シテ島に位置する王宮や司教座を中心に、一二世紀から一三世紀にかけては、左岸地区に司教座教会、修道院付属の教育施設が多く立地し、パリ大学も創立され、カルチェラタン（学生街）が形成されていく。これに対して、右岸地区は、主に商工業が発達していく。

一四世紀初めには、パリは、徴税台帳からの推計で、約二〇万人の人口を擁していたとみられている。ただし、同世紀の中ごろには、ヨーロッパ全域に広がったペスト（黒死病）の流行や、イングランドとの百年戦争（一三三九～一四五三年）による国土の混乱により、人口減少を免れなかった。とはいえ、一五世紀には回復をみせ、同世紀にヨーロッパの大都市人口としては、大雑把な数字で、パリ二〇万人に対し、ベネツィア一〇万人、フィレンツェ九万人、ロンドン六万人、ブリュッセル四万人と続いており、ヨーロッパでも他を圧する最大規模の都市であった[25]。

その後も、パリは、百年戦争の終結と領土の安定、王権の強化を背景に成長を続け、一六世紀初頭には、人口は約二五万人に及び、フランス革命（一七八九年）時には、五五～六〇万人規模に達していたとみられており、ヨーロッパ最大の巨大都市としての地位を保っていた。

パリは、ローマ人による都市建設によって、都市としての歩みを踏み出し、カペー朝の王宮の所在地として首都としての地位を得たといえる。その後、王宮と司教座を核として、都市としての成長を遂げてきた。国王や地方に領地を持つ貴族、宮廷官僚など上流階級の居住は、膨大な消費需要を生み、各種の商工業の発展を支え、都市の成長を促進した。

また、前節で触れたように、一六三二年当時のフランスの駅逓地図によれば、パリとリヨンを二大ハブとして、駅の総数六二三、フランス全土にほぼ駅路が伸びていた。パリは、交通網、通信網の中核としての役割を強化していった。

他方、ブルボン朝初代の王アンリ四世以降、国家の行政・司法組織が整備され、地方への統制も強化され、中央集権化が進んだ。宮廷には、行政・司法を担う主に中小貴族出身の官僚層が形成された。以後、「朕は国家なり」の言葉を残した「太陽王」ルイ一四世（在位：一六四三〜一七一五年）の時代にかけて、王権の強化、絶対王政の構築が進んでいった。フランス全土に伸びる道路・駅逓網を、様々な命令・指示、報告・陳情を記した文書が、盛んに行き交うことになったであろう。

書籍の都・パリ

王侯貴族、宗教界、官僚・法律家、大学関係者、富裕な商人などの集中により、パリは、知的、文化的活動の国家的センターとしての地位を築くことになり、そこには、大規模な書籍への需要が存在した。

ドイツのマインツにおけるグーテンベルクによる金属活字印刷の開始の後、二五年ほどして、一九七〇年にはパリでも印刷機が動き出した。もともと、写本製作の一大中心地となっていたが、印刷機の登場により、パリは、書籍出版とその流通の一大中心地となっていく。写本の時代と印刷の時代を通して、パリの書籍業者は、パリ大学と密接な関係を持って成長を遂げてきた。

フランスにおける印刷業の発達は、ドイツ、イタリアに少し遅れる。それでも、一五世紀末期には、パリは、ベネツィアに次ぐ印刷業の中心地となっていた。ちなみに、一四九五年から一四九七年にかけて印刷された書籍一八二一点についてみると、ベネツィアが四四七点と約四分の一を占め、次いでパリが一八一点、リヨンが九五点と続く。[26]

ドイツやイタリアでは、印刷業の立地は比較的分散しており、特定の数都市が大半の実績を独占することはなかったが、フランスでは、首都パリと大市で知られる経済中心都市リヨンに集中する傾向がみられた。一五世紀中にフランスでは四七の都市に印刷所が置かれたが、インキュナブラ（揺籃期本）の八割以上はこの二大都市で刊行されたものである。また、一五三〇年にフランスで刊行された本をとっても、約九割はこれら両都市で制作されたものといわれる。[27]

リヨンで出版された本が、通俗文学や宗教的啓発書、実用書といった世俗的内容のものが多く、また、フランス語で書かれたものの割合が半数近くと高いのに対し、パリで出版された書籍は、宗教書が多く含まれ、揺籃期本の一二％ほどが時祷書や聖務日課書といった教会のミサや典礼などに関係するもので占められている。[28]

写本時代の末期から印刷革命後を通して、王室や大貴族、聖職者、官僚、法律家などの間で、各種の書籍の収集が盛んとなった。特に、王室において、大規模な書籍コレクションが構築され、これが、現在のフランス国立図書館へと発展していく。同館の由来は、一三六七年にシャルル五世（在位：一三六四〜一三八〇年）によって創立された王立図書館にあるとされる。その後、フランソワ一世（一五一五〜一五四七年）は、他からの移管した蔵書も加えて、ヨーロッパ随一の図書館に発展させた。ちなみに、フランソワ一世は、一五三七年にモンペリエの勅令によって領土内で印刷された書籍の納本義務を定めて、現在のフランス国立図書館の土台を築いている。

こうして、絶対王政の確立、中央集権国家の形成によって、フランスでは、首都パリを中心とした政治的支配が全国的に強くなっただけではない。経済面での全国的な役割とともに、パリの文化的影響力が、知的、文化的活動と人材の集積を土台に、フランス語の標準語が広く国内に普及することによって、一層強化されたといえる。

加えて、一七世紀から一九世紀にかけて、フランスの国力の増大とフランス文化やフランス語のヨーロッパ大陸での影響力の拡大によって、パリは、外交官、留学生など海外から多くの外国人を受け入れ、国際的な情報センターとしての地位を築くことになった。

注

1 鈴木薫『オスマン帝国 イスラム世界の「柔らかい専制」』講談社一九九二年、一八八-一八九頁
2 アンドレ・グンダー・フランク著 山下範久訳『リオリエント アジア時代のグローバル・エコノミー』藤原書店、二〇〇〇年、三〇五頁
3 フランシス・ベーコン著 服部英次郎訳「ノヴム・オルガヌム」『世界の大思想 第六巻 (ベーコン)』河出書房新社、一九六六年、二九二-二九五頁
4 箕輪成男『近世ヨーロッパの書籍業』出版ニュース社、二〇〇八年、二三〇-二三一頁
5 リュシアン・フェーヴル、アンリ=ジャン・マルタン著 関根素子ほか訳『書物の出現 下』筑摩書房、一九九八年、一八六-一八七頁
6 ジョン・マン著 田村勝省訳『グーテンベルクの時代 印刷術が変えた世界』原書房、二〇〇六年、二一〇-二一二頁
7 前掲書6、二〇八-二一〇頁
8 S・H・スタインバーグ著 高野彰訳『西洋印刷文化史 グーテンベルクから500年』日本図書館協会、一九八五年、四八頁
9 前掲書5、三七-三八頁
10 アレッサンドロ・マルツォ・マーニョ著 清水由貴子訳『そのとき、本が生まれた』柏書房、二〇一三年、二六頁
11 前掲書5、四一頁
12 前掲書5、一六三頁
13 前掲書5、一七六頁

14　玉木俊明『〈情報〉帝国の興亡　ソフトパワーの五〇〇年史』講談社、二〇一六年、五六-七〇頁
15　前掲書6、二三七-二三八頁
16　樺山紘一、礪波護、山内昌之編『世界の歴史17　ヨーロッパ近世の開花』（中公文庫）中央公論新社、二〇〇九年、一〇六-一〇七頁
17　ベネディクト・アンダーソン著　白石隆、白石さや訳『定本想像の共同体　ナショナリズムの起源と流行』書籍工房早山（発行）、図書新聞（発売）、二〇〇七年、二一〇-二一一頁
18　エリザベス・アイゼンステイン著　小川昭子ほか共訳『印刷革命』みすず書房、一九八七年、八九頁
19　前掲書8、一二八-一三〇頁
20　星名定雄『情報と通信の文化史』法政大学出版局、二〇〇六年、二〇五-二〇八頁
21　前掲書20、二〇八-二〇九頁
22　菊池良生『ハプスブルク帝国の情報メディア革命』集英社、二〇〇八年、八九-九三頁
23　前掲書20、一〇六-一一八頁
前掲書22、一二九-一三九頁
24　前掲書22、一五四-一五五頁
25　前掲書4、二二七頁
26　前掲書5、四〇頁
27　宮下志朗『本の都市リヨン』晶文社、一九八九年、七八頁
28　前掲書27、七八-九四頁

第5章　電信網の構築と情報のグローバル化

第1節　産業革命の展開とグローバル化の進展

ヨーロッパと世界

一八世紀以来の産業革命が進展をみせる中で、一九世紀の中葉には、電信が発明され事業化が進んで、今日、本格的に展開している情報電子化の第一歩となった。二〇世紀中には、電信に続き電話、ラジオ、テレビ、コンピュータ、データ通信の開発、実用化といったメディアの多様化、高度化が進展し、二〇世紀末期におけるインターネットの普及へとつながっていった。

ポルトガル、スペインにより一五世紀に開始された世界的な大航海事業は、その後一八世紀にかけて、オランダ、フランス、イギリスなど他のヨーロッパ諸国も参入し、激しい競合を伴いつつ全体として拡大発展を続けた。この結果、ヨーロッパ人によるグローバルな通商活動網の構築と植民地の獲得が進展した。同時期に、ヨーロッパにおいては、活版印刷術の普及、発展により出版活動が隆盛となり、国民国家の形成や政治的変革を促進し、また、科学研究の進展が加速された。一八〇〇年前後の世界を概観すると、まずヨーロッパでは、フランス革命（一九七八年）の勃発後、ナポレオン帝政下のフランスによる大陸制覇をめぐって各国間の抗争が展開していた。大西洋を挟んで対岸では、アメリカ独立戦争（一七七五～一七八三年）の末、アメリカ合衆国が誕生した。中南米・カリブ海地域でも、ハイチの独立（一八〇四年）を皮切りに、本国からの政治的独立が相次いだ。

目をアフロユーラシアの東方に転ずると、オスマントルコ帝国は、次第に強盛化する西欧諸国の圧力を受け、国家体制の刷新を試みつつあり、インドのムガール帝国は、一八世紀を通してのイギリス東インド会社を中心とするイギリスの進出の結果、一九世紀中ごろにかけて滅亡（一八五八年）の途をたどっていた。そして、東アジアでは、清朝の中国がなお外見的には隆盛を保ちつつも、一九世紀におけるアヘン戦争（一八四〇～一八四二年）などの西欧諸国からの侵略の嵐が迫っていた。日本では、しばしば来航する外国船に一部では危機を感じつつも、なお鎖国体制を続けていた。

ヨーロッパでは、アメリカ独立やフランス革命を契機に、政治的変革の動きが進展し、他方では、西欧主要国の他の地域特にアジア方面への進出の動きが一層拡大しつつあった。西欧諸国主導の世界的な航海活動の活発化と通商網の構築がますます進展し、世界各地域への影響の仕方は様々であったが、次第にその圧力は強まっていた。

産業革命の展開

再びヨーロッパに眼を向け直すと、一八世紀後半には、まず、イギリスで産業革命が開始され、やがて、他の西欧諸国やアメリカでも展開を見せる。これは、世界的な工業化の端緒であり、人類史上の一大エポックとなった。交通の分野でも大革新が展開し、動力機関の導入は、海では蒸気船、陸では蒸気機関車による鉄道の出現となって、海陸の交通の迅速化、確実化、低コスト化をもたらした。「産業革命」は、典型的には、おおよそ一八世紀後半から一九世紀前半にかけてのイギリスにおいて進行した生産活動の機械化と動力化の動きと、これに関連して展開した経済的、社会的な変化を指している。ただ、同じような動きは、若干時期が遅れて他の欧米諸国やその他の国・地域でも展開してきた。

イギリスでは、産業革命に先立って一七世紀には、エンクロージャーをはじめとするいわゆる「農業革命」の展開と、海外貿易の伸長や植民地の獲得がなされ、また、毛織物工業を中心とする手工業生産も成長をみていた。これらを背景として、一八世紀後半以降、綿業と製鉄業を二大主要産業として製造業の機械化・動力化が進展した。

両分野に共通して重要な役割を果たしたのは、蒸気機関の発明と改良であった。一七〇五年には、ニューコメンが蒸気機関を発明し、一七六九年に至ってJ・ワットがその改良を行った。一七七五年には製鉄のためにコークスを燃やす際の送風用に導入され、一七八五年には紡績に利用されている。蒸気機関導入の波は、交通の領域でより早く展開し、陸上においては、当初は道路や運河の整備に力が注がれたが、やがて蒸気機関車の出現によって、鉄道建設がブームとなった。また、海上においては、蒸気船の実用化により、次第に帆船から蒸気船への移行が進んだ。

一八一四年には、スティーブンソンが蒸気機関車の試運転に成功し、一八二五年には、ストックトン・ダーリントン間で最初の蒸気機関車による鉄道の運行が開始された。その後、鉄道建設（投資）がブームとなり、一八五〇年頃には、ほぼイギリス全土に行き渡った。

鉄道に比べると、蒸気船は開発が早かったものの、普及は遅々としており、一九世紀を通して帆船との併存する状況が続いた。一八〇七年には、アメリカでフルトンが外輪蒸気船を開発し試運転を行っているが、一九世紀中ごろに、スクリュープロペラの有用性が明らかとなり、一九世紀末には、蒸気タービンが実用化するに及んで、蒸気船が海上輸送の主流となっていった。

こうした陸海の「交通革命」は、人の移動と物資の輸送の迅速化、確実化、低コスト化をもたらした。国際経済論の権威リチャード・ボールドウィンは、この蒸気機関車と蒸気船による交通革命によって、「グローバル化の第一弾」が推進されたとみている。[1] なお、これに続く「グローバル化の第二弾」は現代のＩＣＴ革命によるものとしている。

ところで、この交通革命は、人の動きをより迅速、確実なものとすることで、情報伝達の迅速化や活発化を促進したことは言うまでもないが、特に、郵便物の輸送をより迅速で確実なものとし、すでに整備されていた郵便制度の役割を強化することとなった。

さらに、機械化と動力化の影響は、情報の生産・流通に関連が深い製紙業や印刷業の世界にも及んだ。ヨーロッパでは、一八世紀末から抄紙機（紙を抄く機械）の開発・改良が進み、一八世紀半ばには木材パルプの製造法も次々に発明されて、それまでに比べて大量の用紙を生産することが可能となった。また、印刷の領域でも、ドイツのケーニヒによる押胴式印刷機の発明から、一九世紀後半には輪転機の開発が各国で進み、印刷の高速化が実現していった。こうした製紙と印刷の領域での技術革新は、出版活動の成長を支え、特に新聞の発行部数の飛躍的な増加を可能とした。

生産活動の機械化と動力化は、農業中心の経済から工業中心の経済への移行（工業化）をもたらすとともに、農村から都市への人口の移動、都市化の進展を促進するものとなった。また、鉄道の発達は、個々の都市の人口規模の拡大や、都市間の人や物資の交流を迅速化し活発なものとした。この都市への人口集中、都市化の進展は、多数の人間どうしの接触機会の増加をもたらし、社会全体としての情報の集積や流通を促進するものとなった。

こうした時代状況の中で、情報の世界でも、画期的な新たな変化が出現することとなった。電信の発明である。

一九世紀前半に、有線電信が発明、実用化され、情報が人・物の流通に依存することなく、それ自体が瞬時に遠距離に送達可能となった。これは、その後の電話やラジオ・テレビなど様々な電子メディアの先駆けとなり、今日における情報の電子化に通じる情報伝達手段が出現したのである。以後、情報は瞬時に空間を越えるものとなる。

パックスブリタニカ

イギリスを先駆者とし、次いでヨーロッパ大陸や北アメリカに拡がった産業革命は、欧米諸国の軍事的、経済的な優位を強化することとなり、トルコから日本に至るアフロユーラシア各地の伝統的な国々や地域に対する影響も格段に強まっていった。そして、欧米諸国に主導された世界秩序の形成と世界的な通商網の構築が進み、大航海時代とは様相を異にするグローバル化が開幕することとなった。

一九世紀におけるこの欧米諸国中心のグローバル化は、各国の競合と協調の国際関係を軸に、次第に、アジアの様々な伝統的な国々や地域を世界的な繋がりの中に巻き込んでいった。一五世紀の大航海時代開幕以来、欧米の主要国の間では、主導権を発揮する国、覇権国家が盛衰をたどり、一九世紀には、イギリスが、覇権国家として全盛期を迎えていた。その勢力は、海軍力と工業力を基盤としていたが、その国力、国際的影響力は、情報の分野でも多方面で発揮され、グローバルな情報流通において中心的役割を果たした。

イギリスは、ヨーロッパ諸国の海外進出においては、ポルトガル、スペイン、オランダに対して後発勢力であるが、一五五八年にスペイン無敵艦隊を破り、次第に世界的な航海活動での勢力を拡大し、一八世紀初頭から本格的な海外の植民地獲得に乗り出し、海上における覇権を獲得した。一八世紀後半からは世界に先駆けて産業革命を進め、一九世紀前半にかけて工業生産における優位を確立し、これを基盤に制海権を強化し、植民地経営を推進した。すなわち、パックスブリタニカを支え特徴づけたものは、イギリスの世界の工業生産・貿易における抜きん出た地位、世界の金融センターとしての経済力、他の追随を許さない海軍力であった。[2]

一九世紀中葉のイギリスは、経済的繁栄と政治的安定に恵まれ、まさに「世界の工場、世界の造船業者、世界の運輸業者、世界の銀行、そして世界の取引所」となり、「自由貿易が時代の支配的な商業哲学」となったとされている。[3]

ちなみに、一九三一年時点で、イギリス帝国の領域は、面積にして三五〇〇万平方キロメートル（南極大陸を除く全陸地面積の四分の一以上）であり、そこに四億九六〇〇万人の人口（世界総人口の約四分の一）を擁していた。[4]

とはいえ、イギリスの工業生産と制海権の優位は、一九世紀後半には、他の欧米諸国特にドイツとアメリカの工業生産の成長と海軍整備によって次第に弱まっていく。こうした状況の中でも、国内における電信の普及から世界的な海底ケーブル網の構築、ニュース報道や出版物の海外展開など、情報の国際的流通面での優位は、むしろこの時期に確立されてきた。この時代、イギリス主導、言い換えれば、情報のパックスブリタニカのもとで、情報流通のグローバル化、世界的な情報ネットワーク形成が進展したといえる。

第2節　電信の普及と社会的影響

腕木通信　電信に先立つ光速通信の先駆け

電信技術の開発や実用化は一九世紀前半に開始され、一八四〇年以降、英米を先駆けとして広くヨーロッパと北米の国々で急速な普及を見せ、日本でも幕末期に伝わり明治期に入ってから整備が急がれた。

ところが、電信の普及に先だって、ヨーロッパ諸国ではフランスを中心に、腕木（うでぎ）通信と呼ばれる通信ネットワークが形成され実用に供されていた。電信の出現によって、やがて廃止される運命をたどるが、電信の忘れられた前身であり、高速通信網の原型ともいえる見逃せない存在である。

腕木通信は、一七世紀末のフランスで、クロード・シャップによって考案された。高い塔の上に据えられた可動式の三本の棒によって多数の形をパターンとして表し、これを符号として言葉を指示する、視覚による情報伝達システムである。約一〇キロメートルごとに設置され、望遠鏡を使って読み取り、リレー式に遠方に伝える。手旗信号に類したものといえるが、建物の上部に据えた大型の機器を使い、リレー式に伝達される点で、はるかに遠距離間の通信を可能としている。[5]

このシステムは、フランス革命期に採用され整備が始まった。電信網に置き換わるまで利用された。今では、セマフォール（sémaphore）と呼ばれるが、当時は、現在電信を指す言葉であるテレグラフ（télégraphe）といわれていた。一七九九年までに全長一四二六キロメートルに及ぶ通信網が構築され、さらに、ナポレオン支配下でのフランスの対外的な軍事進出に伴い、ベルギー、イタリアなどフランスに隣接する地域にまで拡張された。ナポレオン没落後も、フランス国内での整備は進み、一八五〇年頃には全長約五〇〇〇キロメートルに及び、五〇〇局以上の通信所が置かれていた。

腕木通信の主な利用目的は、軍事や行政の情報の伝達といった公用が主であり、例外的には、国営宝くじの当選番号の伝達に用いられたが、これも公用のうちであろう。商業目的での利用の要望も多く、民間事業として同じ方式でネットワークを張る試みもなされたが、十分な需要がなく頓挫している。また、腕木通信網の従業者を買収し、株式市況の速報に流用する事件も起こっている。

同様なシステムは、イギリスやプロシア、ロシアなど他のヨーロッパ諸国でも構築された。

電信の発明と普及

他方、一八世紀から一九世紀にかけてのヨーロッパでは、イタリアのアレサンドロ・ボルタによるボルタ電池の発明など、多数の科学者によって電気についての科学研究が進展した。そして、電気を利用した通信システムが様々試作された。その中から、アメリカとイギリスにおいて、実用的なシステムが開発され、ネットワークが構築されるに至った。

アメリカでは、サムエル・モースとアルフレッド・ベイルにより、一八三七年にモールス電信機が発明された。これが、後に一般に用いられるモールス符号を使ったシステムで、一八四四年には、ワシントン・ボルティモア間約六四キロメートルを隔てて電信の実験が行われ成功した。その時、送信されたメッセージが、有名な「神の行いしみ業"What HATH GOD WROUGHT"」である。

他方、イギリスでは、ウイリアム・クックとチャールズ・ホイートストンによって、一八三七年に五針電磁式電信機が作られ、特許を取得している。これは、グレートウェスタン鉄道に採用され、ロンドンのパディントンとウェストドレイトンの間二一キロメートルの電信が開設された。

このように、電信の発明は、アメリカ人、イギリス人の研究者や発明家によって先鞭がつけられ、システムとして実用化され事業化された。そして、両国において、他国に先んじて電信のネットワーク構築が進められた。

当時、イギリスは、世界で工業化の先頭を走る先進国であり、アメリカは、これを急速に追い上げつつあった。当初東海岸の一三州から建国したアメリカは、やがて西に向かって領土を拡大していったが、広大な国土においては、人や物資の輸送距離が長く、それだけ電信の効用は大きく、電信網の発達は急速であった。

アメリカでは、一八四六年には、ワシントンDCとボルチモアの間約六四キロメートルを結ぶモールスの実験線が稼働するのみであったが、その後急速に電信線の敷設が進展し、一八五二年頃アメリカ全土には、三万六八〇〇キロメートル以上の電信線が張り巡らされ、さらに、一万六〇〇〇キロメートルが建設中であったという。一八六一年には、大陸を横断して太平洋岸のカリフォルニア州まで電信線が伸びている。それまで、東西間には、「ポニー・エクスプレス」とう騎馬の運送員を使った郵便配送ビジネスが、ミズリー州セント・ジョセフとカリフォルニア州サクラメントとの間約二八〇〇キロメートルを一〇日間で結んでいたが、このルートに沿った電信線の開通後、廃業となってしまった。[6]

もう一つの電信先進国イギリスでは、アメリカに比べて電信網の発達は、はなばなしいものではなかったし、国土のサイズから言ってもそれほど長大なものにはならなかったが、着実に整備が進んだ。電信はまず鉄道線路に沿って敷設され、一八四八年にはイギリスの鉄道沿線の半分程度に整備されていたが、一八五〇年時点では、イギリス国内全体で約三五〇〇キロメートルの電信線が引かれていた。[7]

電信網の整備は、一八四〇年代から一八五〇年代にかけて、ヨーロッパの他の国々にも広がり、既存の腕木通信のシステムに置き換わっていった。腕木通信の元祖フランスでも、一八五五年までにすべて廃止されている。

一九五二年時点では、プロシアでは首都ベルリンから放射状に約二四〇〇キロメートル、オーストリアでは約一七〇〇キロメートル、カナダでは約一六〇〇キロメートルといった具合であった。フランスは、光学式テレグラム（腕木通信）の最先進国としての伝統が電信の発達に足かせとなったようで、約一二〇〇キロメートルにとどまっていた。この後も、各国内で電信網の整備は急速に進んだ。[8]

日本では、一八四九年（嘉永二年）に蘭学者佐久間象山が、電信機を試作して実験したとあるが、その後一八五四年（安政元年）に再来航したアメリカの使節ペリーによってモールス電信機が持ち込まれ、模型の蒸気機関車とともに、横浜で実演されている。一九七〇年（明治二年）には、東京・横浜間で電報の公衆サービスが開始され、以後、電信網の整備が急がれた。

なお、電信網の延長距離とは別に、電報通数で普及の度合いをみると、一八七一年の時点で、イギリスが一一八〇万通と最も多く、次いでアメリカが一一〇〇万通でほぼ同じ規模であり、他には、ドイツ八八八万通、フランス五〇〇万通、イタリア二六〇万通であった。一八七〇年一月に東京・横浜間で開業し、電信網整備が緒についたばかりの日本では、一万八〇〇〇通の利用にとどまっていた。[9]

ところで、後述するように、多くの国々が国境を接するヨーロッパでは、早くから各国間で接続されて国際通信に用いられようになるが、ほどなく海底ケーブルの敷設によって、海を越えた通信網が形成される。早くも、一八五〇年には、英仏海峡にケーブルが敷設され、一八五八年には、大西洋横断ケーブルが開通した。ただ、残念ながら四週間で通信不能となってしまい、その後、一八六六年に新たに敷設されたケーブルにより運用可能となっている。

海底電信ケーブルは、一八五二年には総延長で四六キロメートルに過ぎなかったが、一八九五年の段階では世界全体で三〇万キロメートルを超え、一九〇三年には四〇万キロメートル以上に達している。[10]

になる。

電信の役割と影響

欧米諸国の間でも、電信事業の初期の発達は、国によって事情が異なるが、いずれにしても、またたく間に用途が広がり、結局のところ、経済目的の情報伝達や個人・家族の通信が大半を占めるようになる。

イギリスでは、鉄道会社をスポンサーとして、民間事業として開始され、当初鉄道の運行管理への活用が主目的であったが、経済界や個人の需要が拡がった。やがて、低廉な料金の実現を目的として、統合・国有化されることになった。

一八五四年の時点でイギリスでは、電信の利用は、五〇%が株式関連、三一%が商業関係、一三%が個人的利用（家族関係）であったといわれる。[11]

フランスでは同じ頃（一八五八年）、株式三九%、商業三三%、個人二〇%と、イギリスに比べると個人利用が多かった。いずれにせよ、経済活動を中心に民間での需要が大きい。[12]

距離を克服するという電信の持つ利点は、距離が遠くなるほどその妙味を発揮する。ということは、国内の遠隔地への通信はもちろん国際通信への需要も当初から大きかった。フランスでは、一八五一年、国際通信の利用が、通信量で四七%を占め、大きなウェイトを占め、利用の目的は、株式関係が六二%と大半を占めた。経済関係と個人利用を除くと、外には、報道機関と鉄道会社である。

電信の普及によって、株式取引の世界では、他の株式市場について、信頼性の高い情報が迅速に入手可能となった。まさに一九世紀の中葉、イギリス、フランスでは鉄道投資ブームとなり、これに伴い株式市場が大きく発展をみせた。そして、これに連動するように電信の通信量も飛躍的な成長をみせている。そして、経済情報の速報業者が現れ、たとえばアメリカでは、一八六七年に、ゴールド・アンド・ストック・テレグラフ社が設立され、金と株式の市況情報を会員制で提供した。

アメリカのトーマス・エジソンは、史上名立たる発明王であり、電燈や蓄音機の発明がその代表的功績としてよく語られるが、若き日には、電信技手として働き、電信の伝送方式の改良や電信を利用した株価表示器の開発など電信関係の発明で実績を上げ、その後の活躍の土台を築いている。

電信は、一九世紀において、最先端のテクノロジーであり、その改良や応用をめぐって多くの発明家、技術者がその才を競った。電信システムも、モースやクックの初期のシステムから、システムの効率性、経済性を改善するために、主に、一本の電信線で複数の信号を同時に送る回線の多重化や、オペレーターによる送受信の自動化が追求された。

このように、経済活動に関係した電信の利用が主流を占めたのであるが、これは、単に情報の伝達を迅速にして、業務を効率化しただけでなく、様々な分野で業界の勢力図を塗り替えるような構造変化まで引き起こす要因にもなった。

たとえば、一九世紀後半には、ロンドンを中心としたイギリス銀行業の急速な発達がみられ、ロンドンに本店を置く巨大銀行が、多数の支店をイングランド各地に擁することになった。鉄道の発達と、これに支えられた郵便の迅速化と並んで、この時期の電信の急速な普及は、大規模な支店網の管理統轄に重要不可欠な役割を果たしていた。この頃、国際電信網の拡大も相まって、ロンドンの金融センターとしての突出した地位が確立される。[13]

世界的な動きとしては、一八六六年の大西洋横断海底ケーブルの稼働以来、二〇世紀初頭までに、全世界的な海底ケーブル網ができ上がる。この時期、世界各地に外国為替銀行の店舗が開設されて、貿易に伴う資金の決済の便宜が整い、また、汽船会社の定期航路も各地を結ぶようになって、人と物の移動が容易になった。こうした状況を背景に、それまで遠隔地間の貿易は、自ら豊富な資金と船舶を持つ大手商社に依存していたが、より小規模な業者にも参入が可能になり、大手商社の独占的な地位が崩れた。幕末に来日し長崎で事業を営み、西南雄藩との連携関係で知られる、スコットランド人トマス・グラバーも、大手商社から独立した新規参入の中小貿易商の一人である。

一九世紀後半には、国際電信網の発達や蒸気船によるより安定した長距離輸送の実現によって、世界各地の各種の農産物や商品を、生産地と消費地で直接取引することが可能になり、交易品をいったんどこかの大市場に持ち込む必要性が減少した。

そして、世界各地の主要な商品市場の間にも、情報の迅速な交流と密な連係関係が形成されていった。J・キエフの言によれば、リバプールの綿花・穀物市場とニューヨークの綿花市場・シカゴの穀物市場とが密接な関係になったように、「電信が世界市場（world market）を可能にした」のである。[14]

日本では、一八六九年に電信が開設され、一八八〇年代には主要都市を網羅するが、当初は「官報」（公用の利用）が多かったが、一八七九年の時点では、「私報」（民間による利用）が九〇％を占めた。この民間利用のほとんどは、経済関係の情報伝達であったとみられる。

幕末から明治期にかけて、日本の輸出の重要品目は生糸であった。この生糸貿易では、生糸産地と海外への販売市場である貿易港・横浜とを結び、市況情報の入手で優位に立っていた大手の生糸売込問屋が支配的で、大きな利益を得ていた。ところが、電信網の整備が各地の生糸産地に及ぶにつれ、有力生産者は電信を利用して市況情報を自ら入手し、取引関係の立場を有利なものにした[15]。

他方、行政や軍事を目的とした利用も、数的なウェイトは小さくとも、重要性においては大きなものがあった。

たとえば、警察関係では、犯罪容疑者の追跡・逮捕に一役買うことになった。一八四五年にイギリスの地方都市で起こった殺人事件の犯人が、ロンドンに向けて鉄道で逃亡を企てたところ、その風体などについて電信で通報され、いち早く逮捕につながった例が、よく引き合いに出される。

外交活動でも、本国と在外公館や政府間での通信が迅速化し、外交関係の動きにも影響を与えた。また、各国が他国と外交交渉を有利に進める上で重要な手段となった。一例として挙げれば、イギリスとフランスのアフリカ進出をめぐるスーダン南部での対立、一八九八年のいわゆる「ファショダ事件」に際して、電信網の利用で不利な状況にあったフランス側が、外交折衝に際して大きなハンディを背負うこととなった。

軍事面でも、軍隊の動員や再配置、作戦行動が、迅速かつ効率的に行えるようになった。一八五四年三月に勃発したクリミア戦争は、「電信が初めて戦略的な意味を持った戦争」といわれ、イギリスとフランスの政府は、クリミア半島まで電信線を伸ばす工事を急いでいる。以後、各地での戦争や二

○世紀の二度の世界大戦などで電信は、戦略上不可欠な手段の一つであった。

電信は、また、報道の世界も一新した。一九世紀すでに欧米諸国では、各地で新聞の発行が広く行われていたが、内容といえば、発行地の地域情報が主であり、他の遠隔地それも外国の情報となると、数週間、数か月遅れもザラであった。電信の普及によって、ニュースの伝達が迅速化し、遠方の事件も逐次速やかに伝えることが可能となった。そのニュースというコンテンツを組織的に取材し提供する業者として、アメリカではニューヨークの新聞社が共同で設立したＡＰ（アソシエーティッド・プレス）や、ヨーロッパではロイターなどの独立した専門通信社が、電信を駆使して事業を成長させた。

電信への期待と評価

電信も、多くの発明や新手の事業と同様に、世に姿を現した当初には怪しげな話と受け止める人々も多かった。世界に先駆けて電信事業を実現したイギリスのクックやアメリカのモールスも、議会や政府への働きかけに努めたものの、すぐには良い結果を得られなかった。

しかしながら、事業としての第一歩を踏み出し、電信の有用性が世間で認知されるにつて、一転して、絶大な賛辞と期待を浴びることとなり、一九世紀最大の画期的な発明ともみなされた。その効用が、行政、軍事、経済などの各分野での活動や個々人の日常生活まで幅広く及んだからである。

そして、海底ケーブルにより大洋を越えて国々をつなぐ電信網が実現した時、その役割への期待は一段と高まった。一八五八年に、初めて大西洋横断ケーブルが開通した時、ボストンとニューヨークでは、一〇〇発の祝砲がとどろき、国旗がはためき、教会の鐘が鳴り、熱狂的な興奮に包まれたという。多くの識者によって、異なる国々の人々が電信による迅速な情報交流により相互の理解を深め、世界平和をもたらすものとの期待が語られた。[16]

電信が、遠距離間の情報伝達を瞬時（といっても実際には数時間、場合によっては数日以上を要するが）に可能にし、商取引の効率化に大きく寄与したことは確かであり、市場経済の発達にとって不可欠の基盤となった。また、欧米諸国や日本などにとって国民国家としての内部的な結びつきを強化し、さらには、外交や植民地獲得などの対外的活動を支える戦略的手段として重要なものであったといえる。ただ、世界平和の実現という点では、残念ながら、その予想が現実のものとならなかったのは、歴史が示すところである。むしろ、いったん戦争となれば、軍隊の動員、配置から戦場での作戦遂行まで軍事活動の重要な手段となった。

電信による世界的な通信網は、伝達される情報の量からいって、いまだ利用範囲は限定されたものであったが、まさに世界を瞬時に駆けめぐる情報の流れを創り出したことでは画期的な役割を果たしたといえる。また、電子的な情報伝達の発端となり、電話、ラジオ、テレビ、コンピュータなど、後に展開する様々な電子的メディアの先駆けをなした点では史上画期的な出来事であった。

電話の登場と電信の衰退

このように、電信は、一九世紀前半における一大発明として、急速に普及し、社会的に大きなインパクトを与え、その役割について大いなる夢と期待が持たれていた。振り返れば、電信は、同世紀の後半に全盛期を迎えたといえるが、しかしながら、その頃、新たな通信手段が脚光を浴びて世に現れていた。電話である。

電話は、アメリカのグラハム・ベルによって発明されたとされる。その原理や可能性については、フランスの発明家シャルル・ブルサールの提案（一八五四年）やドイツの科学者ヨハン・フィリップ・ライスの実験（一八六一年）によって明らかにされていた。ベルは、実用的な電話機を開発し、一八七六年にアメリカで特許が認められて、一八七七年にベル電話会社を創設した。以後、電話は、アメリカを中心に急速な普及を続けることとなる。

電話の登場は、電信を次第に影の薄い存在としていく。電信と違って、情報の送り手と受け手が、専門の技能者による送受信や配達人の労を介することなく、直接音声でやり取りできるメリットがある。ベル電話会社が創業時に出した広告でも、熟練したオペレーターが不要で直接ことばで会話できることを強調している。

とはいえ、一九世紀後半から二〇世紀の中ごろにかけて、電話の普及もまだ漸次拡大中であり、また、電話料金の遠近格差から、電話は主に市内通話を中心に利用され、電信もまた情報の伝達手段として重要であり続けた。

最終的には、電話の普及に加えて、ファクシミリ通信や電子メールの利用拡大など新たな画像・データ通信の出現によって、電信はその使命を終え、現在では、わが国の場合、主に慶弔用のメッセージにその役割を残している。

第3節　情報のパックスブリタニカ

世界的な海底ケーブル網の構築

イギリスは、一九世紀に世界的な通商活動と植民地形成で他国をリードし、覇権国家の地位を固めたが、世界的に広い範囲にわたる本国と植民地からなる帝国内では郵便網が整備されるとともに、海底ケーブルを含む世界的電信網を構築し、帝国の領土外の地域へまでそのネットワークを拡大した。他の有力な西欧諸国、フランス、ドイツなどに小国デンマークの企業も加わって、陸海で国際的な電信網が競って構築され、全体として世界的な電信網が形成されることとなった[17]。

電信は、ヨーロッパ大陸諸国においては、早くから国際間の通信にも用いられるようになるが、海により隔てられた国家間での海底ケーブルによる交信は、まず一八五一年にイギリスのブレット兄弟により、ドーバー海峡横断でイギリス・フランス間の業務が開始された。

この後一八五〇年代に、イギリス周辺海域、北海、地中海から、さらにはインド、オーストラリアの周辺海域でも海底ケーブルが敷設され、実用に供された。

大陸間の海底ケーブル敷設は、まず大西洋において試みられたが、その先駆けとしてアメリカのニューヨークからニューファンドランド（現在のカナダの一部）間に海底ケーブルを含む通信回線が一八五六年に開かれ、次いでニューファンドランドとイギリスとの間のケーブルは工事難行の末、一八六六年に成功をみた。

なおこの事業はイギリス人技術者F・N・ギスボーンとニューヨークの商人C・W・フィールドにより進められ、特に大西洋横断ケーブルはフィールドが中心となって設立したイギリス法人アトランチック・テレグラフ社により事業化された。

この後一九〇〇年代初頭にかけて、北大西洋を横断する複数の海底ケーブル網が敷設され、数社間での競争が展開された。

イギリスは、一七八三年にはアメリカの独立により北アメリカ植民地の重要な部分を失っていたとはいえ、一九世紀の中に世界に広がる領土群を持つ帝国を形成した。この帝国領土の経営のためには、通信網の確立を必要としたが、特にインド方面との連絡には努力が払われた。

一八六八〜七〇年にかけて、地中海、紅海、インド洋において三区間に分けて海底ケーブルが敷設され、これらを一体として、一八七二年には国際通信企業イースタン・アンド・アソシエイティド・テレグラフ社（以下、イースタン）が形成された。

この他、陸路においても、イギリス、ドイツ、ロシアの共同事業として、オスマントルコ帝国経由のイギリス・インド間の通信網が建設され、一八七〇年から一九三一年にかけて、イースタンと競争しつつ業務を続けた。
インド以東の極東、オーストラリア方面に向けて、複数のイギリス企業による海底ケーブル網の建設がなされたが、それらは一八七三年にイースタンに統合され、イースタン・エクステンションとなった。イギリスと東アジア、西太平洋地域を結ぶ海底ケーブルによる電信網が一応完成し、一つの企業により運営されることになったわけである。

なおほぼ同時期にロシア経由で、ヨーロッパと東アジアとを結ぶ電信網がロシア政府の後援の下に、デンマーク企業により実現し、わが国へも接続するが、これは後で触れることにする。

イギリスによる太平洋でのケーブル網の構築は、本国とカナダ、オーストラリア（三植民地）、ニュージーランドの各政府が共同で行い、一九〇二年にカナダとオセアニアとを結ぶルートを完成している。これでイギリスは、三大洋を通じた世界的な海底電信網を、自国政府または企業の回線により確保したことになる。

これまで述べてきたイギリスの海底電信事業は、イギリス政府による補助金の支出や外交的支援等の側面的援助はあったにせよ、事業形態としては私企業による事業であったが、太平洋ルートの建設においては、初めて政府出資の事業形態をとった。

こうして、海運力や海軍力で世界の覇者となったイギリスは、海底ケーブルを活用した世界的な国際通信網の実現においても、主導的な役割を果たすことになった。

海底ケーブルを介した国際電信網の構築に際しては、①帝国各地への政府命令・公文書の即時通信・返信、②商業目的の業務用通信、③警察・軍関係の利用が主な目的とされており[18]、また、経済界において、帝国各地域間の直通電信による連絡の確保が、①防衛力の強化、②貿易・投資の促進、③共通の利害関係の強化に資するものであると認識されていた[19]。

本国から遠い植民地の経済開発にも、電信による情報伝達は重要な役割を持ち、帝国内の電信網の拡張には、植民地側からの強い要望があり、特に遠隔の地にあるオーストラリアでは切実なものがあった[20]。

電信網は、軍事・行政面での利用によって帝国統治の要となり、世界に広がる植民地統治の有用な手段として活用された。とはいっても、一八世紀におけるアジアやアフリカの各植民地をめぐる流動的な状況のもとでは、現地総督の独断や裁量に委ねざるを得ない状況があったが、地域の情勢が安定化するにつれ、本国からの電信を介した統制が強まっていったようである[21]。

また、経済活動面では、取引情報の即時伝達によって、植民地での商品生産を促進し、商品取引の実態にも影響を及ぼして、後述するように、ロンドンの経済活動にも影響を与えるものであった。そして、ニュース報道での利用によって、世界的、即時的な情報共有を可能とした。もともとイギリスに限らずヨーロッパで電信の利用は、鉄道業における業務上の用途が先行して発達をみたが、新聞もまた電信にとって最良の顧客となっていた[22]。

他の欧米諸国の動向

こうしたイギリス主導の国際通信網（海底電信網）構築の動きに対し、他の主要欧米諸国も自国の企業による電信網の構築を積極的に後押しして対抗した。

特にアメリカは、イギリスと大西洋において協力関係もあった反面、南アメリカの大西洋岸での海底電信事業をめぐり激しい競争関係に立った。また太平洋においても、イギリス系の海底ケーブル網とは別に、アメリカ西海岸からハワイを経て、極東（フィリッピン）に至るケーブルを構築した。フランス、ドイツも独自の通信網の構築を試み、イギリス系通信回線への依存から脱却を図った。

こうした中で、ヨーロッパの小国デンマークの企業であるグレート・ノーザン・テレグラフ（大北電信）は北海（バルト海）と日本海・東シナ海の海域において、海底ケーブル網を建設し、これとロシア国内を東西に横断する電信網と接続し、東アジアと欧州との間で電信事業を営んだ。一八七一年（明治四年）にはウラジオストック―長崎間、及び長崎―上海間へのケーブル敷設が完了し、わが国と欧州、中国との通信回線として用いられた。これは一九〇六年（明治三九年）に日本・アメリカ間の太平洋ケーブルが開通するまで、わが国にとり唯一の対外通信回線であった。

こうした各国間の激しい競争にもかかわらず、結局のところ、一九世紀末期（一八九二年）において、イギリスの優位は歴然としていた。

各国の保有する海底ケーブルの総延長二四万キロメートルのうち、イギリスは全体の六六・三％を占めていた。これに次ぐのは、アメリカの一五・八％であり、さらにフランス八・九％、デンマーク五・三％が続いていた。ただ、二〇世紀に入りイギリスのシェアはやや低下し、他の国の追い上げが顕著になるが、一九二三年の時点では、総延長三〇万キロメートルのうち、なお五〇・五％を占めていた。他国の中では、アメリカが二四・二％、フランス一一・〇％と伸びをみせ、日本も二・六％のシェアを占めるに至っている。[23]

すでに一九世紀後半期には、欧米諸国では電信の普及は目覚ましく、各国とも一応の技術水準を持ち、工業化の進展においても急速にイギリスを追い上げつつあった。にもかかわらず海底ケーブルによる電信事業において、イギリスが優位を占めるに至った理由として、次の点が考えられる。

① 世界的な領土展開

植民地獲得競争において優位を収め、全世界的に領土を得たことにより、海底ケーブル敷設に不可欠な陸揚地に事欠かなかった。

② 海外事業のための資本と経営力、外交面での支援力

産業革命を他に先駆けて遂行し、海外における事業に投下する資本が豊富に存在した。また世界的な植民地経営や、交易事業の展開の中で、国際的な事業を遂行する経営能力に恵まれていた。さらに民間の国際的事業活動に対し、外交面で支援していく力においても優っていた。

③ 通信需要

世界的な植民地経営や通商、投資活動の展開に伴い、通信活動も活発になされており、電信による情報伝達への大規模で切実な需要が存在した。

④ ケーブル用材料（ガタパーチャ）の確保。

海底において長期間腐食することのない絶縁材料として、当時は熱帯産植物を原料とするガタパーチャが用いられたが、この原料植物をマレー半島等で積極的に栽培し確保できた。

無線電信の出現とその影響

ところで、二〇世紀に入ってから無線電信が普及し、国際通信の領域で大きな転機を招くものとなった。これによって、国際通信網も再構築されることになった。

無線電信の発明者は、イタリア人マルコーニとされている。同人はイギリスにおいて事業化を開始し、一八九七年にワイヤレス・テレグラフ・アンド・シグナル社を設立、同社は後にマルコーニズ・ワイヤレス・テレグラフ社と改称する。これを皮切りに一九一〇年代には欧米各国に進出し、マルコーニ系の子会社を次々と設立していった。

当初無線電信は主に船舶通信用に使用されたが、技術的進歩と共に用途も広がり、従来の有線電信網の一部を補完・代替するようになる。

マルコーニは早くから大西洋横断無線電信への夢を持ち、一九〇〇年に実験に着手し、一九〇七年にはイギリス—カナダ間で公衆電報の取り扱いを始めている。

同じ頃からイギリスをはじめ欧米諸国は、無線電信網の構築に力を入れる。イギリスは、一九二四年までに世界に散在する帝国領土を通じる無線電信網を完成させている。

ただ、無線電信への積極的方策は、他国にとってはより重大な意味があった。すでに海底ケーブルによる大陸間電信事業においては、イギリスの圧倒的優位が動かし難かったが、無線電信はこれに対抗する新たな有力な手段と考えられたのである。わが国も一九一六年（大正五年）に対ハワイ無線電信を実現している。

無線電信の普及は国際通信をめぐる国家間の競争関係に一石を投じたわけであるが、他方既存の有線電信（海底電信）との間にも競合関係を強め、その経営を圧迫するものとなった。

この事態に対応するために、イギリスでは両系統の通信企業の統合（合併）が行われた。すなわち一九二九年、イースタン・エクステンション（前述）の流れをくむ海底電信企業や、マルコニー系企業の無線電信設備（製造設備を除く）等を併せて、インペリアル・アンド・インターナショナル・コミュニケーションズ社を形成した。同社は一九三四年には若干の企業を加えて、ケーブル・アンド・ワイヤレス社（C&W）と改称した。この会社は第二次世界大戦前においてはイギリス本国を中心に、世界中の帝国領土及び多くの国、地域を結ぶ通信網を一体的に保有する、世界最大の国際通信事業者であり、イギリスの国際通信における覇権の担い手であった。

戦後、国際通信をめぐる状況や制度の変化によって、同社の事業は大幅に縮小したが、一九八〇年代以降、競争導入と促進を進めるイギリスの通信政策のもとで、再び電気通信企業としてその存在が注目されることになる。[24]

国際的報道通信

電信の普及とともに、ニュース報道の世界に大きな変化が訪れたことは前に述べたが、ニュース配信の分野に目を向けると、ドイツ生れのポール・J・ロイターが、一八五一年ロンドンに開設したロイター通信社が、一九世紀後半から二〇世紀前半にかけて国際的なニュース報道の分野で他をリードする立場に立った。その年は、ちょうどドーバー海峡に海底電線が敷設された年であるが、同社は、当時急速に発達をみた国際電信網を積極的に活用し、ある時期には同社自身が国際電信やこれを用いた為替業務などを展開していた。

電信網が構築される少し前から、イギリス、フランス、ドイツ（プロイセン）を中心に国際的なニュース配信企業が活動を開始しており、やがて国内外の電信網を活用しつつ、その活動網を整備・拡張して激しい競争を展開した。そして、それらの中でもロイター社が優位を占めるに至った。ちなみに、一八七〇年には、ロイターとアバス（フランス）、ヴォルフ（ドイツ）の三大通信社により、国際的なニュース配信の市場分割協定を締結し、3社の中でもロイターは、大英帝国領内や極東地域などでの独占権と欧州大陸内での一定の権益を確保して最も優勢な立場に立った。[25]当時、ニュース配信は、商品や金融の取引市場関係の情報伝達と並んで国際電信における主要なユーザーでありコンテンツであった。日本にも一八七二年（明治五年）、同社からヘンリー・コリンズ（Henry M. Collins）が派遣され、日本の新聞に掲載される外電はもっぱらロイターの電報であり、前記の協定によって日本もロイターの市場とされていたのである。

出版と科学・技術

電信やその直接的な関連ビジネスとは離れるが、イギリスの情報面での優位性は、出版物や科学・技術上の業績など、いわばコンテンツの生産・流通（輸出）にも表れていた。

グーテンベルクを金属活字印刷の先駆者として、ヨーロッパ大陸で印刷・出版業が急速に発展をみせた一四世紀から一五世紀にかけては、イギリスでも次第に印刷・出版業が発達したが、イギリス国内市場を対象としたローカルな存在にとどまっていた。その後、政治的変革、経済的発展、海外進出を遂げて、一九世紀中葉（ヴィクトリア朝中期）には、生活水準の向上と識字率の上昇を背景に新聞発行や出版活動が隆盛となった。

一八〇〇年時点ではイングランドとウェールズの識字率は六五％に過ぎなかったが、一八七〇年までに八〇％にまで上昇し、普通教育の義務制への途を開いたとされる一八七〇年初等教育法施行後は、一九〇〇年にはさらに九七％の水準にまで達している。[26]

識字率の向上と並んで、鉄道網の整備、印刷技術の発達や一八五五年のスタンプ税（新聞や雑誌の発行に課されていた税金）廃止によって、新聞の発行紙数と発行部数がともに一九世紀後半には飛躍的に増大した。一八五一年には五六三紙が発行されていたが、一八八〇年には一九八六紙と三・五倍に増大しているし、一八三一年に月平均三二四万部、人口一〇〇〇人当たり一三七部であった発行部数も、一八八二年には月平均一億三五〇〇万部、人口一〇〇〇人当たり三七〇〇部と急成長を遂げている。ジャーナリズムの大衆化が進展した。[27]

そして、国内、植民地のみならず他のヨーロッパ諸国やアメリカでも、イギリスの出版物特に小説が愛好され、出版物の輸出が行われるようになるが、他方、海外での海賊版が横行したため、その対策としてイギリス政府は、他国と著作権保護のための二国間条約締結を進め、やがて、多国間条約としてベルヌ条約の締結（一八八七年）へと展開した。[28]

ところで、年表上の掲載事項をもとにした分析によれば、イギリスは一八世紀初頭前後に科学的業績の面で相対的に優勢な地位にあったとされる。[29] これは一六世紀後半におけるイタリアの地位を継いだ形であるが、やがて、その位置は、フランス（一九世紀初頭）、ドイツ（一九世紀の中期と後半）、アメリカ（二〇世紀中期以降）へと移行した。とはいえ、一七世紀後半以降もイギリスは、科学研究活動の有力な中心地の一つとしての地位を占め続けることになる。

技術面での国際的な優位性を特許数で分析すると、一七四〇年から一九九〇年にかけての二五〇年間の変遷として、一七世紀から一八世紀にかけてはイギリスの主導権が顕著であり、一九世紀に入ってアメリカがリードするところとなり、さらにドイツが有力国として成長を遂げ、二〇世紀には日本が台頭する。[30] アメリカの優位のもとでも、イギリスも、一九世紀から二〇世紀の前半にかけてドイツと並ぶ技術的な有力国としての地位を保つ。

大英帝国の盛衰と情報ネットワーク

イギリスは、①通商・植民地経営を含む海上活動での優位、②相対的に自由な政治・経済体制、

③産業革命で世界をリードし工業生産での優位を背景に、情報面では、①世界各地の状況についての情報の集積、②国際的な商品・金融取引に伴う世界的情報センター化、③科学・技術面での有力性、④出版活動での相対的優位性、⑤国際通信と国際報道面での圧倒的優勢を築き、総じて情報の集積とその国際的流通において他国を圧する優位性を形成した。

イギリスの国力の相対的な盛衰という観点からいえば、電信のネットワークは大英帝国の最盛期に構築され、二〇世紀半ばに至る衰退期に完成をみるものといえる。したがって、世界的な電信網が大英帝国の隆盛をもたらした要素とはいいがたいが、むしろ、現代風にいえば「情報化」の推進が、衰退過程におけるソフトランディングを可能にし、最盛期の繁栄の遺産が、現代においても国際的な情報センター機能として残ることに与ったとの評価もなされている。[31]

第4節　世界の情報ハブ・ロンドン

都市ロンドンの歴史的形成

イギリスの国土は、大ブリテン島を中心とし、面積は二四万平方キロメートル（日本の六五%）、は南北に伸びた台形状で東南部は平野、北西部は山脈が走っている。北海道とほぼ同じ緯度に位置するが、気候は海流の作用で比較的温暖で、一年を通して年較差が比較的小さい。周辺地域との位置関係を見ると、ドーバー海峡を隔てて欧州大陸に、また北海を挟んでスカンジナビア半島に対しており、このため、大陸諸国に対し相対的独立性を保つと同時に、南北方向の交通上の通過位置に当たる。

都市形成の歴史は、ローマ帝国の統治下でその文化的影響のもとに開始された。ローマ帝国によるイングランド統治は、紀元前五五年から五四年にかけてのシーザーの遠征に端を発するといえるが、本格的イングランド征服がなされたのは西暦四三年以後のことである。ロンドンでは、二世紀末には市街地を取り巻く城壁の建設がなされ、東西二キロメートル、南北一キロメートル、現在のシティの区域が形成された。

ここは、テムズ河河口より約九〇キロメートル遡った位置にあり、川幅は一八〇〜二七〇メートルであって、河港及び渡河地点を兼ね、対外交流と国内南北交通の要衝となった。

ロンドンはローマの属州ブリタニアの首都となり、最盛期にはその人口は四・五万から五万人であった。そして、ここを起点に全国に道路網が建設された。ローマ帝国の支配領域は三世紀初頭には、スコットランド中部まで及び、当時イングランドでは、ローマ軍の要塞を核として各地で都市形成が進み、その中ではロンドンが中心的位置を占めていた。

その後ローマ帝国が衰退し、その統治能力と文化的影響力は次第に後退、四三〇年には最後のローマ軍団が撤退し、一時期、都市の全面的衰退現象がみられた。

やがて九世紀には、ロンドンの再建がなされ、イングランド南東部を中心に、商工業中心地として都市の発達が見られるようになる。一〇世紀前半に、全イングランドの政治的統一が実現し、都市ロンドン及びその周辺地域は、商工業中心地であるのみならず、イギリス全土の政治的首都としての機能を集積していくことになる。一一世紀にはノルマンの侵入・征服があり、それ以後封建制の確立が進み、都市の自治権獲得がなされるようになる。ロンドンは一二世紀末に自治権を獲得し、人口は二・五万人程度の規模であった。

一四世紀には、貿易の発展（羊毛、毛織物）を背景に、中期には人口は五万人近くに達した。ちなみに、同時期のパリは二〇万人以上であった。

一四八五年のバラ戦争終結（ヘンリー七世）以後は、チュダー朝絶対王政下で中央集権化が進み、王宮所在地ウエストミンスター地区の発展がみられた。

清教徒革命、名誉革命の展開した一七世紀中期には、ロンドンの人口は三五～四〇万になり、一七〇〇年に六〇〇万人規模となる。この間、一六六六年に有名な大火があり、これを契機に建物の不燃化が図られた。一六九四年にはイングランド銀行が設立され、シティにおける金融業発達の基盤が形成された。

一八世紀末から産業革命が展開し、イギリス全土において道路、運河、鉄道の整備が進み、イングランド中部やスッコトランドで工業都市群が成長を遂げた。ロンドンにおいても、一八世紀末から一九世紀前半にかけてパッキンガム宮殿の改築、イングランド銀行や王立取引所の完成、美術館・博物館の開設・拡充、テムズ下流のドック群の形成など、都市施設の本格的整備が進展した。一八～一九世紀には植民地獲得とその開発の展開により、ロンドンは世界的貿易中心地としての基盤が形成された。

一八〇〇年代初頭には、ロンドンの人口は一〇〇万を越えており、同時期のパリ（五五万）、ナポリ（四三万）を凌いで、ヨーロッパ最大規模の都市に成長していた。一八三六年以降、鉄道の市内乗り入れにより、市街地の周辺地域への外延化が進展することになる。一九〇〇年には、世界的にみても主要都市の人口規模は、ロンドンが六五九万人に対し、パリ二七一万人、ベルリン一八九万人であり、ニューヨークが三四四万人、そして東京は一八二万人であり、ロンドンの突出ぶりが際立っている。[32]

世界の情報拠点ロンドン

ロンドンはいうまでもなくイギリス本国の政府所在地であり、また、経済中心地として、同国内で、きわめて大きな中心的地位と役割を築いていた。

すでに述べたように、一九世紀後半には、銀行業の急速な発達がみられ、ロンドンに本店を置く巨大銀行が、多数の支店をイングランド各地に配していたが、鉄道の発達と、これに支えられた郵便の迅速化と並んで、この時期の電信の急速な普及は、大規模な支店網の管理統轄に重要不可欠な役割を果たした。この時期、国際電信網の拡大も相まって、ロンドンの金融センターとしての突出した地位が確立される。[33]

同時に、世界的規模の拡がりをもつ大英帝国の主要都市群（自治領・植民地の政府・政庁所在地、主要港湾都市など）の中心としての機能も担っていた。したがって、イギリス本国内と各自治領・植民地からの軍事・行政機能や経済活動に伴う情報が集中し、また、逆に、命令・指示や出版物など様々な情報がロンドンから帝国内の各地に流れていた[34]。世界的な規模で構築された海底ケーブルを中心とする電信網は、そうした情報の流れを迅速・確実に伝達する手段としての役割を担った。さらに、欧米主要都市の中での卓越した地位にあって、特に国際的経済取引の面で世界的中心地としての役割を保っていた。

一九世紀前半のシティは、元来の港湾商業機能に工業生産機能が付け加わり、世界第一の中継貿易中心地であり、各種の商品取引所が設立された。そして、一九世紀後半には、国際電信網の発達や蒸気船によるより安定した長距離輸送の実現によって、交易品を直接ロンドンに持ち込む必要性が減少した。さらに、船舶の大型化によるロンドン港の役割低下なども相まって、国際通商においては、物流面での役割が低下する反面、取引機能に純化する傾向がみられた[35]。特にロンドンの都心部であるシティには、各種の国際商品取引所や国際金融市場が集積して、まさに世界的な経済情報センターとしての地位を築いていた。

改めて言うまでもなく、海底ケーブルを中心とした世界的な電信網は、その機能を支える重要不可欠な基盤であった。

ちなみに、二〇世紀初頭、ロンドンにはイギリスの代表的海底電信会社イースタンやその系列会社が一緒に所在する社屋があり、そこを世界中に存在する電信ケーブルのほぼ半分が通過しており、全世界の国際ニュース、商業情報、外交公文書の半数以上が伝達されたという[36]。

なお、イギリス政府は、外国企業によるイギリス沿岸への海底ケーブル敷設に対し制限を加えない方針をとっており、イギリス本土を経由する国際電信網の形成を促進するものとなり、ひいては、「世界の情報センターとしてのイギリスの優位性保持に貢献する」こととなった。[37]

全世界の文化資産、文物を集積した施設群

こうした政治、経済面での機能に伴う情報集積にとどまらず、イギリスの世界的な学術的活動の展開により、大英博物館や王立キュー植物園に代表されるような全世界的な知見の集積が構築された。

大英博物館は、一七五九年に開館された世界最初の公共博物館で、エジプト，ギリシャ，ローマ，西アジア，東洋の古代美術，ヨーロッパの中世美術，その他コイン，メダル，版画，素描，写本などを収蔵する世界最大級の博物館である。一九世紀後半に収蔵品が大幅に拡充された。当初から大英博物館には、内部に図書部門も置かれ、世界有数の図書館であり、建物中央部の巨大な円形閲覧室がシンボル的景観をなし、内外の著名人が研究のために訪れた。一九七三年には組織的に分離されて英国図書館となり、一九九八年には図書館の新たな建物への移転により、博物館内の円形閲覧室は使命を終えた。

王立キュー植物園は、ロンドン郊外、サリー県にあって、一二一ヘクタール（上野公園の二・二倍）の庭園内に、一八世紀以来世界中から集められた植物が栽培され、ここを媒介に異なる地域間で多くの品種の移植がなされ、植民地の農業経営にも貢献した。[38] 今風にいえば、遺伝子情報の集積と流通がなされていたといえる。

注

1 Richard Baldwin "21st Century Regionalism: Filling the gap between 21st century trade and 20th century trade rule" November 2010 (version April 2011). http://www.wto.org/english/res_e/reser_e/ersd201108_e.pdf
左記により詳しく内容が展開されている。

リチャード・ボールドウィン著　遠藤真美訳『世界経済　大いなる収斂：ITがもたらす新次元のグローバリゼーション』日本経済新聞出版社、二〇一八年

2 坂本正弘『パックス・アメリカーナの国際システム　パックス・ブリタニカとの比較において』有斐閣、一九八六年、一九三－一九六頁

3 A・ブリッグズ著　村岡健次、河村貞枝訳『ヴィクトリア朝の人びと』ミネルヴァ書房、一九八八年、三頁

4 A・J・クリストファー著　川北稔訳『景観の大英帝国　絶頂期の帝国システム』三嶺書房、一九九五年、三一頁

5 以下、腕木通信についての記述は左記の文献を参考にした。
中野明『腕木通信　ナポレオンが見たインターネットの夜明け』朝日選書、二〇〇三年

6 トム・スタンデージ著　服部桂訳『ヴィクトリア朝時代のインターネット』NTT出版、二〇一一年、六二－六四頁

7 前掲書6、六五頁

8 前掲書6、六五－六六頁

9 ブライアン・R・ミッチェル編著　中村宏、中村牧子訳『ヨーロッパ歴史統計（マクミラン新編世界歴史統計1）』、東洋書林、二〇〇一年
ブライアン・R・ミッチェル編著　北村甫訳『アジア・アフリカ・大洋州歴史統計（2）』東洋書林、二〇〇

二年

ブライアン・R・ミッチェル編著　斎藤眞訳『南北アメリカ歴史統計（マクミラン新編世界歴史統計3）』東洋書林、二〇〇一年

10　D・R・ヘッドリク著　横井勝彦、渡辺昭一監訳『インヴィジブル・ウェポン』日本経済評論社、二〇一三年、三三頁

11　Jeffrey L.Kieve "The electric telegraph: Social and economic history." Newton Abbot: David and Charles, 1973, p.119

12　パトリス・フリッシー著　江下雅之、山本淑子訳『メディアの近代史：公共空間と私生活のゆらぎのなかで』水声社、二〇〇五年、八二－八七頁

13　玉置紀夫「5章　シティの発展」米川伸一編『概説イギリス経済史』有斐閣、一九八六年、一五三－一五四頁

14　Kieve. *op. cit.* p.237

15　石井寛治『情報・通信の社会史　近代日本の情報化と市場化』有斐閣、一九九四年、一一三－一二〇頁

16　前掲書6、八五－八九頁

17　イギリスを中心とした国際電信網の発達については以下の文献を参照。

山口広文「国際通信体制の新局面とわが国の政策的課題――国際通信の歴史的変遷と日英の政策動向を中心として」『レファレンス』37巻12号、一九八七年一二月、二〇－四五頁

村本脩三編『国際電気通信発達略史　世界編』国際電気通信学園、一九八四年

ケーブル・アンド・ワイヤレス会社編　国際電信電話株式会社監訳『ケーブル・アンド・ワイヤレス会社百年史』国際電信電話、一九七二年

Hugh Barty-King 著　国際電信電話株式会社経営調査部訳『地球を取り巻く帯　Cable and Wireless 社並びに

同社の前身の物語』国際電信電話、一九八二年
18　国際電信電話株式会社監訳『英国における海底ケーブル百年史』国際電信電話、一九七一年
19　「大西洋横断海底ケーブルの敷設事業に関するブレット兄弟の提案書」国際電信電話株式会社監訳前掲書17、一一二‐一一三頁
20　「英国商工会議所総会決議」Hugh Barty-King 前掲書17、三三一頁
21　前掲書19、三三二頁
22　前掲書10、八四‐八五頁
23　村本脩三編前掲書17、五頁
24　前掲書10、二七一頁
25　山口広文前掲書17、二〇‐四五頁
26　倉田保雄『ニュースの商人ロイター』朝日新聞社、一九九五年、二〇六頁‐二〇七頁
27　長島伸一『大英帝国　最盛期イギリスの社会史』講談社、一九八九年、一一六‐一一九頁
28　前掲書26、一六七‐一六九頁
29　ジョン・フェザー著　箕輪成男訳『イギリス出版史』玉川大学出版部、一九九一年、二九七‐三〇〇頁
30　湯浅光朝「科学の将来」友松芳郎『自然科学史』創元社、一九六三年、二九五‐三〇一頁
『科学技術史年表』（平凡社、一九五六年）の科学欄に記載の項目を国別・時期別に集計した結果に基づく。
31　井上岳史著『特許が世界を塗り変える　技術覇権250年の攻防』NTT出版、一九九五年、一四‐一七頁
32　土屋大洋「大英帝国のネットワーク」『情報とグローバル・ガバナンス　インターネットから見た国家』慶應義塾大学出版会、二〇〇一年、三七‐五六頁
B・R・ミッチェル編　中村宏監訳『マクミラン世界歴史統計1　ヨーロッパ篇一七五〇‐一九七五』原書

房、一九八三年

『マクミラン世界歴史統計2　日本・アジア・アフリカ篇』原書房、一九八四年

『マクミラン世界歴史統計3　南北アメリカ・大洋州篇』原書房、一九八五年

33　前掲書13、一五三－一五四頁

34　前掲書4、三七－三八

35　西村閑也「シティの歴史と現状」大阪市立大学経済研究所編『世界の大都市1　ロンドン』東京大学出版会、一九八五年、二一八－二四二頁

36　前掲書10、四四頁

37　前掲書10、九六頁

38　前掲書4、五五頁

第6章　欧米における図書館の発達

第1節　印刷革命と図書館の新たな発展

すでに述べたように、ローマ帝国の組織崩壊後のヨーロッパ地域では、六世紀から一二世紀にかけては修道院附属図書館、さらに一三世紀以降は大学図書館の発達をみたが、一四世紀にイタリアでルネサンスの動きが展開を始めて以降、図書館の形態も、教会・修道院や大学に附属した図書館のほかに、王侯貴族や都市有力者による図書館の設立が進み、なかには一般に公開されるものもあった。そして、一五世紀中ごろグーテンベルクによる金属活字印刷の発明は、活字本の出版活動の隆盛をもたらし、大量の書籍が市場、社会に供給されることとなり、諸々の図書館の発達を促す重要な要因となった。

さらに、活字印刷による出版物の成長に対応して、著作権や納本の制度が創設され、特に納本制度は、後に国の中央図書館となっていく国立図書館の設立・発展と結びついて、図書館の世界が国家的なまとまりを深める大きな要素となった。

こうして出版活動と図書館の新たな時代が幕開けする。

ルネサンス期イタリア

新たな図書館設立の動きは、まずルネサンス期イタリアの都市国家で展開した。一五世紀のイタリアでは、群立する都市国家の君主、有力者が競うように書籍を蒐集し私設の図書館をつくり、なかには公開されるものもあった。

代表的な例として、メディチ家によって創設されたマルチアーナ図書館がよく知られている。メディチ家は、フィレンツェの大商人で事実上の政治的指導者の一族であり、多数の文化人、芸術家を庇護していた。メディチ家の当主のなかでも、フィレンツェの支配権を固めたコジモ・デ・メディチ（一三八九～一四六四年）は、人文主義者で写本収集家のニッコロ・ニッコリ（一三六四～一四三七年）の活動を援助した。ニッコリは、多数のギリシャ語、ラテン語の古い文献を筆写あるいは購入し、それらの蔵書を貸出もしていたという。そして、ニッコリの死後、コジモはその蔵書の大部分約八〇〇冊を買い取り、他の書籍も加えて、一四四四年サンマルコ修道院に創設された図書室（「マルチアーナ図書館」）に寄贈して市民に公開している。

書籍収集への熱意は、後代の当主たちにも引き継がれ、特にコジモの孫、ロレンツォ・デ・メディチ（一四四九～一四九二年）は、ビザンツ帝国出身の人文主義者として著名なアンドレアス・ラスカリス（一九四五年頃～一九三五年）を庇護し、当時オスマントルコ支配下のイスタンブール（旧称、コンスタンチノープル）やギリシャなどに派遣し書物の収集に当たらせた。ラスカリスは、数百冊の貴重なギリシャ語古典籍を持ち帰っている。

フィレンツェ以外の都市でも、ミラノのヴィスコンテ家、パヴィーアのスフォルツァ家、フェラーラのエステ家なども、書籍の蒐集、図書館の整備に力を入れていた。ウルビーノ公フェデリーコ（一四二二～一四八二年）は、多くの文化人をサロンに招き、洗練された宮廷文化で知られるが、三〇人以上の写字職人を抱えて系統的な写本収集に努め、その蔵書は、一四八二年時点の目録で、一一二〇冊に及んだとされる。

ルネサンス期イタリアで、もう一つの文化・学術の大中心地である都市ローマに目を向けよう。かつてローマ帝国の首都であったローマは、最盛期には人口一〇〇万人を擁する巨大都市であったが、西ローマ帝国滅亡後衰退を続け、一時期は人口三～四万人の都市と化していた。ただ、カトリック教会の頂点に立つローマ教皇庁の所在地であり、宗教的、文化的中心地としての地位を保っていた。

教皇ニコラウス五世（一三九七～一四五五年）は、道路や水道の再建などローマ市街地の再生に着手するとともに、ヴァチカン図書館の整備に注力した。同図書館は、古くは四世紀頃の文書館に起源を持つとされるが、図書館としての充実は進んでいなかった。

ニコラウス五世は、教皇位につく前は、司書の仕事にも従事した経歴があり、キリスト教関係にとどまらず幅広いギリシャ語文献の収集やそのラテン語訳を推進し、約九〇〇〇巻の蔵書を有する図書館へと発展させた。教皇の意を受けてヴァチカンの使者が、ヨーロッパ中の修道院に派遣され、貴重な手稿や書物を購入や借用によって確保した。ただ、ニコラウスは、書物や図書館に関する寛大ともいえる考え方とは裏腹に、異教徒に対する敵対的な方針を示していた。

ドイツのグーテンベルクによって金属活字印刷が開始された後、イタリアはドイツと並ぶ印刷・出版の中心地となり、とりわけベネツィアはヨーロッパ随一の出版業の集積都市となった。今では出版活動の制度的基盤である著作権制度は、当初は著作者より出版者を保護するために、出版物ごとに認められるようになった。当時、出版される書籍としては、聖書やキリスト教関係書、ギリシャ、ローマの古典といった古い時代の著作物が多かったためである。ベネツィアで、世界で最初に著作権が認められたとされている。その後、一七〇九年になりアン女王治下のイギリスで、現代の著作権制度の源流ともいえる著作権法、「アン法」(略称)が制定されている。

フランス

写本時代の末期から印刷革命後を通して、王室や大貴族、聖職者、官僚、法律家などの間で、各種の書籍の収集が盛んとなった。特に、王室において、大規模な書籍コレクションが構築され、これが、フランス革命後の変遷を経て、現在のフランス国立図書館へと発展していく。

同館の由来は、一三六七年にシャルル五世(在位:一三六四~一三八〇年)によって創設されたルーブル宮内の図書室にあるとされる。しかし、その蔵書はイギリスに持ち去られている。その後、一五世紀末から一六世紀中ごろにかけてのヨーロッパ主要国によるイタリア半島の支配権をめぐる戦乱「イタリア戦争」の際に、シャルル八世（在位：一四八三～一四九八年）やルイ一二世（在位：一四九八～一四一五年）が、イタリア諸都市の宮廷図書館から多数の蔵書を持ち帰っている。さらに、フランソワ一世（在位：一五一五～一五四七年）は、一五二二年フォンテーヌブロー図書館を創設し、他からの移管した蔵書も加えて、ヨーロッパ随一の図書館に発展させた。

他方、フランソワ一世は、一五三七年に「モンペリエの勅令」によって領土内で印刷された書籍の納入義務を定めて、世界で最初に納本制度を創設した。もちろん、その目的は、国内出版物の網羅的な収集と保存というより、言論や出版の監視と統制といった意図が濃厚であった。印刷物の社会的影響力の大きさが無視できないものとなっていたといえる。とはいえ、この制度によって後々のフランスにおける国立図書館の土台を築くことになったといえる。ただ、この法令が実効的に機能するには、一世紀ほどの歳月を要したという。

ところで、フィレンツェで、メディチ家の図書館整備に与ったギリシャ人ラスカリスは、ロレンツォの死後、歴代のフランス国王に仕え、王室図書館の整備に参与し、フォンテーヌブロー図書館では理事職を務めている。書籍といい人材といい、イタリアからフランスへ知的集積が移行する様を垣間見せる。

フランスでは、一七世紀には一段と王権が伸長し、王室関係の図書館が充実をみせるが、時の国王を補佐して絶対王政の強化に努めた宰相のリシュリュー枢機卿（一五八五～一六四二年）やその後継者マザラン枢機卿（一六〇二〜一六六一年）も私文庫を開設した。

リシュリューといえば、「三銃士」のドラマでは悪の権化のように描かれているが、王権の強化、国勢の伸長にまい進するとともに、書籍の蒐集に注力した文芸愛好者でもあった。宰相の座を継承したマザランは、リシュリューへの対抗意識もあってか、図書館思想の先駆者として知られるガブリエル・ノーデ（一六〇〇〜一六五三年）を司書に任じて、イタリア、ドイツなどに書籍の収集に赴かせるなどして、約四万冊の蔵書を誇る図書館を築き上げた。そして、毎週木曜日には学者らに公開している。ただ、残念なことに、フロンドの乱によるマザランの失脚後、蔵書群は競売に付され散逸した。

王室図書館に話を戻すと、一七世紀になるとデュピュイ兄弟から刊本九〇〇〇冊の遺贈を受け、以後刊本の増加が本格的に進んだ。

ルイ一四世治下（在位：一六四三〜一七一五年）には蔵相コルベール（一六一九〜一六八三年）の尽力により、フランス東インド会社による漢籍の入手など、アジアの文献まで含めて蔵書の拡充が図られた。また、貨幣、メダル、版画など書物以外にも収集対象が広がっている。

フランスの王室図書館は、一七三五年頃から一般に公開され、フランス革命（一七八九年）前には、刊本約一五万冊を擁するフランス最大の図書館になっていた。やがて、革命後の混乱期を経ながら、修道院などの蔵書も併せつつ、王室の図書館から国立の図書館へと組織的な変貌と成長を遂げることになる。

ドイツ

印刷革命前後の一五世紀、現在のドイツを中心とする地域では、大小の諸侯、自治都市が群立し、中でもウィーンに本拠を置くハプスブルク家が最大の勢力を誇っていた。この地域を包括するような政治的権威、名目的君主として、「神聖ローマ帝国」の皇帝が存在した。大学の設立が続き、その後附属の図書館も開設されている。

一六世紀に入ると、マルチン・ルターのローマ教皇への論駁書に端を発し、ドイツ地域ではカトリック勢力とプロテスタント勢力の間で「三〇年戦争」(一六一八〜一六四八年)が続き、その戦乱の中で多くの修道院附属図書館が荒廃した。これに対して、各地の大学図書館も戦禍を被ったが、プロテスタント系の大学新設がなされ、図書館も附設され活字本の収集により蔵書の構築が進んだ。ハイデルベルク大学やヴィッテンベルク大学では、一六世紀末には蔵書数が五〇〇〇冊を超えている。なお、カトリック側でも、ヴュルツブルク大学など大学新設の動きがあり、全体として大学とその図書館の発展がみられた。

諸侯による図書館設立も相次ぎ、中でも現代に残る著名なものとして、一五二六年にウィーン王宮図書館(ブルンクザール国立図書館)が、後の神聖ローマ帝国皇帝、ハプスブルク家のフェルディナンド一世(オーストリア大公在位:一五二一〜一五六四年)によって創立されている。現在、世界で最も美しい図書館ともいわれる。また、バイエルン公アルブレヒト五世(在位:一五五〇〜一五七九年)によって、ヴィッテルスバッハ宮廷図書館(現バイエルン国立図書館)が創建されている。

印刷革命と図書館の発展

金属活字印刷による書籍出版の成長によって、写本の時代に比べて、書籍がより安価にそして格段に大量に供給されるようになった。この結果、読者層、個人の蒐集家層の底辺を広げ、蔵書規模の拡大にもつながったであろう。同様に、書籍の収集を容易にすることで、印刷革命前から徐々に進みつつあった大学図書館、大聖堂や君侯貴族・大商人の図書館など様々なタイプの図書館の成長、とりわけ蔵書の充実を促したと考えられる。もちろん、当初は、読者や図書館の写本志向は根強かったが、次第に印刷本へと収集の重点は移っていった。

出版業の隆盛は、出版物の点数、図書館の蔵書規模の増大をもたらし、各種の書籍目録の作成を促したものとみられる。十六世紀には、スイスの植物学者で書誌学者コンラート・ゲスナー（一五一六～一五六五年）の『世界書誌（Biblioteca Universalis）』（一五四五年、『世界文献目録』とも呼ばれる）が刊行されている。これは、ヨーロッパ各地に残されたラテン語、ギリシャ語、ヘブライ語の写本を確認し収録した目録であり、三〇〇〇名の著者による一万二〇〇〇の文献を網羅し、近代的な書誌の原点ともいわれる。写本が対象であり、オスマントルコの侵攻と書籍散逸への危機感が直接の動機といわれるが、それが印刷術の普及によって過去のものとなりつつあるなかで集成されたことは、活字印刷術の影響の一端ともいえる。

もちろんこの時代、一六世紀初頭から各種の主題書誌が編纂され、中頃以降はフランクフルトやライプチヒで書籍市の出品目録が作成されたり、一五九五年には、イギリスの書籍商Ａ・マウンセルによって『英国印刷図書目録』が刊行されなど、書誌作成が盛んになった。

書誌作成に限らず、前述のフランスの司書ノーデが著した『図書館建設への助言』のような図書館運営全般についての考察もあり、活字印刷による出版物の増加と図書館の蔵書の増大が、図書館運営についての思想と知見の発達を促したといえる。

また、小冊子から単行書、百科事典まで各種出版物の増大は、その社会的影響の速さと大きさから、国家権力の関心を引き、出版活動への当局による監視・統制が行われるようになるが、関連して国家的な納本制度が創設され、フランスを先駆として各国に広がっていった。これは、後世、国立図書館への納本制度による国内出版物の網羅的収集と保存につながっていくものとなった。

印刷革命が展開した初期には、出版物はキリスト教関係書やギリシャ語・ラテン語の古典など従来の写本の延長といえるものが中心であったが、出版活動の成長のなかで、ジャンルや形態も多様化してきた。官報、アカデミー刊行誌などの逐次刊行物や辞書、百科事典、さらには小説、新聞など時代を追って新たな出版物の領域が増えてきた。出版物全体として内容の量と質、情報源としての存在価値が飛躍的に増大したといえる。このことは、図書館の社会的な存在意義を格段に向上させたとみることができる。

第2節　産業革命後の図書館の発達

一八世紀中期にイギリスで始まる産業革命により、経済発展と都市化、教育水準と識字率の向上を背景に、出版活動も急速に成長し、一九世紀に入ってイギリスとアメリカを先駆けとして、会員制図書館から公立図書館の普及へと図書館の発展がみられた。また、欧米諸国では国立図書館の整備が進むが、とりわけ後発のイギリスとアメリカにおいて急速な発展がみられた。

イギリス

一九世紀の中ごろのイギリスは、産業革命で先陣を切り世界有数の工業生産国であったが、他の欧米諸国に比べ公共図書館の整備は遅れていた。一九四八年に、大英博物館の図書館職員エドワード・エドワーズは、統計分析の結果として、人口一人あたりの蔵書冊数では、イギリスは四十二か国中四一位であることを指摘した。このことは、国会議員の間でも問題視され、翌年には下院に、公共図書館の設置促進に関する特別委員会が設置され調査検討がなされた。

公共図書館が、市民による会員制図書館に限られていたイギリスでは、一般の庶民は、職工学校の図書館や貸本屋、コーヒーハウスなどの民間の施設のほかに、書籍や新聞に親しむ機会が乏しかった。

先の下院特別委員会での検討を経て、一八五〇年には「公立図書館法」が成立した。公開、公費負担、無料を原則とする公立図書館を地方自治体が設置・運営する上での法的な裏づけが整った。ただ、同法の対象がイングランドとウェールズの人口一万人以上の都市に限られ、財源・公費支出に制限が設けられていた。この立法の背景には、工業化の進展に伴う都市における労働者階級の増加があり、その知的水準の向上を通して公立図書館が社会秩序の維持に役立つことが期待されていたし、社会全体の知識量の増加が、社会的な利益をもたらすといった考え方もあった。

その後、一八五二年にマンチェスター市立図書館が開設されたのを皮切りに、同年リバプール、一八六一年バーミンガム、一八七〇年リーズ、一八七六年ブリストルと、次第に新興の工業都市を中心に公立図書館の開館が各地に広がりをみせていった。

こうした一九世紀中ごろからの図書館整備の進展に伴い、図書館間、図書館職員間の連携・交流の必要性が認識され、一八七七年には「英国図書館協会」が創設された。ちなみに、前年アメリカでも「米国図書館協会」が設立されている。

他方、イギリスでは、国立図書館の形成に向けた動きも一八世紀以降進展した。王室の図書室から発展したフランスとは異なる展開をみせている。

大英博物館は、「博物館法」の制定により一七五三年に創立、一七五九年に一般に公開された世界最初の公共博物館で、一九世紀以降に収蔵品が大幅に拡充された。エジプト，ギリシャ，ローマ，西アジア，東洋の古代美術，ヨーロッパの中世美術，その他コイン，メダル，版画，素描，写本などを収蔵する世界最大級の博物館である。

当初から大英博物館には、内部に図書部門（「刊本部」）も置かれ、一九世紀には世界有数の図書館となり、建物中央部の巨大な円形閲覧室がシンボル的景観となって、カール・マルクスや夏目漱石など内外の著名人が研究のために訪れた。

創立以来、各種のコレクションを収集して蔵書は増大したが、一九世紀の前半には、一八二三年にジョージ三世文庫が王室より寄贈されることとなり、これを機に、一八二八年にはキングス・ライブラリーが建設された。さらに、一九世紀の後半にはさらに急速な発展がみられた。一八五六年に就任したアントニオ・パニッツィ（一七九七〜一八七九年）館長のもとで、図書館としての機能が拡張され、国の中央図書館としての役割を確立していった。特に、著作権法の一八四二年改正によって法制化されていた納本制度は、実際にあまり機能していなかったが、この時期に実効的なものとなった。それもあって、パニッツイ在任時に蔵書数が倍増したといわれ、世界でも最大級の図書館の一つに数えられるに至った。

また、施設の増築が実現し、一八五七年にはあの名高い円形閲覧室がつくられている。中央にレファレンスデスク、その周囲に閲覧席、さらに壁面には参考図書の書架が配置されたドーム様式の建築である。

さらに、この時期職員数は三〇〇名を超え、待遇面でも他の公務員並みの給与水準の引き上げられるなど改善が進んだ。

このように、他国と異なり、国の中央図書館となる図書館が、博物館の一部門として形成され発展を遂げてきた。一九七三年に至って、組織的に分離されて、図書館部門は英国図書館となり、一九九八年には図書館の新たな建物への移転により、博物館内の円形閲覧室は使命を終えた。

アメリカ

アメリカでは、イギリス植民地時代の一八世紀前半から、市民有志による会員制図書館が設立された。代表的な例として、ベンジャミン・フランクリンが一七三一年に設立した「フィラデルフィア図書館会社」がよく知られている。

その後、一八三三年には、ニューハンプシャー州のピーターボロに、公費による財政支援を受け、一般に無料開放された図書館が開設され、世界初の公立図書館ともいわれている。

一八四八年、マサチューセッツ州で制定された州法により、ボストン市では、住民のための図書館の設置が認められ、また、毎年一定額（五〇〇〇ドル）以内の公費支出が可能となり、同年ボストン公立図書館（Boston Public Library）が創設された。そして、一八五四年に開館し、一般に公開された。アメリカの大都市における最初の公立図書館となった。推進者達の考え方として、知識の増進による人間の能力改善の可能性と、公教育を補完する図書館の役割への期待があった。

その後、アメリカ各地の大小の都市で公立図書館の開設が相次ぎ、一八七六年までに一般公開の会員制図書館も含めて三四八館の公共図書館があったと記録されている。さらに、二〇世紀に向けて、図書館数の増加が続く。

そのなかで注目されることの一つは、アンドリュー・カーネギーとカーネギー財団の財政支援による図書館の整備である。カーネギーは、言わずと知れた「鉄鋼王」、大実業家であり、各種の社会事業にも尽力したが、とりわけ図書館の整備に力を注いだとされる。

カーネギーの公立図書館建設への援助は、三つの原則、①図書館の必要性の説明、②建設用地の提供、③図書館運営費の拠出（図書館建設費の一割、年間）に基づいて行われた。その数は、アメリカ全土で一六七九館に及び、そのほかイギリス（出身地スコットランドが中心）やカナダなど外国にも広がりをみせた。一九一九年時点では、アメリカには約三五〇〇の図書館があったとされており、その半数近くがカーネギーの援助によるものであったことになる。

ちなみに、世界的に見ても最大規模の公共図書館として知られるニューヨーク公共図書館を構成する地域分館のうち三九館も、この「カーネギー図書館」として設立されている。

カーネギーは、貧しい少年時代に篤志家の私設図書館で学習の機会を得ており、この時受けた恩恵が、経済的な成功の後、各地の図書館創建への莫大な貢献につながったといわれる。彼の考えのなかには、無料公開の公立図書館が、自助自立の努力を支援し、機会均等を保障するものとの思いがあった。

とはいえ、大資本家カーネギーへの反発から援助の申請を控える地域も、一部にはあったという。

一九世紀後半から二〇世紀初頭にかけてアメリカでは、公立図書館や大学図書館の急速な発達がみられ、議会図書館も国立図書館として世界最大級の存在となり、アメリカは、ヨーロッパ主要国に比べて、図書館の整備が遅れて進展したが、今や世界最先端の図書館大国に躍進した。

アメリカ国内における諸々の図書館の成長は、司書専門職を含む図書館職員の増加、図書館運営に関する知見の深まりを伴い、図書館界全体としての組織的、知的な発展にもつながった。

一八七六年には、世界に先駆けて図書館関係者の全国団体として「米国図書館協会（American Library Association：ALA）」が創設された。ちなみに、イギリスでは翌一八七七年に「英国図書館協会（Library Association：LA）」が、やや遅れてわが国では一八九二年（明治二五年）に「日本文庫協会」（現在の「日本図書館協会」の前身）が発足している。

他方、図書館運営については、メルヴィル・デューイ（一八五一〜一九三一年）の考案による図書館資料の十進分類法が確立され、また、目録カードなどの図書館用品の開発・標準化が進んだ。

以後、アメリカの図書館群と関係者達は、世界の図書館界をリードし、情報の領域でのアメリカのイニシアティブ、「情報のパックス・アメリカーナ」の一翼を担っていく。

ところで、アメリカ合衆国でも、建国後に国立図書館が設立されるが、フランスやイギリスでの展開とは異なる経過をたどった。

同国では、一七七六年の独立宣言後、独立戦争、憲法制定など、しばし時を経て、一八〇〇年にワシントンDCが連邦首都となり、連邦議会に議員の立法活動支援のために図書館が設けられることとなった。これが、現在世界最大規模の図書館である米国議会図書館（Library of Congress：LC）の発端となった。当初は、議事堂内に置かれた小規模なものであったが、その後一八一四年には、第三代大統領トマス・ジェファーソンの蔵書を買い取るなど資料の拡充が進んだ。

南北戦争の頃から本格的な発展期を迎え、一九世紀後半に在任三〇年余に及んだ第六代館長スポフォード（在任：一八六四〜一八九七年）のもとで、蔵書数、職員数が飛躍的に増加し、議会図書館であり併せて国の中央図書館としての役割と制度的位置づけを確立していった。特に、「一八七〇年著作権法」の制定により、著作権登録の機関となり、全米の出版物が納入される法定の納本図書館としての地位を得ている。一八九七年には図書館施設は、議会内から現在のトマス・ジェファーソン館（議会議事堂の裏手にある本館）に移転した。

第二次世界大戦後、「全米総合目録」、全国書誌の機械可読化（MARK）、CIP（Cataloging in Publication, 出版前時点での書誌データ作成）など図書館業務の新たな展開において、世界の図書館界をリードする動きをみせた。

現在では、職員三五二五名、蔵書二二七六万冊（図書のみ、二〇一一年）を擁する世界最大規模の図書館である。連邦議会附属の組織であり、議員のための調査サービスを担う部門として、大規模な議会調査局（Congressional Research Service）が置かれている。

電信と図書館をつなぐ見えざる糸

一九世紀においては、国力や民度の伸長を背景に、イギリスとアメリカで公共図書館の整備が緒につき次第に発達をみて、読書人口の拡大を促し、同時に、国立図書館の整備拡充も急速に進展して、世界的にみて最大級の規模を持つ存在となった。このことは、両国の国際社会における情報面での国際的な優位を象徴するものであり、また、それを支える基盤の一部をなすものであるといえる。

この一九世紀、特にその中ごろ以降の時代は、イギリス、アメリカ両国の主導のもとで電信の発明、電信網の普及が急速に進展した。繰り返すまでもなく、電信は、文明史上重要な情報革命の一つであるが、それ以前に展開した、文字の創造、紙の改良、印刷術の革新といった一連の情報革命が、図書館の歴史的な形成過程に直接的に大きな影響を及ぼしてきたのに対して、電信と図書館の間には直接的な関連性は見出しがたいようである。

ただ、次のような間接的な影響は考えられそうである。

まず、電信は、産業革命の展開途上で普及し、商取引、交通、市民生活など広範な経済的社会的活動の基盤となり、工業化に主導された経済発展、それを後追いするような生活水準の向上、公教育の普及、識字率の上昇など民度の向上を促進する役割を果たしたとみられる。これは、書籍への需要を高め、図書館整備を強く後押しする要因となった。

ほかにも、電信の活用により、新聞が文字どおり最新情報（news）を掲載した紙面（paper）となったが、この時代、新聞の閲覧は、公共図書館への期待の一つであった。やはり、情報の一大革新は、図書館の発達と無縁ではないといえそうである。やや、牽強付会かもしれないが。

第7章　日本列島の情報革命

第1節　文明形成と情報革命

文明形成の特徴

ユーラシア大陸の東端に位置し、比較的気候が湿潤温暖な日本列島では、海上交通で人や物資の交流は可能であるが軍事的侵攻は困難な大陸との適当な距離によって、政治的独立性を保持し、経済的、文化的影響を選択的に受け入れつつ、独自の文明形成が進んだ

日本列島は、北海道を除いておおむね湿潤多雨な温帯に属し、温帯照葉樹林を主体とする豊かな森林に恵まれている。縄文時代には、世界的にみても豊かな採集狩猟社会を形成し、青森県の山内丸山遺跡にうかがえるような大規模集落（人口数百人規模と推定）が営まれていた。その後、弥生時代には稲作が普及していったが、狭隘ながら肥沃な平野が各地に開け、時代が下るにつれ、農地の拡大や労働集約的農耕によって、農地の比較的高い生産性を実現していた。そして、大陸の文明社会と異なっ

て、遊牧民との混住や隣接、直接的交流、その影響による社会の変動は見られず、専ら農耕主体の生業を基盤とする文明社会の形成を続けた。ただ、海に囲まれ、古くから沿岸の航海や漁労は活発に行われ、物産の異なる地域を含む南北に長い列島構造を背景に、海上交易も発達して、農耕主体の社会、文化に異質の要素を加えていた。

一～三世紀頃には、日本列島各地に邪馬台国その他の小国家が群立し、四世紀には大和朝廷を中心とする国家が形成されている。その後、大化の改新（六四五年）を機に天皇家を中心とする中央集権的国家の形成が進むことになるが、この前後には、固定した首都（みやこ）はなく、天皇一代ごとに宮都を建設する時代（第三三代推古天皇～第四〇代天武天皇）が続いた。

しかし、律令制が整備され、官僚組織の発達をみる状況の下で、持統天皇の代に藤原京（現、奈良県橿原市と明日香村）が建設され、六九四年（持統八年）以後三代の天皇により一七年間にわたり首都とされた。藤原京は、南北約三・一キロメートル、東西約二・一キロメートルの広さで、方形格子状の街路で形づくられた都市構造を持ち、大内裏を北側中心部に置いていた。これは、日本で最初の持続性のある首都造営となり、これに続く平城京、長岡京、平安京の原型となった。

そして、平城京の時代、律令制の国家体制は一段と組織的な拡充を遂げている。日本最初の貨幣である和同開珎（わどうかいちん）が鋳造されたのもこの時期である。また、遷都後の七一一年（和銅四年）には、『古事記』が完成し、さらに、『日本書紀』と『風土記』の編纂が進められた。国として共有し伝承していく情報の文書化が、より組織化された国家体制を背景に、首都という器の中で進展したのである。

平城京の後、長岡京を経て、平安京の造営と遷都が実現し、以後、東京奠都（てんと）に至るまで、日本の首都としての地位を保った。ただ、徳川幕府の江戸開府以降、実質的な首都としての機能が失われていった。

大和朝廷を中心とする国家形成から江戸末期に至る日本列島の文明史は、大別すれば、平安末期までの朝廷中心の政治体制の時期と、鎌倉時代から江戸時代にかけての幕府中心の政治体制の時期に二分される。国の中心都市（実質的な首都）をみても、京から江戸への転換の潮流がある。ただ、鎌倉時代から安土桃山時代（織豊政権期）にかけては、なお、朝廷、公家、寺社の勢力も根強いものがあり、移行期の性格が色濃く、中心都市という点では、平安京の役割が相対的にきわめて大きかった。

情報革命の展開

日本列島における文字の使用は、中国からの漢字の伝来に始まるが、その時期は定かでない。一世紀頃には、日本の群立する小国家と中国の漢王朝（後漢）との間に交渉があり、漢字の存在や用途が知られていたと思われる。三〜四世紀以降には、刀や鏡に漢字が記されているものが古墳から出土している。八世紀に入り奈良時代には、『古事記』や『万葉集』など、漢字を用いて書かれたわが国の文献が出現する。この間、大陸方面との政治的、経済的交渉には漢字文書が用いられ、漢字の文物も多く渡ってきたとみられる。

漢字は、日本風に発音して日本語の単語として用いられたり、本来の意味とは無関係に発音だけを借りて別の意味に用いられたり、日本語を表記する手段として活用されていった。音を借りての使用（仮借）から「万葉仮名」が形成され、平安時代初期には、それが簡略化されて「片仮名（カタカナ）」「平仮名（ひらがな）」の二種の仮名文字が創られた。

文字の筆写材料として主に木簡が使われ、七～八世紀に多用されたが、紙の伝来後は併用され、やがて使用されなくなっていった。

紙の製法は、二世紀初頭、中国後漢の蔡倫による改良の後、七世紀初頭には朝鮮半島を経て日本へ伝来したとみられる。『日本書紀』に、六一〇年高句麗王から遣わされた僧、曇徴（どんちょう）が、仏教経典に通じ、絵の具や紙・墨の製作にも秀でているとあり、この時期には、わが国にも紙とその製法が伝わっていたようである。なお、紙そのものの存在は、卑弥呼が魏に使節を派遣した三世紀あたりから、知られていた可能性がある。紙の製法の伝来の後、楮（こうぞ）、雁皮（がんぴ）、三椏（みつまた）、麻（あさ）を原料に、わが国独特の和紙が発達し、産地も東北から沖縄まで広がりをみせた。

推古朝から奈良時代にかけて仏教が広まるにつれて経文の写経が盛んとなり、また、律令国家体制の整備に伴って、行政文書たとえば戸籍の作成などが進められた。

印刷術に関しては、東アジアでは、紙の普及を背景に、八世紀には木版印刷が行われていたようである。日本の法隆寺に残る『百万塔陀羅尼』（七七〇年、宝亀元年）は、一部に異論もあるが、年代の確定する最古の印刷物、木版印刷の最古の例と考えられている。以後、わが国では、しばしば印刷物が途絶えるが、一一世紀に入り平安時代中期以降、仏教経典の印刷が盛んに行われるようになる。

そして、一六世紀末期には、ヨーロッパ人の来航、特に、カトリック宣教師の来日とともに、当時ヨーロッパで隆盛の金属活字印刷機も導入され、天草や長崎で、宣教師向け、信徒向けの出版物が製作されたが、キリシタン禁教令や鎖国政策のもとで途絶え、その再開は、江戸幕府末期の開国を待つこととなった。また、同じく一六世紀末期には、朝鮮から銅活字印刷術も伝来し、銅版、木版の活字印刷が行われたが、一七世紀初頭にかけて若干の出版物が製作されるにとどまった。

それから二世紀半を経て、既に第五章で触れたが、電信は一九世紀前半に、イギリスやアメリカを先駆けとして広くヨーロッパと北アメリカの国々で急速な普及を見せ、日本には幕末期に伝わり明治期に入ってから整備が急がれた。

一八四九年（嘉永二年）に蘭学者佐久間象山が、電信機を試作して実験したとされるが、その後一八五四年（安政元年）に再来航したアメリカの使節ペリーによってモールス電信機が持ち込まれ、模型の蒸気機関車とともに、横浜で実演されている。一八六九年（明治二年）には、東京・横浜間で電報の公衆サービスが開始、以後急速に、全国的な電信網の整備が進められた。

この当時、イギリス主導の海底電信ケーブル網構築の動きの中で、欧州の小国デンマークの企業であるグレート・ノーザン・テレグラフ（大北電信）は、北海（バルト海）と日本海・東シナ海の海域において、海底ケーブル網を建設し、これとロシア国内を東西に横断する電信網とを接続し、東アジアと欧州との間で電信事業を企てた。幕末期からわが国に対し、海底ケーブルの敷設と陸揚げの許可を求め、明治政府とデンマーク及び大北電信との交渉の末、長崎への陸揚げと国際電信業務の営業が認められた。一八七一年（明治四年）にはウラジオストック―長崎間、また、長崎―上海間へのケーブル敷設が完了し、わが国と欧州、中国との通信回線として用いられた。これは一九〇六年（明治三九年）に日米間の太平洋ケーブルが開通するまで、わが国にとり唯一の対外通信回線であった。なお、国内の電信事業については、官営で独自に電信網整備が進められた。

第2節　情報交流圏の形成

日本列島では、ユーラシア大陸特に東アジアとの海洋を介した交流、特に文化的交流のもとで、相対的に自立性の高い文明形成と情報革命の進展がみられた。それによって、全体的状況として、自己完結的で内部的には緊密に情報が流通・集積する国土空間が形成されていた。このことは、時代時代で様相が異なるが、比較的国内体制が安定的であった平安時代や江戸時代に顕著に表れている。

七世紀以降の律令国家体制構築により、藤原京の造営以降、半恒久的な首都が形成され、七一〇年には平城京への遷都が行われ、短命の長岡京を経て、七九四年（延暦一三年）には、桓武天皇による平安京遷都により「千年の都」といわれる安定した国家・国土の中心が形成された。

京からの放射状の交通路（官道）の整備がなされ、その途上には、馬や施設を備えた駅が置かれ、国家の情報伝達網として駅伝制が構築された。これは、七世紀における大化の改新以前の朝廷所在地と筑紫国（九州北部）とを結ぶ早馬制にさかのぼり、その後、律令制による国家経営の進展に伴い整備されてきたものである。

陸路では、まず京と太宰府を結ぶ山陽道、次いで京から関東、東北に通じる東山道が最重要な幹線交通路であり、海路では、大阪湾から北九州に至る航路や若狭湾から北陸に向かう航路が重要であった。

平安京は、当初東西約四・六キロメートル、南北約五・二キロメートルで、面積約二三六三ヘクタール、平城京とほぼ同規模という大きなスケールで計画された。唐の首都長安がモデルとされるが、藤原京以来の遷都と新都造営の歴史の中で、発展してきた面も色濃い。長安に比べれば、当初の計画規模でいっても、面積で約三分の一であり、形状は長安が横長であるのに対し、平安京は縦長となっている。また、長安が羅城（城壁）で囲まれていたのに対し、平安京は、南面にのみ羅城門の左右に羅城が設けられていた。それでも、基本的な形態は、長方形の輪郭、碁盤目状の街路、（都市計画上の）左右の対称性、市街地最北部中央への宮城の配置という点では、共通性を持っている。

七世紀後半に、地方行政単位としての「国」とその行政官としての「国司」の制度が整えられ、国司の執務所である国衙（こくが）のある「国府」が都市として発達した。

九世紀半ばの日本列島を見渡すと、平安京の人口規模が七万人から一〇万人程度、他の主要都市については、対外交渉の拠点である太宰府が二〜三万人、東北地方の統治拠点である多賀城は二五〇〇〜三五〇〇人、国府所在地は大小様々で五〇〇〜三〇〇〇人程度の規模であったと見積もられ、他にも、都とそれらの諸都市の間を結ぶ海上路に位置する畿内および地方の港町が発達することとなった。

ちなみに、一〇世紀初頭の国全体の人口規模について、六四四万人との推計がある。[1]

国家組織としては、中央・地方の官僚組織やその中での文書システムが確立し、また、法典や史書、文芸書の編纂なども進められた。また、平安時代初期には、仮名文字がつくられ貴族階級の女性を中心に使用が広がった。

八九四年の遣唐使派遣の中止により中国王朝との正式な国交は途絶えたが、中国、朝鮮方面との交易や人の往来は続き、その中で大陸の国情についての風聞が伝わり、仏教経典や書籍も輸入された。

奈良時代から平安時代にかけての政治体制は、公地公民制から荘園制への土地保有制度や生産体制の変化、天皇親政から摂関制さらには院政への中央政治の実態的な変質など、時代を下るにつれ次第に国の統治体制も変わっていくが、基本的には朝廷を中心とする中央集権的な体制を維持し、みやこの支配階層への富の集中により、都市形成が全国的に未発達な状況の中で、平安京が抜きん出た存在であり、一極集中の様相を見せていた。

京のみやこには、朝廷の統治機構や多数の寺社仏閣、教育機関が立地しており、多数の貴族・官人、神官・僧侶のほか、これらの必要に応じる多種の商人・職人階層も集中しており、当時の日本列島における突出した情報の集積拠点、文明の精華が集大成された先端都市であったといえる。また、大宰府や諸国の国府なども、行政機関や教育・宗教施設が立地し、商業機能も備えた地方の情報拠点としての役割を果たしていた。京と地方の都市群、官道と駅のネットワークによって、現在の北海道や沖縄を除く日本列島が、一つの情報交流圏となっていた。

平安京は、長く首都としての地位を保ち、政治、経済、文化の中心地として、情報の集積と流通の最大の拠点としての役割を果たした。鎌倉期以降、律令体制の形骸化、政治中心地の移動や戦乱による荒廃などにより機能が低下していく。

さて、鎌倉、室町、安土桃山時代を経て、時代を一挙に江戸時代へと飛ぶと、奈良・平安時代とは別のパターンの文明社会像と全国的な情報交流圏の姿が現れてくる。

国の統治体制が律令体制から幕府体制へと転換し、奈良時代から平安時代にかけての朝廷・貴族を中心とした中央集権的な政治体制は、長い動揺と混合の体制変化の時代を経て、江戸幕府の強い統制のもとでの分権的な幕藩体制へと変化、安定的に二五〇年余継続した。総人口は、一七世紀初頭に千数百万人、十八世紀に入ると三〇〇〇万人前後の水準に達したと推計されており、平安時代（一〇世紀初頭）の六百数十万人規模からかなり増加している。

また、京中心から江戸中心へと国土の構造も大きく転換した。江戸を起点に各方向に街道が伸び、特に主要な五街道（東海道、中山道、日光道中、奥州道中、甲州道中）の整備に力が注がれたが、なかでも江戸と京とを結ぶ東海道が最重要であった。江戸中期には、沿岸航路の整備も進み、鎖国体制下での海陸の国内交通路が発達をみせた。

街道には、一定距離（二～三里）ごとに宿駅が置かれ、武士の宿泊のための本陣・脇本陣やその他の旅行者のための旅籠（はたご）・木賃宿があり、公用の旅行者のために人馬を備えた問屋場が設けられていた。

参勤交代制度によって江戸と各地の城下町との間の多人数の往来が定期的に行われたこともあり、国内の人と物資の流通が活発化し、情報の流れも濃密なものとなった。

通信と輸送の手段として飛脚制度が整備され、公私の通信需要に対応した。まず、幕府公用の継飛脚が各宿駅の人馬を利用して運用された。各大名家でも、江戸藩邸と国元を結ぶ大名飛脚を置いて連絡に用いた。民間の用向きには、江戸、京、大坂の三都に飛脚問屋があって、三都とその周辺地域、特に江戸と京・大坂の通信に従事した。三都のような大都市には、都市内の連絡に携わる町飛脚も盛んとなった。

江戸時代特に前半期には、江戸をはじめ各地の城下町建設や宿場町の発達などがあり、以前の時代に比べて、多数の都市が形成され発展をみた。江戸と京、大坂の三都を中心に、諸藩の政庁所在地である城下町や、長崎などの幕府直轄都市、有力寺社の門前町、宿駅を核に発達した宿場町といった各種の都市が形成され発達した。全国平均でおおむね人口の一割強が、都市地域に居住していたと推計され、近畿や南関東では、二割程度に達していたとみられる。

多数の都市の中でも、幕府所在地で実質的な政治中心地である江戸と、朝廷がある名目的首都で伝統文化・宗教の中心地である京、そして商業中心地の大坂が、各々異なる領域で全国的な中心機能を持つ都市、情報センターとしての役割を果たした。三都のうち、特に江戸の成長が顕著で、一八世紀中頃にはロンドン、北京と並ぶ世界最大級の人口規模に達した。そのほかにも、長崎が、オランダ、中国方面との対外交流窓口として、独特な情報センターとして重きをなした。他の都市群も、各々の性格に応じて、行政、商業、交通、文化の機能が集積し、地域的、広域的な情報センターとして機能した。

情報リテラシーを醸成する教育水準の向上も顕著であったといえる。幕府は儒学のうち朱子学を正学とし、幕府の儒官、林家の家塾を改組して、一七九七年（寛政九年）に昌平坂学問所を設立して、幕臣のための教育機関とした。一八世紀中頃以降、各藩でも、藩士子弟の人材育成のために、藩学（藩校）の新設、拡充が進み、幕末までに全国で約二〇〇校に及ぶとされる。また、一八世紀後期から、儒学、国学、蘭学などを教授する私塾も多数開かれ、また、庶民の教育機関として寺子屋の開設も進んだ。こうして、江戸時代後半には、支配階層のみならず町民、農民などの庶民にまで教育が普及し、世界的にも高い識字率を達成していたとみられ、正確な統計はないが、男子で四〇〜五〇％との外国人研究者による推計もある。なお、明治初期の文部省による調査でも、地方の県で男子が五〇〜六〇％の自署率（自分で署名できる割合）であった。[2]

江戸、京、大坂の三都を中心に、主に木版印刷による出版業が発達し、出版点数でみても江戸初期には年間一〇〇点程度であったものが幕末近くには一〇〇〇点近くになり、江戸時代を通しておおむね増加傾向をみせた。[3]時代が下るにつれ、文字主体の書籍にとどまらず、絵草子や浮世絵のような画像の出版も隆盛となった。

また、ニュース報道の媒体として、瓦（かわら）版があり、これも主に木版印刷によって、絵図入りの一〜二ページで不定期に刊行され、街頭や絵草子屋の店頭で販売されていた。

日本人の海外渡航が禁じられ、外国人の来日も厳しい制限が設けられていた鎖国政策のもとでも、海外の実情についての情報は、幕府主導によって継続的に収集され、その内容は、限られた範囲ではあろうが幕閣を超えて漏れ伝わっていた。海外情報の最大の窓口は長崎であり、駐在するオランダ商館員と来航する中国商人の二つのルートに依った。両ルートから入手された情報は、長崎奉行所の手でまとめられ、各々、『阿蘭陀風説書』、『唐船風説書』として、江戸に送られた。ほかに、対馬藩経由での朝鮮半島からの情報や、琉球国、薩摩藩経由での東シナ方面の情報も、継続的に入手されていた。[4]また、書籍は、生糸、織物、薬種、荒物と並ぶ重要な輸入品目であり、漢籍やオランダ書も、時期により幕府の統制にも変化があるが、流入が続いていた。

このように、日本列島のなかで、かなりの程度自己完結的な、政治的、経済的、社会的な変化のプロセスが二〇〇年余にわたり継続し、対外的には限定され、内部的には緊密な情報交流圏が形成されていたといえる。民度特に教育の普及、当時世界最高水準といわれる高い識字率は、国内的な交通基盤の整備や出版業の隆盛なども相まって、濃密な情報流通をうかがわせる。

ところで、一八五三年（嘉永六年）にアメリカから同国海軍のペリー提督率いる軍艦四隻（「黒船」）が、国交を求めて来航し、幕閣から諸藩、庶民に至る各層に衝撃を与えた。その後わが国は、アメリカを始め欧米主要国との間に国交を開き、外交・通商関係を結び、鎖国政策を放棄し開国に踏み切った。

これによって、世界、特に欧米諸国との情報交流が広がり、政治、経済関係のチャンネルや、書籍、海外視察・留学、お雇い外国人など様々なルートで、海外発の情報が奔流となって入ってくる。情報の鎖国、正確には幕府主導の対外的な情報管制は終焉を迎えた。

さらに、金属活字印刷の技術が再び導入され、明治期を通して次第に木版印刷に代わって出版活動の主流となっていった。また、電信、東京・横浜間のサービス開始を皮切りに、全国的な電信網の構築が急がれたとともに、海外の国際電信網との接続もなされた。江戸時代に発達をとげた飛脚制度は、欧米諸国に範をとった郵便制度へと移行していった。

幕末および明治期以降、わが国は、電信・電話といった当時の情報通信の先端技術の導入に注力し、基盤の整備に努めた。

電信やニュース配信の分野での国際的な情報流通において、長く欧米系企業、具体的には国際電信ではデンマークの大北電信、ニュース配信ではイギリスのロイター社の勢力下に立たざるを得なかった。こうした状況に対して、国家的な自立性を確保するために、苦闘を続けた。[5]

注

1 『日本列島における人口分布の長期時系列分析』社会工学研究所、一九七四年

2　斉藤泰雄「識字能力・識字率の歴史的推移：日本の経験」『国際教育協力論集』（広島大学教育開発国際協力研究センター編）第一五巻第一号、二〇一二年四月、五一 - 六二頁
3　橋口侯之介著『和本入門　続　江戸の本屋と本づくり』平凡社、二〇〇七年、二三七 - 二五九頁
4　市村佑一、大石慎三郎『鎖国　ゆるやかな情報革命』講談社、一九九五年
5　有山輝雄『情報覇権と帝国日本1』、『情報覇権と帝国日本2』吉川弘文館、二〇一三年

第Ⅲ部

電子情報が渦巻く世界

第Ⅲ部

現代世界における情報通信技術（ＩＴＣ）の発展と普及は、「情報爆発」ともいえる情報の電子化を推し進め、ネットワーク上に膨大なデジタル化された情報の集積と流動を生み出している。様々なネットワークが構築され、商取引や人間関係、出版活動など社会生活の各方面に深く浸透している。

このＩＣＴは、グローバル化した文明、地球社会の不可欠の基盤といえる。ＩＣＴやグローバルな情報の流通をめぐってはアメリカの優位がなお顕著であるが、国際的な勢力変動の様相もみられる。

電子出版物をはじめウェブサイト上の様々な情報が規模と有用性を増すなかで、図書館は、これらを紙の出版物と並ぶ情報資源として活用し、その役割を拡げていく必要がある。

第8章　ＩＣＴ革命――情報電子化の激流

第1節　二〇世紀から二一世紀への展開

1　二〇世紀のメガトレンド

二〇世紀の一〇〇年間は、二度の世界大戦や東西冷戦体制の形成とその崩壊など国際社会の大きな変動と、そのもとでの様々な国家・地域の盛衰や、個人・集団の変転など、数多くの悲劇的な出来事を含む多彩なドラマに満ちている。そうしたなかで、同世紀初頭の世界と世紀末の世界とを大局的に見比べると、歴史的潮流の根幹をなすいくつかのトレンドが浮き彫りとなる。

顧みれば二〇世紀は、人類全体として人口規模が急増した人口爆発の時代であり、工業化の進展と科学技術の発展を核とした経済成長の世紀であったと特徴づけられよう。そして、両者が相まって、情報の生成と流動、集積が急拡大を遂げる結果となった。

なお、人類史上かってない人口増加と経済成長とは、世紀の後半に至って、食糧、鉱物資源の供給量の限界と、局地的な環境汚染から大気中のCO2増加による気候変動まで地球環境の限界への危機感を引き起こす事態となった。

他方、二〇世紀は二度の世界大戦を経て、国際社会が、欧米中心の比較的少数の国家群から二〇〇近い独立国家群へと構成メンバーを広げ、その主導権もイギリスからアメリカにシフトするなど、根本的な構造転換をとげる経過となった。

人口の爆発的増大、都市化の進展

二〇世紀初頭の世界人口は約一六億人前後であったが、一九五〇年には約二五億人、世紀末には約六〇億人と推計されている。同世紀全体として、特に後半に、世界の人口は爆発的な増大をみせた。

これを可能としたのは、国や地域により事情は異なるが、農業生産性の向上、工業化にリードされた経済成長、衛生・医療面での環境改善による死亡率低下などによる。

また、農村から都市への人口の急激な移動により、都市人口が増大し、世界各地に大都市が出現した。

他方、教育水準の向上により、識字人口、高等教育を受けた人材、知的職業に従事する人材層が拡大し、知的活動の底辺の広がりと人的資源の規模的な拡大がなされた。

人口の増大は、都市化の進展や教育水準の向上、出版活動や放送事業の発展、さらには、交通・通信基盤の整備などと相まって、様々な領域、多様な形態での情報の生成・流動の爆発的拡大をもたらした。

工業化の進展、科学技術の発展

一九世紀における産業革命の進展を引き継いで、二〇世紀においても、世界恐慌など景気変動による後退もあったが、欧米諸国にロシア（旧ソビエト連邦）、日本などを加えた諸国を中心に、全体を通して工業生産が大きく伸長した。

特に、二〇世紀後半には、工業生産での日本の成長が顕著であり、やがて、韓国、台湾など東アジア諸国・地域や他の一部の国々へと広がりをみせた。また、アメリカを中心とする先進国においては、「サービス経済化」「脱工業化」が進展し、工業生産の空洞化が意識され始めた。

工業化の展開と軌を一にして、科学技術の幅広い分野で急速な発展がみられ、国家発展の戦略的要素としての役割が大きなものとなった。とりわけ世紀の半ば以降から、情報関連の技術革新がめざましく、世紀末期にかけてインターネットを核とする情報通信技術（ＩＣＴ）が急速な発展をみせた。

資源消費と環境負荷の増大

人口の急増と工業化に先導された経済成長は、食糧、鉱物資源やエネルギーの大幅な消費増大を伴い、その趨勢を延長すると、将来的な食糧や天然資源の不足、需給逼迫が懸念された。

他方、工業化の進展、工場立地の世界各地への展開は、しばしば工場の立地地域、さらにはより広域に、騒音、廃液、排気などによる深刻な環境汚染、公害問題を引き起こした。人間の居住環境の危機が、世界的に強く意識され、問題対応への取り組みが求められた。

世界的に著名な民間シンクタンク、ローマクラブの第一報告書『成長の限界』(一九七二年)は、世界的な人口増加や環境汚染が続けば、資源の枯渇や環境の悪化により、一〇〇年以内に成長の限界に達すると問題提起した。折から、中東を中心とする石油輸出国のナショナリズムを背景とした二度の石油危機(一九七三年、一九七九年)は、資源供給に関する不安感を広く世界の人々に実感させた。

こうして地球規模での資源、環境の限界が、世界的に強く意識され、以後、人口や経済成長と、資源・環境条件との関係をめぐる研究と論議が続けられてきた。

国際秩序の変動とグローバル化の進展

二〇世紀の初めには、世界的に欧米中心の国際社会が形成され、世界の大半が欧米列強の植民地となるか、強い影響下に置かれていた。第二次世界大戦を境に、ナショナリズムの隆盛と旧宗主国の支配力の後退により、アジア、アフリカ地域を中心に数多くの新生独立国家が誕生し、最終的には大小二〇〇近い国家群が形成され、国際社会が大きく構造転換することになった。

第二次世界戦後から一九八〇年代にかけての国際社会は、おおむね以下のような特徴を持つものとなった。

① 植民地群の独立による主権国家数の大幅な増大
② 国際連合を中心とする国際機関の機能強化
③ 政治経済体制を異にする米ソ二大国を中心とする両陣営の対立

これは、第二次世界大戦前の欧米主要国を中心とした国際社会のシステムとは異なるものである。また、国際社会におけるヘゲモニー（覇権）も、第一次世界大戦前の英独対立や第二次世界大戦後の米ソ対立のような、二極化した国際社会の対立構図を経て、イギリスからアメリカへと覇権国家の交替がなされた。一九九〇年代にはソビエト連邦と共産圏の崩壊により、アメリカを最大の勢力とし、中国、ロシアなどを対抗勢力とする多元的な国際秩序へと変化をみせている。

2 パックスアメリカーナの形成と変貌

二〇世紀一〇〇年間の世界の変貌において、一国家として、最も先導的、中心的役割を担ったのはアメリカ合衆国であるといえよう。

アメリカは、国家としては一七七六年の独立宣言以来二三〇年余の歴史を持つに過ぎないが、一九世紀を通して、大西洋から太平洋に至る大陸国家として急速な発展を遂げ、中南米への影響力の拡大、太平洋への海上進出を展開し、工業発展において、イギリスを次第に凌駕した。

イギリスで形成されたアングロサクソンの文化的伝統が、ヨーロッパ的な封建制度の伝統のない大陸規模の国土に継承され、さらに、他の諸民族の移民も受け入れつつ、独特な国家と文化の形成が展開した。特に、広大な大陸を舞台としてフロンティア開発を続けた国家形成は、アメリカの文明社会としての性格を特徴づけた。大規模な農業経営が展開し、一九世紀には北東部を中心に工業化が進み、二〇世紀に入ると世界に先駆けて、資源多消費の大量生産型の工業化社会が形成された。

西に向かって西部開拓が進むにつれて、各地に中心となる都市が発達し、広大な国土に大小の都市が散在する分散型の国土形成がなされ、郵便、電信などの通信手段は重要な役割を果たし、それらを活用する意義は大きかった。アメリカは、情報通信の分野でも、一九世紀中葉からイギリスと肩を並べて、というより、むしろ先んじて、電信、電話のネットワークを形成し、情報の電子的な伝送で世界をリードした。他方、海底ケーブルによる世界的電信網の構築という点では、イギリスの覇権を許していた。

第二次世界大戦後、米ソ冷戦体制下で優位に立ち、旧植民地の独立、国際組織の発達の中で、アメリカは世界的な指導的地位を発揮した。これは、軍事、経済（特に工業生産力とそれを支える科学技術の水準）、さらに情報関連の領域での卓越した地位に裏づけられたものである。

国際的な情報の集積・流通の面では、第二次世界大戦前にみられた情報のパックスブリタニカは、情報のパックスアメリカーナへと引き継がれることとなった。

ちなみに、国際政治における中心的な地位は、国際連合本部（ニューヨーク）や世界銀行（ワシントンDC）のような戦後世界の中心的な国際機関の立地に象徴されている。

もちろん、一九六〇年代から一九八〇年代にかけては、ヨーロッパ諸国や日本の経済成長によって、アメリカの地位は相対的には低下し、国際社会は多元化の傾向をみせたが、一九九〇年前後の共産圏崩壊後は、一九九〇年代におけるアメリカの経済的好況も加わって、アメリカ一極化傾向が際立つ状況となった。ただその後は、後述するように、勢力分散化の傾向が強まってきた。

3　二一世紀の地球社会

二一世紀初頭の現在、世界の状況を概観すれば、二〇世紀のトレンドを引き継ぎながら、新たな変化の潮流が見て取れる。

まず、グローバル化が本格的に進展しつつあり、経済分野を中心に国家間、地域間の連系関係が一層緊密化している。そのなかで、人口規模の増大や急速な経済成長を遂げた国々が、軍事面でも力を増し、国際政治の場でも存在感が強まる傾向にあり、国際社会における勢力変動が進行しつつある。さらに、二〇世紀における人口増加や経済成長の結果として、人為的なCO_2排出増加に起因する地球温暖化の問題、地球環境問題が一層深刻化してきた。

グローバル化の本格展開

二〇世紀末期には、共産圏が崩壊し東西冷戦体制が終結、市場経済の国・地域が拡大し、多くの国で経済活動の対外的な開放政策が推進されるようになった。また、世界貿易機関（ＷＴＯ）の創設や、様々な個々の国家間の自由貿易協定（ＦＴＡ）や経済連携協定（ＥＰＡ）の締結など、国境を越えた貿易・直接投資、企業活動を促進する国際的な枠組み構築も進展した。これらを背景に、貿易や海外直接投資の拡大、国際的な金融取引の増大、企業の多国籍化などの進展をみている。

陸海空の交通網の発達に加えて、情報通信の技術革新と基盤整備、その活用が進み、経済活動の国際的な分業が効率的に運営可能となった。かつては、経済のグローバル化、国際的な相互依存とは、農産物、鉱物、工業製品いずれにしても、商品の交易であり、その商品は特定の拠点（農場、鉱山、工場など）で、ほぼ完結した生産活動により生み出されていた。これに対して、現代の商品生産、特に工業製品の製造は、多数の部品の製造や多段階の製造工程を、国を超えた異なる多数の拠点で、全体として効率的に運営されている。「グローバル・サプライ・チェーン」の形成である。

たとえば、スマートフォンの世界的な人気商品の一つであるiPhone（アップル社）は、アメリカで設計・デザイン・ソフトウェア開発がなされ、電子部品がシンガポールや台湾などで製造、最終的には（台湾の企業が受託し）中国で組み立てられている。

加えて、こうした国際分業、海外からの調達（アウトソーシング）は、モノの生産のみならず、設計、ソフトウェア作成、デザインのような知的作業や、顧客への電話対応を行うコールセンター（テレフォンセンター）のようなサービス業務にまで及んでいる。

グローバル化の進展は、財貨、サービスや資金の国境を越えた移動を活発化するだけでなく、人の移動、情報の流通も飛躍的に拡大していく。

また、二〇世紀後半には、航空機の利用が進み、蒸気船と鉄道の時代に比べて、格段に遠距離交通が迅速化され、国際的な人の移動が拡大した。さらに、二〇世紀末期から二一世紀初頭にかけては、多くの国で航空産業への規制緩和が進み、格安航空会社（LCC）の新規参入もあり、航空運賃の引下げが、国境を越えた人の移動を一層拡大することとなった。旅行や移民など、様々な形での国際的な人の移動は、メディアを介しての情報の交流と相まって、国際的な情報流通を拡大し、異文化間の接触の機会も格段に増やしている。

地球規模の一体化した国際社会に、異なる文明社会に根差す異なる文化的伝統が混在、接触する局面では、様々な社会的な緊張や紛争が存在している。S・ハンチントンは、こうした対立局面を「文明の衝突」として、現代世界を動かす重要な要因として指摘し、「文化と文化的なアイデンティティ、すなわち最も包括的なレベルの文明のアイデンティティが、冷戦後の統合や分裂あるいは衝突のパターンをかたちづくっている」と述べている。[1]

もともと、人類の長い文明の歴史においては、異なる文明社会の間で、軍事的あるいは文化的な接触に際して、深刻な衝突や対立が生じているし、そうした中から、新たな文化的創造や文明の変革がなされてきた。現代の地球社会における異文化間の対立は、過去のケースとは若干性格が異なる。経済的に一体化し、政治的、社会的関係が緊密化した国際社会において、活発な人の移動とその結果としての様々な文化的集団の接触や混住が常態化し、国境を越えてウェブサイトへのアクセスやメール交換、書籍、映像などのコンテンツ貿易の拡大によって、情報の国際的な流通が拡大する中での異文化の共存である。少なくとも一五世紀頃までは続いていた世界各地域の文明のモザイク状態とは本質的に異なり、テクノロジーやそれを用いた社会的な仕組みを共有し、より相互依存と連係関係を深めた現代世界にあって、各地の文明社会は、かつてのような強い自己完結性は失っているものの、その文化的伝統や地理的環境は、今なお各国・各地域における政治的、社会的、経済的な動きを特徴づける主要な要素となっている。

国際的な勢力変動

経済のグローバル化が進む中で、ブラジル、ロシア、インド、中国、いわゆるBRICsを始めとする人口規模の大きな新興国の台頭により、経済のみならず軍事、政治の領域でも、国際社会の勢力図が変動しつつあり、総じていえば、先進国の地位やアメリカの覇権が後退しつつある。これは、人口、経済の面での近年の動向とこれに基づく将来予測に如実に示されている。

国際連合の人口予測『世界人口推計　二〇一二年改訂版』（二〇一三年六月公表）では、二一世紀中に人口規模での各国間の勢力変動が引き続くことを示している。[2]

複数の想定のうち中位推計によれば、全体として世界人口は、二〇一三年の七二億人から、二〇三〇年に八四億人、二〇五〇年に九五億人、二一〇〇年には一〇九億人に増加すると予測している。二〇世紀に一六億人から六〇億人に、四倍近く増加したことと比べると、二一世紀中には二倍弱の増加予測であり、増勢は次第に鈍化し、今世紀中ごろからは横ばい状態に近づくことになる。

各国別の推移には、国々の間で増減率の大きな差があり、各国別人口の順位はかなり変動する。概

表７　世界と上位20位の国別人口推移（予測）

単位：100万人

順位	2013年		2030年		2050年		2100年	
	世界	7,162	世界	8,425	世界	9,551	世界	10,854
1	中国	1,386	インド	1,476	インド	1,620	インド	1,546
2	インド	1,252	中国	1,453	中国	1,385	中国	1,086
3	アメリカ	320	アメリカ	363	ナイジェリア	440	ナイジェリア	914
4	インドネシア	250	インドネシア	293	アメリカ	401	アメリカ	462
5	ブラジル	200	ナイジェリア	273	インドネシア	321	インドネシア	315
6	パキスタン	182	パキスタン	232	パキスタン	271	タンザニア	276
7	ナイジェリア	174	ブラジル	223	ブラジル	231	パキスタン	263
8	バングラデシュ	157	バングラデシュ	185	バングラデシュ	202	コンゴ	262
9	ロシア	143	メキシコ	144	エチオピア	188	エチオピア	243
10	日本	127	エチオピア	138	フィリピン	157	ウガンダ	205
11	メキシコ	122	ロシア	134	メキシコ	156	ニジェール	204
12	フィリピン	98	フィリピン	128	コンゴ (*2)	155	ブラジル	195
13	エチオピア	94	日本 (*1)	117	タンザニア	129	フィリピン	188
14	ベトナム	92	コンゴ (*2)	104	エジプト	122	バングラデシュ	182
15	ドイツ	83	エジプト	103	ロシア	121	ケニア	160
16	エジプト	82	ベトナム	102	ウガンダ	104	メキシコ	140
17	イラン	77	イラン	91	ベトナム	104	エジプト	135
18	トルコ	75	トルコ	87	イラン	101	ザンビア	124
19	コンゴ (*2)	68	ドイツ	80	ケニア	97	スーダン	116
20	タイ	67	タンザニア	79	日本 (*1)	97	モザンビーク	112

原典：United Nations Population Division “World Population Prospects, the 2012 Revision”., 2013

出典：総務省統計局「世界の統計　2014」, http://www.stat.go.jp/data/sekai/pdf/2014al.pdf, 世界ランキング調査局「世界の将来推計人口　国別ランキングと推移」http://10rank.blog.fc2.com/blog-entry-246.html

*1　国立社会保障・人口問題研究所「日本の将来推計人口（平成24年１月推計）」による

*2　コンゴ民主共和国

して、先進国の順位の低下とアジア、アフリカの発展途上国の上昇が顕著である。二〇二八年頃、インドが中国を抜いて以後世界最大となる見通しで、上位五位は、多少順位は入れ替わるが、インド、中国、アメリカ、インドネシア、ナイジェリアが占める。わが国は、漸減傾向をたどり、二〇一三年には一億二七〇〇万人で一〇位であるが、二〇五〇年には九七〇〇万人で二〇位、二一〇〇年には八四〇〇万人で二九位と順位が下がる（表7）。

経済力に関しては、世界の有力コンサルタント企業などが、各国別のGDPの長期予測を公表している。比較的新しいプライスウォーター社（PWC）の予測によると、二〇五〇年までには、中国の経済規模（GDP、為替レートベース）は、アメリカを抜き世界最大となる。[3]また、インド、ブラジルが、日本を抜いて、三位と四位に上昇する。人口規模が大きく、また増加傾向にあるアジア、アフリカの人口大国が順位を上げ、日本、ドイツ、フランス、イギリスなど主要な先進国は、その地位が後退する（表8）。

他の組織の予測でも、個々の国の成長性には異なる評価がみられるが、概して、新興国、発展途上国のより高い成長性と地位向上では一致しており、二〇五〇年における経済ビッグ3を、中国、アメリカ、インドとみる結果でもおおむね共通する。

他方、経済力のバランス変化とも結びつくが、軍事面での勢力バランスにも大きな変化が展開しつつある。軍事費の伸びにも、その一面が現れている。スウェーデンのストックホルム国際平和研究所（SIPRI）の集計では、二〇一七年の時点で、各国の軍事費は、①アメリカ、②中国、③サウジアラビア、④ロシア、⑤インド、⑥フランス、⑦イギリス、⑧日本、⑨ドイツ、⑩韓国が上位一〇位に位置している。[4] うち特に中国の軍事費は近年大幅な伸びを続け、その周辺海域への勢力拡張の動きもあり、注目を集めている。サウジアラビアやインドの存在感も大きい。

表8　ＰＷＣ社によるＧＤＰの国別予測（上位15位）

為替交換レートをベース　単位：2011年10億 US$

順位	2011年		2050年	
1	アメリカ	15,094	中国	48,477
2	中国	7,298	アメリカ	37,998
3	日本	5,867	インド	26,895
4	ドイツ	3,571	ブラジル	8,950
5	フランス	2,773	日本	8,065
6	ブラジル	2,477	ロシア	7,115
7	イギリス	2,432	メキシコ	6,706
8	イタリア	2,195	インドネシア	5,947
9	ロシア	1,858	ドイツ	5,822
10	インド	1,848	フランス	5,714
11	カナダ	1,736	イギリス	5,598
12	スペイン	1,491	トルコ	4,486
13	オーストラリア	1,372	イタリア	3,867
14	メキシコ	1,155	スペイン	3,612
15	韓国	1,116	カナダ	3,549

出典：PwC “World in 2050 The BRICs and beyond: prospects, challenges and opportunities” 2013., p.23

国際政治の場でも、新興国の存在がより大きなものとなりつつあり、世界的な経済問題を協議する場として、二〇世紀後半には、先進七か国（サミット、G7）の首脳会議が重きをなしていたのに対し、現在では、ロシアや中国、インドなどの主要な新興諸国を加えた二〇か国の会議（G20）もその存在感を増している。[5]

これらの国家間の勢力バランスの変動には、様々な要因が絡んでいるが、新興諸国の経済成長による経済力の伸長、世界経済における役割の拡大が、その中心的要因といえる。

地球環境問題の深刻化

こうした国家間のパワーバランスの変化とは別に、二〇世紀後半から地球社会が全体として直面する問題が強く意識され全世界的に共有されるようになってきたが、二一世紀初頭に深刻な課題とされたものは、やはり地球環境問題であろう。一八世紀に始まる産業革命以来の世界的な化石燃料利用の大量化の結果であり、これまでの資源・エネルギー利用やさらには経済のあり方の見直しと転換が求められてきた。各種の国際会議を経て、多国間での取り決めとして「気候変動枠組条約」(一九九二年採択)、「京都議定書」(一九九七年議決、二〇〇五年発効)が合意されているが、二〇世紀末期に国際的に真摯に意識され取り組まれた成果である。

その後、二〇一五年にパリで気候変動枠組条約第二一回締約国会議(COP21)が開催され、二〇二〇年以降の新たな枠組みとして「パリ協定」が採択された。これにより、産業革命以降の世界の平均気温上昇を「二℃未満」に抑えるという世界共通の長期目標の設定や、先進国と発展途上国を含むすべての国に対して削減目標の提出などが義務づけられ、その達成に向けた取り決めがなされた。

第2節　二〇世紀におけるメディアの進化

一九世紀における電信の発明と急速な普及に続いて、二〇世紀においては、電話やラジオが普及をみるだけでなく、蓄音機、レコード、映画などの情報メディアが普及した。世紀後半にはテレビやコンピュータの発達・普及が進んだ。

一九世紀前半における電信の発明と同世紀後半の急速な普及の傍ら、時期的には一歩遅れて、電話の原理的研究がフランスやドイツで行われ、そして一八七六年、アメリカでアレキサンダー・グラハム・ベルが、実用的な電話機の製作に成功し、数年後には、電話サービスが開始された。アメリカでは、北東部の諸都市から全米へと普及していったが、意外にも、都市部以上に中西部諸州やカリフォルニア州で急速に普及し、各家庭が散在して居住する農村地帯での必需品となっている。電話は当初、緊急連絡用に、消防・警察などの官庁や企業の活動に利用されたが、個人の利用にも広がり、社交の手段としても有用なものとなった。[6] また、一九世紀末期から二〇世紀初頭の欧米における電話普及の初期においては、通信手段としての利用以外に、有線ラジオ放送に似た情報提供サービスが事業として試みられている。

他方、一九世紀後半には、無線電信がイタリア人マルコーニによって、開発、事業化されたが、二〇世紀に入って、無線通信のシステムは、音声の送信にも応用された。一九二〇年には、アメリカ・

ピッツバーグ市に本格的な商業放送を行う無線放送局が設立されている。以後、各地で放送局の開業が進み、一九二四年末には、全米で五三〇局に達している。日本におけるラジオ放送の開始は、一九二五年（大正一四年）に、当時の東京放送局（現NHKの前身の一つ）によってなされた。

テレビの技術開発は、ラジオに半世紀ほど遅れて一九世紀末期から二〇世紀前半に、欧米や日本の研究者によって進められた。一九三〇年代には、ドイツ、イギリス、旧ソ連、アメリカで、テレビの実験放送が実施されている。アメリカでの実験放送は、一九三六年に、ニューヨークのエンパイアステートビルから送信されたが、一九三九年から定期放送が開始されている。日本でも、一九三九年（昭和一四年）に実験放送が始められたが、戦争により中断を余儀なくされ、本格放送の開始は、第二次世界大戦後の一九五三年（昭和二八年）である。

振り返れば、一九世紀が電信ひいては電気通信の黎明期だとすれば、二〇世紀は放送の誕生と本格的普及の時代であったといえる。その前半はラジオの、後半はテレビの開花期である。この二〇世紀におけるラジオとテレビの世界的な普及とその影響は、社会的な情報流通に一大転機をもたらした情報革命の一つともいえるものである。本書においても、「放送革命」として特筆すべきであったかもしれない。

こうした有線と無線、音声と映像による情報の電子的な伝達における技術や事業の華々しい発展と並んで、二〇世紀には、情報に関連する技術のもう一つの重大な展開がある。コンピュータの開発と普及である。

コンピュータは、かつては電子計算機と訳されることが多く、電子回路により数値計算を行う機械を指していた。近年では、数値計算にとどまらず、文字・画像情報の保存や処理を含む幅広い用途に多用されており、コンピュータの語がそのまま使われている。

コンピュータの歴史は、まず、その電子計算機の開発にさかのぼるが、機械式の計算機ということなら、その来歴は相当古いといわれる。一七世紀中期には、フランスの哲学者で科学者パスカルやドイツの哲学者で数学者ライプニッツが、機械式の計算機を製作しており、その後も、機械式計算機の改良が続けられた。

一九世紀の前半には、イギリスの数学者C・バベッジによって大型の計算機械が構想され、加減乗除を行う装置、カードによるプログラミング装置、条件判断の機構など現在のコンピュータの基本概念がほとんど盛り込まれている。同世紀の後半には、アメリカでH・ホレリスによってパンチカードシステムが発明され、一八九〇年のアメリカの国勢調査のデータ処理に使われた。

二〇世紀初頭には、回転軸と歯車によって計算を行う機械式のアナログコンピュータがつくられ、二度の世界大戦の間に機械式から電気式に移行し、軍事や防災のための装置に使用されている。第二次大戦後の一九四六年、アメリカのペンシルベニア大学で、初の完全電子式デジタル・コンピュータ、ENIAC（Electronic Numerical Integrator and Computer）がつくられている。

一九五〇年代末にはトランジスタが実用化され、一九六〇年代末には集積回路（IC）が発明されて、これらの利用によって、コンピュータは、一方では大規模化、高速化して大型コンピュータやスーパーコンピュータとしての高性能化の道をたどるとともに、同じ性能であれば、より小型化、低価格化が進み、一九七〇年代後半以降、パーソナルコンピュータの普及をみた。

やがて、コンピュータは、単体で数値計算やデータ処理に利用されるだけでなく、電気通信網と一体となって、コンピュータ間でのデータの交換、データ通信を行い、離れた場所からの大型コンピュータの利用（タイムシェアリングによる共同利用やデータベースへのアクセスなど）や、多数の端末からの情報の収集などにも活用されるようになった。

こうしたデータ通信の発展のなかで、インターネットの出現をみることになる。

インターネット構築の発端は、一九六九年にアメリカ国防総省の高等研究計画局（Advanced Research Project Agency：ARPA）が、全米規模の実験的なコンピュータ・ネットワークであるARPANETの構築を開始したことにさかのぼる。

このARPANETは、複数のコンピュータ間を複数の経路でつなぐ分散型のネットワークとして設計された。当時米ソ冷戦のさなか、核戦争のような事態の中で、ネットワークの一部に損壊が生じても、残りの部分が機能するようなネットワークの構築が意図されていたのである。最初は、四つの大学のコンピュータを接続するところから始まった。

その後、ARPANETは、主に学術研究目的で研究者による利用が徐々に広がっていった。

一九七三年からは、海外からの接続が行われるようになり、以後、国際的な広がりをみせていく。

また、一九七〇年代には、現在インターネットで用いられているTCP/IPというプロトコル（通信上の規準）が開発されている。

一九八〇年代になると、コンピュータ・ネットワークの中心は、全米科学財団（National Science Foundation：NSF）のNSFNETに移行した。NSFNETは、ARPANETと接続しつつ別システムとして構築され、一九八六年から運用が開始された。その後、学術研究用ネットワークとして急成長を遂げて、アメリカ各地の大学間を結び、海外ともつながった。

一九八〇年代の終わり頃には、アメリカを中心に世界十数万のホストコンピュータをつなぐに至っていた。一九九五年には、NSFNETは実験段階を終えて、新たなインターネットの基幹システムとして再構築され、利用範囲の制限も撤廃された。以後、インターネット利用は世界的に爆発的な拡大をみせることとなった。

このように、第二次世界大戦後の半世紀の間には、メディアの多様化と高度化が進展し、アメリカはその分野で技術的・産業的なリードを続けたが、特に一九七〇年代以降には、データ通信、光ファイバー、衛星通信、CATV、移動体通信などの普及が急速に展開し、これらの面でアメリカは先進的地位（特にデータ通信、CATV、衛星通信）を示した。もちろん、ヨーロッパ主要国や日本は、電話普及でのキャッチアップとともに、各種の新たなメディアの導入・普及にも注力し、フランス、イギリスにおけるビデオテックスの普及や、日本におけるファクシミリの普及といったある程度特色ある発展傾向がみられた[7]。ところが、二〇世紀末期からのインターネットの急速な普及により、文字、音声、画像の一体的な伝送網として、インターネットが情報通信の中心的役割を担うこととなった。

第3節　ICTの世界的な普及

ICTの急速な浸透

インターネットや携帯電話は、コミュニケーション手段として、一九九〇年代以降、急速に普及し、当初は先進国中心であったが、現在は、新興国、発展途上国で急速に成長している。

情報基盤の世界的な普及状況については、一九八〇年代までは、電話やテレビの普及状況が注目され、一国の情報基盤の整備水準、情報化の進展を推し量る指標となり、それらの普及促進が国際的に重要な政策課題とされてきた。

一九九〇年代を境に、携帯電話の普及が、まず先進国で、そして発展途上国、特に新興国で急速に進み、固定電話の普及を凌駕する状況となっている。また、インターネットの利用も一九九〇年代後半から世界的に急速な普及をみせ、世界的な情報通信基盤としての地位を確立した。なお、インターネットへのアクセスにおいても、携帯電話による利用が重要な位置を占めつつある（図2参照）。まず、一九九〇年代には、先進国を中心に急速な普及をみせ、二一世紀に入ると発展途上国、特に新興国で普及が急テンポとなった。

二〇〇五年から二〇一七年にかけての変化をみると、インターネット、携帯電話の双方の領域にお

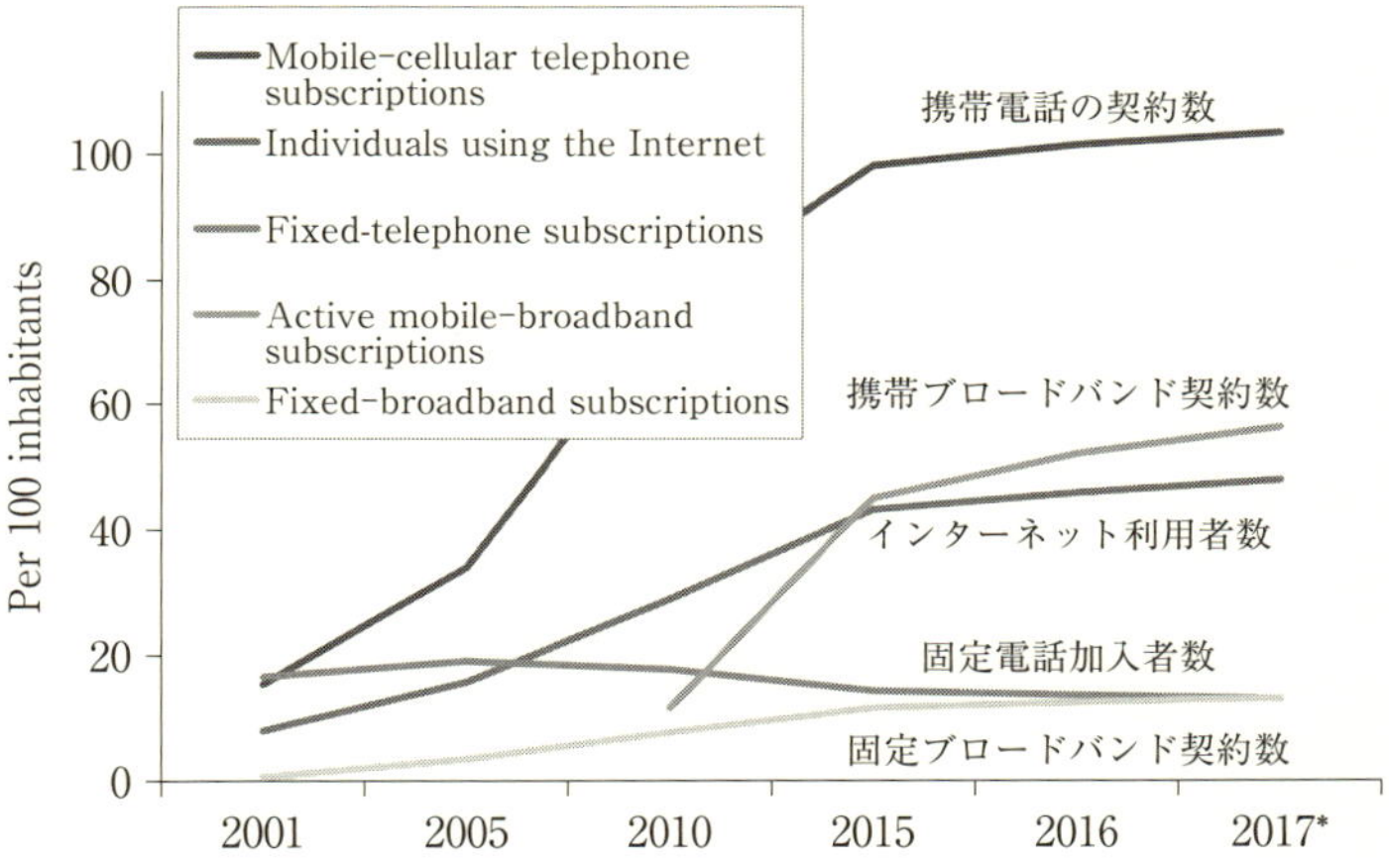

Note：* Estimate

Source：ITU World Telecommunication /ICT Indicators database

図２　ICT の世界的普及状況（１）

出典：ITU “statistics”. http://www.itu./en/ITU-D/Statistics/Page/stat/default.aspx

いて、発展途上国での急速な普及が顕著である。なお、固定電話については、この一〇年間ほど全世界的に微減傾向にある（表9参照）。

インターネットは、なお成長の途上にあるが、その利用者は、二〇一七年には全世界で約三六億人と推計され、世界人口の五〇％を超える。二〇〇五年の一〇億人から一二年間で三・六倍に増加している。この間、先進国全体では一・七倍の増加であるのに対し、発展途上国全体では六・三倍の増加をみせている。ただ、普及率（人口一〇〇人当たりの利用者数の割合）では、八四％と四三％となお大きな開きがある。

ＩＣＴの普及のなかでは、特に携帯電話の成長が顕著で、発展途上国で急伸しており、普及率としては格差が全体的に縮小傾向にある。二〇一七年の推計では、全世界の携帯電話普及率（人口当たりの契約数）は一〇四％に達し、うち先進国が一二七％、発展途上国が九九％となった。

表９　ICTの世界的普及状況（２）

	100人当たり普及数（単位：人）	
	2005年	2017年（推計）
固定電話契約者数		
先進国	47.2	37.3
発展途上国	12.7	8.0
全世界	19.1	13.0
携帯電話契約者数		
先進国	82.1	127.3
発展途上国	22.9	98.7
全世界	33.9	103.5
インターネット利用者数		
先進国	50.9	84.4
発展途上国	7.8	42.9
全世界	15.8	53.6
固定ブロードバンド契約者数		
先進国	12.3	31.0
発展途上国	1.3	9.5
全世界	3.4	13.1
携帯電話ブロードバンド契約者数		
先進国	18.5（'07）	97.1
発展途上国	0.8（'07）	48.2
全世界	4.0（'07）	56.4

出典：ITU "Statistics". http://www.itu.int/en/ITU-D/Statistics/Pages/stat/default.aspx をもとに作成

次に、国別にインターネットの利用者数や普及率をみてみよう（表10参照）。インターネット利用者数をみると、上位一五か国のうちで、中国が最大の規模を擁し、インドがこれに次ぎ、アメリカが三位、ブラジル、インドネシアをはさんで日本は六位に位置している。大別すれば、比較的人口規模の大きな先進国（アメリカ、日本、ロシア、ドイツなど）や、人口規模が大きく、ある程度インターネットの普及が進んだ発展途上国（ブラジル、インドネシア、ナイジェリア、メキシコなど）が含まれる。普及率では、前者が、おおむね九〇％台の水準にあるのに対し、後者は、おおむね三〇～六〇％台にとどまっている。

なお、普及率の水準でいえば、アイスランド、ノルウェー、デンマーク、オランダ、ルクセンブルクといった北欧を中心に欧州の中小規模の国々、カタール、バーレーンといった一部中東諸国で高い水準が達成されている。他方では、一〇％以下の国々も多数あり、なお格差が大きいことが示されている。

インターネット上の情報発信、交流の窓口となるウェブサイトは、一九九一年に最初のサイトが開設されて以来、一九九〇年代に急速な立ち上がりをみせ、二〇〇一年には全世界に二九〇〇万サイトがあり、二〇一三年には六億七〇〇〇万に増加し、現時点では一〇億を超えたとみられている。[8] ただし、このような膨大な数でなお増加中であるが、サイトの約七五％は休眠状態ともいわれている。

また、携帯電話について、同様に加入者数の国別統計をみると、上位一五位には、中国、インド、ブラジル、インドネシアなどの巨大な人口規模を持つ発展途上国が並んでいる。普及率においては、

表10　インターネットの国別普及状況（上位15か国）

2017年末現在

順位	国名	インターネット利用者数（人）	普及率（％）	（参考）総人口 2018年推計（人）
1	中国	7億7200万	54.6	14億1505万
2	インド	4億6212万	34.1	13億5405万
3	アメリカ	3億1232万	95.6	3億2677万
4	ブラジル	1億4906万	70.7	2億1087万
5	インドネシア	1億4326万	53.7	2億6679万
6	日本	1億1863万	93.3	1億2719万
7	ロシア	1億 955万	76.1	1億4396万
8	ナイジェリア	9839万	50.2	1億9588万
9	メキシコ	8500万	65.0	1億3076万
10	バングラデシュ	8048万	48.4	1億6637万
11	ドイツ	7913万	96.1	8229万
12	フィリピン	6700万	62.9	1億 651万
13	ベトナム	6400万	66.3	9649万
14	イギリス	6306万	94.7	6657万
15	フランス	6042万	92.6	6523万

出典：Internet World Stat "TOP 20 COUNTRIES WITH HIGHEST NUMBER OF INTERNET USERS-DECEMBER 31, 2017". https://www.internetworldstats.com/top20.htm をもとに作成

国によってバラつきがあるが、先進国と比べても、かなり普及が進んでいる。インターネットに比べ、発展途上国とりわけ新興国での浸透ぶりが、より目覚ましいものといえる。

携帯電話は、有線の電話網が比較的未整備な発展途上国、とりわけその農村地帯や地方小都市で、固定電話と比べた整備コストの安さや端末価格の低下から、急速な普及をみせてきた。機能的に、音声通話やショートメッセージ（ＳＭＳ）に限れている場合でも、電話網の浸透に大きく貢献し、商品市況など経済情報の入手や送金、通信販売などに用いられ、社会生活上の状況改善に重要な役割を果たしている。さらに、インターネットへのアクセス機能が加わることで、近年におけるインターネットの世界的普及において、携帯電話によるアクセスが大きく寄与している。このことは、携帯ブロードバンド加入数の急増にも表れている。

インターネットや携帯電話の普及を軸とするＩＣＴの基盤整備と利活用は、経済活動の各分野でイノベーションの手段として経済成長を促す重要な要素であり、また、社会生活の様々な分野を効率化・変革していく有力な手段とみられている。さらに、ＩＣＴの利用自体が、機器・システムの製造から情報通信サービス、コンテンツの提供、ネットワーク活用の様々なビジネスまで、幅広い関連産業を形成する。

一国内でのＩＣＴの高い普及率は、社会生活の多岐にわたる利活用の進展やハード・ソフト両面にわたる技術的成熟を伴い、利用者数の規模は、ＩＣＴ関連産業の市場規模として、ＩＣＴ分野の科学技術の水準、イノベーションの展開に影響を及ぼす可能性が大きい。

アメリカ、日本などの人口・経済規模が大きなＩＣＴ先進大国では、巨大な市場規模、多様な産業集積や総合的な科学技術水準の高さが伴い、ＩＣＴ分野でも技術面での優位性を持ち、大規模な関連産業を形成することができる。

また、韓国や北欧諸国などの比較的小規模なＩＣＴ先進国は、ＩＣＴ利用の高い水準を基盤に、グローバル化に対応し、ＩＣＴの特定分野で世界的に有力な技術・産業を形成し、世界市場に製品・システムを提供する動きがみられる。経済活動や情報流通のグローバル化は、地理的な遠隔性や国内市場の狭さを克服する機会を提供するといえる。

これらと並んで、中国、インドなどの新興ＩＣＴ大国は、巨大なユーザー層を背景に、電気通信企業を始め、電子商取引、ＳＮＳ、機器、ソフトウェアなどのＩＣＴ関連産業を大規模に形成し、そのスケールメリットにより、人材や技術の水準向上や、有利な条件での外国からの資本・技術導入、さらには海外市場への進出の可能性があると考えられる。

各国間のネットワーク規模の勢力変動は、人口、資源、軍事、政治、経済、文化などを総合して発揮される国力全体の変動に影響する重要な要素と考えられ、国際社会の将来的な勢力図の変化を見通す上で注目する必要がある。

なお、固定電話、携帯電話、インターネットともに、国、地域により普及の度合いに大きな格差があり、格差は縮小してきたとはいえ、なお大きく、国家間ベースとなると格差は極めて大きい。国際間の「情報格差（デジタル・デバイド）」として、その状況改善が国際社会の重要な課題となっている。

第4節　情報爆発の時代

〝情報爆発〟膨張を続けるネット情報の海

もともと、二〇世紀特に後半の時期を通して、書籍、映画や新聞・ラジオ・テレビといったマスコミニュケーションの成長によって、全世界で生成・流通される情報の総量は拡大傾向にあり、それに伴い、蓄積される情報量も増加しつつあった。

加えて、パソコンや携帯電話（特にスマートフォン）、インターネットの普及とその利用拡大によって、電子化された情報が、大量に生成され流通し、さらに蓄積されつつある。そして、その生成、流通、蓄積する膨大な電子情報は、ＩＣＴ革命が本格化した二〇世紀末期以降、加速度的に増大を続けている。こうした現象は、しばしば「情報爆発（information explosion）」とも呼ばれている。

それでは全世界で一体どれ位の情報が生み出され、蓄積されているのか。これまでも、様々な推計が試みられてきた。

今世紀初頭にカリフォルニア州立大学バークレイ校で行われた研究によれば、一九九九年末頃までに人類が蓄積してきた情報の総量（電子と非電子の双方を含む）は、一二〇億ギガバイトと見積もられ、その後、電子情報を中心に増勢を強めているとみられた。[9] ちなみに、二〇〇二年に蓄積された情報量は、フィルム、ハードディスク、出版、光ディスクを合わせて、五〇億ギガバイトと推計されている。[10]このペースでも、三年間で二〇世紀末までに、人類が蓄積した様々な情報の総量を超える情報が新たに加わることになる。

このように、増え続ける情報の蓄積のうち、電子情報の割合が急速に拡大しつつあり、別の研究によれば、全世界で蓄積された情報のうち、二〇〇〇年には二五%が電子的な形態のものであったに過ぎなかったが、二〇〇七年には九四%を占めるに至っていると推計された。[11]

他方、世界全体でのデジタル情報（電子情報）生成の増加予測が、アメリカEMC社の後援のもとIDC社によって調査が行われている。[12]なお、同社は、地球上で生成されるデータ（電子情報）全体の世界を、「デジタルユニバース」と呼んでいる。最新の調査報告によれば、このデジタルユニバースは、二〇一三年に四兆四〇〇〇億ギガバイトの規模であり、その後、二〇二〇年には四四兆ギガバイトへと一〇倍に増加すると予測している。なお、この情報量は、年々生成される電子情報の量であり、そのうち蓄積されるのは一部である。この間の増加に寄与する大きな要因としては、「モノのインターネット（internet of things）」が想定されており、個々のユーザーが持つ端末機器のほかに、車両や機器などに取り付けられたセンサー類のインターネット接続から生ずる情報が急成長を遂げるとみられている。

全世界で生成、流通、蓄積される情報量についてのこれら様々な推計は、多くの仮定や指標の選択に基づいた近似値であり、また、数字自体桁が大きすぎて、正直実感を持ちにくい。とはいえ、全世界的に流動する情報の、量的な膨大さや変化のスピード感は、大雑把に把握することは可能で、おおよそ以下のようなことが読み取れる。

- 人類全体として、二〇世紀末頃までに、文書、書籍から録音テープ、フィルム映像といった様々な形態で、巨大な情報の蓄積をなしていた。
- 二〇世紀末期からのＩＣＴの急速な普及に伴い、電子情報が加速度的に増大しつつある。
- 加えて、過去に生成された非電子情報も、電子化されて、電子情報の蓄積を一層増大させている（過去の紙の文書・出版物、映像などの電子化）。
- 全情報量のうち電子情報の占める割合が急増し、大半を占めるに至っている。

インターネットのゲートウェイ――検索エンジン

それでは、増大を続ける膨大な電子情報の渦と、人間はどう関わっているのか。

政府や民間企業、団体など様々な組織や個人によりつくられた膨大な数のサイトには、ＰＲ情報、公開された資料・文書、商品カタログ、個人プロフィールの自己紹介や意見表明、映画やテレビ番組のような画像情報まで実に様々な情報に満ち溢れている。それらは、単に情報を得るところにとどまらず、商取引や買い物、意見交流の場としての機能も備えている。メールの利用やＳＮＳ（集団的な交流の場を提供するネットワークサービス）のようなコミュニケーション手段としての利用も重要な、多くの人々にとって日常必須の存在となっている。

情報の性格も様々であり、従来紙の出版物として流布してきたもの（政府や自治体の報告書類、企業のPR資料、電子ジャーナルなど）や、掲示板などで公衆の面前にさらされてきたもの、個人間の手紙のやり取りや対面・電話での会話でのやり取りなど、従来コミュニケーションの様々な形でなされてきたもののうち、かなりの部分が、ネット上での情報の流れや蓄積に置き換わっている。

こうしたネット上で流通し蓄積される巨大な情報群は、比較的容易にアクセス可能な情報源であり、少なくともインターネットを利用可能な人々にとっては、従来に比べ格段に効率的に情報を入手、活用できる環境がつくられたといえる。

その際に問題となるのが、まず、膨大な情報群の中から必要とされる情報を探し出し、選び出す手段であり、この点では検索エンジン（サービス）の役割が決定的な位置を占めている。

検索エンジンの開発とサービスの提供は、一九九〇年代中頃から多くの研究者や企業によって進められてきた。その後、インターネットの利用拡大とサービス事業者間の競争の展開につれて、大手企業のサービスが優勢となってきた。

現在、検索サービスの提供者としては、世界的な大勢としては、アメリカのGoogle社が圧倒的なシェアを占めている。アメリカの調査会社ネットマーケットシェア（net marketshare）社によると、二〇一八年二月時点で、Googleは世界全体で七四・一％（パソコンからの検索件数）のシェアを確保している。[13] 以下、中国の百度（バイドゥ、一〇・九％）、アメリカのMicrosoft（検索エンジン：Bing、八・一％）、Yahoo!（五・三％）、ロシアのYandex（〇・八％）と続くが、百度とYandexは、各々の本国での実績とみられ、国際的に多くの国で利用されているのは、アメリカを本拠とするGoogle、

Microsoft（Bing）、Yahoo! の三社、一強二弱である。

この世界的な傾向のなかで、例外的に、韓国ではNAVER、ロシアではYandexという地元企業が健闘し、中国では、「百度（バイドゥ）」が圧倒的な強さを誇っている。中国政府の干渉のもとで、Google は自社の事業方針との背馳に悩み、中国本土での事業を大幅に縮小している。日本では「Yahoo! JAPAN」が、Google に対して優勢をみせている。なお、Yahoo! の検索エンジンは、近年、Google の検索エンジン使用へと移行している。

検索サービスは、インターネット上の情報へアクセスする際のゲートウェイとしての役割を果たしており、情報サービスの中核的な機能を持つことから、検索サービスの提供においては、メール、SNSや、ニュース、各種の電子商取引（eコマース）、画像や動画の提供、地図情報とその関連サービスなどを含む総合的なポータルサイトの一環として位置づけられ、サービス領域の拡張を競っている。特に、最有力企業 Google の場合、同社は、世界中の情報を整理しアクセス可能とすることを使命としているといわれ、単にネット上の情報の検索にとどまらず、世界各地の市街地の映像を撮影し、地図情報に付加する形で提供するサービス（「ストリート・ビュー」）や、世界の有力大学と提携し、その図書館の蔵書を電子化し、検索可能とするサービスなどにも取り組んできた。こうした情報収集・提供への意欲的、積極的な動きも、前者については市民のプライバシー侵害や、後者については、著作権者の権利侵害などの問題を引き起こしている。

検索エンジンのメカニズムや機能は、検索結果とりわけ関連サイトの提示順序を決定づけ、これは、情報を検索しアクセスを試みる側にとって、その効率性を左右する。他方、情報を発信する側にとっても、商業上の売上げ拡大や著作物、情報提供、主張のアピールなど、その目的の実現に大きな影響を与える。検索エンジンは、ネット上で流通する情報が日々増大する現在、一国内あるいは国際的な情報の流れに大きな影響を与え、ひいては、将来的な文化形成にも影響を与える重要な要因といえる。

ビッグデータと人工知能

インターネットが普及する以前から、二〇世紀後半におけるコンピュータの発達は、膨大な数値データの高速処理を実現し、単なる数値計算にとどまらず、シミュレーションによる解析・予測まで、複雑なデータ処理を可能とした。

その応用の一例は、天気予報にみられるが、衛星からのリモートセンシングや観測値のリアルタイムな集計システムなどの発展も相まって、予測精度が向上してきている。また、地球規模での気候変化への対応についても、スーパーコンピュータによるデータ解析とシミュレーションが重要な役割を担っている。

ちなみに、わが国の海洋研究開発機構（ＪＡＭＳＴＥＣ）横浜研究所に設置されたスーパーコンピュータ「地球シミュレーター」を駆使したシミュレーションによって、地球温暖化をめぐるCO2排出量と気候変化の関係の解析がなされており、地球温暖化問題をめぐる国際的な折衝、ＩＰＣＣ

（気候変動に関する政府間パネル）の第四次報告書（二〇〇七年）における基礎的な検討資料となっており、この領域でわが国の貢献は大きいといわれる。[14]

すでに述べたように、近年、情報システムのなかで電子的に生成され、伝送・蓄積される情報が爆発的に増大しつつある。しかも、そうした膨大なデータを処理する能力も飛躍的に向上してきた。特に、学習や推論の高度な機能を持ち人間の知能に類した「人工知能」の開発と活用に関心が集まっている。

ところで、一口に電子的なデータといっても、様々な形態・内容を含んでいる。国勢調査に代表される公的な統計類や気象観測・予報のような数値データを始め、特に経済分野では、ＰＯＳシステムのような商業・流通過程で発生するデータや、製品の稼働状況、農作物の作付・作況など、事業活動に伴い多種多様な膨大なデータ群が集められている。他の分野でも、道路や橋、下水道などの公共インフラの整備・稼働状況、病院におけるカルテやレセプト、スポーツやスポーツ選手の実績記録など、幅広い領域で膨大なデータが電子的に蓄積されつつある。また、スマホやＧＰＳから発信される人や物の位置情報、移動情報、ブログやツイッター上のメッセージといった情報も有用性が注目されている。

これらの多種多様で膨大な規模の情報は、その内容はもちろんデータの形式も性格も様々である。これらは、「ビッグデータ」と呼ばれ、様々な分野での活用に期待が高まり、官民で積極的な取り組みがなされている。

ビッグデータは、データ形式が整った数値データなどに限らず、形式が整わない文章、画像などのデータも含み、それら膨大なデータ群の解析によって、様々な自然現象、社会動向について、何らかの相関関係の把握や因果関係の推定を行い、それに基づいて、より確実性の高い趨勢や可能性の把握を行い、公的機関や企業における将来計画の策定や、業務の効率的な推進に資することが期待されている。

経済分野で先行した動きとして、ポイントカードとPOSシステムからの情報やクレジットカード情報、電子商取引からの情報などを活用し、個々の消費者の消費行動にマッチしたマーケティング活動が試みられている。また、在庫管理や配送計画の最適化や、全体的な消費者動向のトレンド把握などにも利用される。さらに、ブログやツイッター上のメッセージの内容も、その膨大な内容を解析することで、消費者の関心や動向の変化などの予兆を捉える上で有用なものとなっている。農業分野でも、地域ごとの気象・土壌や農作業記録、生育状況などの詳細でリアルタイムのデータを解析し、生産過程を管理して収量増加を図る取り組みがなされている。

行政分野の例では、下水道網の設備の経過年数や稼働・故障状況などのデータを利用して、より有効・最適な設備管理が可能になるとか、自動車の位置情報と道路網の状況に関するデータが、混雑緩和に向けた情報提供や事故減少のための道路管理に活用されている。

このほか、検索サービス利用者の検索動向から伝染病の発生・流行の予兆を捉えるとか、ブログやツイッター上の大量のメッセージを、有権者の政治意識の分析や投票行動の予測に活用するとか、対象となるデータや活用目的は幅広く、今後もより拡大をみせるであろう。

先の東日本大震災に際しても、発生後の人や企業の動向について、携帯電話の発信記録や個々の企業の取引先、商品にまつわるブログでの言動といった人の移動の実態、企業間の取引状況、風評被害の様相について、関係機関が保有する膨大なデータを解析が有用性を発揮したことが報じられている。[15] 自治体が把握する住民基本台帳よりもきめ細かな人の移動（避難、転居など）の実態や、企業間取引のネットワーク構成やその中で中核的役割を持つ企業の動向、被災地の産品についての風評の形成プロセスが明らかにされ、自治体や企業、関係者が対応策を見出すうえで有益な知見が得られている。

このように、ビッグデータの活用が、自然現象や社会事象のメカニズムの解明に有力な手段となり、予測の可能性と精度を高め、新たな変化の兆候を発見する有効な手がかりとなり、そして、経済的、社会的に効率的な事業・システムの運営を実現するツールとなることが期待されている。

他方で、ビッグデータの有用性について、因果関係を発見する手がかりになるに過ぎず、また、将来予測についても、これまでの統計的手法によるトレンド分析と同様に、過去のパターンの延長にとどまり、構造的な変化に対しては限界があるとの見方もある。

とはいえ、多種多様で膨大な電子データ群と、今後急速に機能を強化されていくであろう人工知能との結びつきを考える時、自動車の自動運転、システム化された投資活動、マーケティング活動から、社会的な様々な領域における状況認識、意思決定まで、有力な補助（あるいは代行?）手段として、その役割が拡大していくことは容易に予測される。

人工知能の可能性についての論議は、実用的なコンピュータ（電子計算機）がつくられた二〇世紀の中ごろにさかのぼるが、その後、人工知能研究の紆余曲折を経て、一九九〇年代ころからにわかに現実味を帯びて世上の注目をひくようになった。

もちろん、人工知能の技術的可能性や開発の進展、社会的影響やリスクについては、議論が大きく分かれている。

一つは、ＩＣＴの加速度的発展傾向により、遠くない将来に人間の知能に類し、情報処理能力ではこれをはるかに凌駕する能力を持つ人工知能が実現し、社会運営や経済活動の効率化・高度化に寄与するという見方である。その最右翼とも言えるのは、レイ・カーツワイルの論で、二〇四五年には人工知能が人類の知性をはるかに上回る水準に達し、これを取り込んだ人類は、生物としての限界を超え、「シンギュラリティ（技術的特異点）」に到達するという。[16] 他方、技術的な可能性を認めつつ、人工知能の様々な情報システムへの浸透に伴う社会的リスクを強調する考え方も根強く、これまでも世界の各界指導者、有識者から意見表明がなされてきた。中には、「人類最悪にして最後の発明」として警鐘を鳴らす著作もある。[17]

また、人工知能とりわけ人間の知能に類した用途を特定されない汎用人工知能（artificial general intelligence：ＡＧＩ）の開発可能性には疑問を投げかけ、現在のややもすればセンセーショナルな議論に冷ややかな見方もある。[18]

わが国でも、人工知能とその影響のついては関心を呼んでいるが、国の公の場での論議として、内閣府が設置した有識者会議では、汎用人工知能の実現と脅威となる可能性完全には否定できないとしつつも、少なくとも今後数十年はきわめて低いとしている。その上で、各領域での人工知能の応用可能性を視野に入れて、幅広く問題点を整理している。[19]

いずれにせよ、今後様々な領域で特定目的の用途に対応する特化型人工知能（Narrow AI）の開発・利用が進むであろうし、人間の知能による情報解析や判断を限定的にでもより効率的に代替することになろう。活用への積極的な取組みとともに、その波及効果やリスクについても大局的な分析・評価が絶えず必要である。他の先端テクノロジーの諸分野も同様であるが、技術の活用が自然環境や社会に及ぼす影響についての予測・評価（技術影響評価、Technology Assessment：ＴＡ）の重要性が痛感される。[20]

第５節　情報のパックスアメリカーナ

１　情報覇権の移行

すでに述べたように、二〇世紀前半に国際社会の主導権は、イギリスからアメリカへと移行し、二〇世紀の後半には米ソ冷戦下で、様々な国、勢力による対抗の動きもあるなかで、アメリカの指導的地位は顕著であったといえよう。その時期、軍事、外交、経済の領域での優位に加えて、これらの強大な地位を背景に、メディアの多様化・高度化で世界をリードし、国際的な情報基盤の構築・運営や情報の生産・国際的流通の面で圧倒的な優位をみせた。一九九〇年代以降には、インターネットの急速な普及により、アメリカの情報面での国際的優位性も新たな局面をみせ、二一世紀に入って軍事・経済面での優位が後退するなかでも、情報面での国際的な強みはなお持続している。[21]

国際通信体制

第二次世界大戦後、国際通信をめぐる状況は一変した。旧植民地が次々と独立し、また、海底ケーブルの敷設・利用は、関係当事国の国際通信事業者間で共同事業（ジョイント・ベンチャー）として営まれることが通例となった。二〇世紀初頭には世界三大洋に海底ケーブルと無線電信網を張り巡らしたイギリス系のC&W社は、その事業規模を大幅に縮小する運命をたどった。

そして、国際通信の分野では、新たな通信方式として衛星通信が登場し主流となり、一九六四年に、アメリカ主導で国際電気通信衛星機構（インテルサット、INTELSAT：The International Telecommunications Satellite Organization、本部：ワシントン）が、世界的な通信衛星の保有・運営機構として設立された。同機構は、需要予測に基づいて計画的に衛星を打ち上げ、太平洋・大西洋・インド洋上にそれぞれ通信衛星を配して、全世界二〇〇以上の国および地域にグローバルな通信サービスを提供してきた。

この機構の加盟国は、一四二か国（一九九七年一一月）に及び、参加国が利用の量に応じて出資する協同組合的性格を持つが、実際の運用はアメリカ企業であるコムサット社が受託してきた。先に述べたように、戦後の衛星通信を主流とした国際通信体制において、アメリカは、世界各国の集団的協調体制において主導権を発揮してきた。

二〇〇〇年一一月に、機構改革が決定し、その後、通信業務を行う事業会社としてのインテルサット社（Intelsat Ltd.）と監督機関である国際電気通信衛星機構（International Telecommunications Satellite Organization：ＩＴＳＯ）とに再編された。

ところで、一九七〇年代末期からは、光ファイバーの通信回線としての利用が進み、他方、イギリス、アメリカを先駆けとした電気通信事業の自由化政策のもとで、光ファイバー海底ケーブルの敷設が、各国の公営、民営の電気通信企業などによって積極的に展開し、国際通信においても主流の座を占めるようになった。近年も、インターネットの伝送需要の拡大を見込んで海底ケーブルの増設の動きが活発に進んでいる。

国際的ニュース配信

国際的なニュース配信の分野では、一九世紀末期に成立していたヨーロッパの主要三社による世界的な市場分割は、第一次世界大戦後におけるアメリカ系通信社ＡＰ（Associated Press）やＵＰＩ（United Press International）の対外進出の積極化によって次第に崩壊し、第二次世界大戦を機にフランスのアバス、ドイツのヴォルフの二社が消滅した。同大戦後には、ロイターと前記のアメリカ二社に加えて、フランスのＡＦＰと旧ソ連のタス通信（現イタルタス通信）を加えた5社が世界的なニュース配信の中心の座を占めることになった[22]。かつてのロイター社の優位はアメリカ二社の伸長で相対的には低下した面もあるが、戦前に比べると総じてアングロサクソン系通信社の存在がより大きくなったといえる。

ちなみに、一九七〇年代には、先進国と発展途上国の様々な面での情報格差が問題として浮上し、「新世界情報秩序」の形成が求められた。特に先の五社が有力な国際通信社として世界のニュース配信を寡占している状況に対し、発展途上諸国から一部先進諸国の情報支配として批判が提起された[23]。

なお、ロイター社は、近年においてはニュースや経済情報の電子的提供サービスに注力し、その分野ではアメリカを含む世界的市場の中で有力な地歩を築いてきたが、二〇〇八年にカナダ系の情報サービス企業トムソン社に買収され、トムソン・ロイター社（本社：ニューヨーク）に統合された。

ところで、戦後世界におけるテレビ放送の発展とアメリカにおけるＣＡＴＶの高水準な普及を背景に、ニュース報道においては、ＣＮＮ（Cable News Network）のようなニュース映像の配信企業がその事業を世界的に展開するに至った。

もともと同社は、エド・ターナー三世（Robert Edward Turner III）により、一九八〇年にジョージア州アトランタに、ケーブルテレビ向けにニュース番組を製作し、通信衛星によって二四時間供給する会社として設立され、ターナー・ブロードキャスティング・システム（ＴＢＳ）の傘下にある。世界各地のテレビネットワークと連携し、全世界的に取材網を持ち、ニュース映像の配信を行っている。

2　情報大国アメリカ

世界最大の経済大国であり、巨大な国内市場、国民の高い生活水準、教育水準を土台に、出版、放送、映画といったコンテンツ形成、研究開発など、情報の生産でも最大の大国となり、海外への輸出を通しても、世界的に大きな影響力を発揮してきた。

ヒューマンメディア社による調査では、二〇一六年の世界のコンテンツ産業市場のなかでは、アメリカが最大で約四五兆円、次いで中国が一四兆円、日本が一一兆円で、ヨーロッパではイギリス六・八兆円、ドイツ五・六兆円、フランス四・一兆円、イタリア二・三兆円、アジアでは、韓国三・二兆円、インド二・一兆円、他にブラジルが二・三兆円の規模となっている。[24]

このように、アメリカは、一国として世界最大のコンテンツ市場を形成し、しかも、二〇〇四年の少し古い数字であるが、国内市場とは別にその一七・八%に当たる額のコンテンツが海外市場向けに輸出され、世界最大のコンテンツ輸出国となっていた。[25]

主要なコンテンツのうち、書籍についていえば、アメリカは最大の書籍出版国であり、また、最大の書籍輸出国の地位にある。輸出先としては、隣国カナダが大きなウェイトを占めているが、それでも世界的に広範な国で輸入されている。しかも、アメリカ系多国籍出版社の海外での事業展開（現地出版）も活発であり、特に発展途上国においては各々の出版市場での影響力が大きい場合もある。[26]

加えて、映画や放送番組などの製作・輸出にも顕著な優位性を保っており、情報面での国際的影響力の大きさを示している。

映像（映画）の分野で、一九八〇年代中頃の状況であるが、アメリカ映画は七九か国に輸出され、輸出先の国数では、フランス、イギリス、イタリアなどのヨーロッパ主要国や、日本、インド、香港といったアジアの国・地域も健闘しているが、五六か国においてアメリカが第一位の輸入元であり、他国を引き離している。[27]

もともと、ハリウッドを拠点とするアメリカの映画業界は、第二次世界大戦前、アメリカ国内に巨大な映画市場を確保するとともに、海外への輸出にも力を注いだ。アメリカ映画制作者配給者協会（MPPDA、一九二二年設立）は、国務省や在外公館と連携して、現地の映画輸入会社との提携や輸出先の輸入制限措置への対応など海外市場の確保に努め、アメリカ映画業界は、映画興行収入の約三割を、カナダを除く海外から得ていたという。[28] 一九五〇年代において映画業界大手にとって、海外市場は売上げの半分近くを占めていた。

さらに、アメリカは、科学技術の研究開発でも、科学技術者数、研究開発費で世界をリードする位置に立ち、特許や学術論文などそのパフォーマンスにおいても、総じて世界をリードする地位を誇っている。

ちなみに、一九八〇年代以降、アメリカの国際収支のうち貿易収支は赤字を続けているのに対し、貿易外収支に属するサービス分野は黒字を続け、その額も増大傾向にある。[29] 同分野には、ロイヤリティーやライセンス供与による対価受取や電気通信、情報サービス、各種の専門的なビジネス・サービスなど情報の生産・流通に係る業務分野が含まれる。

アメリカ政府は、こうした知的生産における国際的優位とこれに基づく経済上の権益を確保するために、特許権、著作権による保護を国内的、国際的に強化する政策をとってきた[30]。

3　ソフトパワーと安全保障

ソフトパワー

アメリカの国力と国際的影響力については、二〇世紀末期から二一世紀初頭にかけて、軍事的、経済的な面で相対的な地位の低下がみられるが、情報、文化の面での対外的影響力は依然として大きく、「ソフトパワー」の意義が注目されている。書籍や映像（映画、テレビ番組）なども含まれるが、その意味するところはより幅広い。

ソフトパワーは、一国の国際社会における存在感やイメージを高めて、外交上も重要な基盤として、近年、国際政治における重要な要素として注目されてきた。このソフトパワーは、アメリカの国際政治学者で国防総省高官も歴任したジョセフ・ナイが提起した概念で、軍事力や経済力を中心とした強制を伴う影響力であるハードパワーに対し、ソフトパワーは、相手の自発的な同調、支持、共感を得て達成される影響力を意味している[31]。

ナイは、対外関係の要素として、ハードパワーに対して、よりソフトパワーの重要性を強調する。

その主な三つの源泉として、①文化、②政治的な価値観、③外交政策を挙げ、①文化については、アメリカの強みの源泉として、世界のトップブランド一〇〇に占めるアメリカ企業のブランド数、映画とテレビ番組の輸出額、留学生数、アメリカの教育機関に在籍する外国人研究者数、専門誌に掲載された科学論文数などについて、他国を大きく引き離して、世界一の水準にあることを指摘している。

安全保障と情報活動

アメリカは戦後世界のリーダーとして、安全保障の確保を目的とした情報収集活動を世界的規模で展開し、国家安全保障会議（National Security Council：ＮＳＣ）のもとに、中央情報局（Central Intelligence Agency：ＣＩＡ）を中心に、国防総省その他の中央官庁の情報部門が連係して、情報コミュニティ（Intelligence Community）を形成してきた。

国家的な情報の収集・分析については、二〇世紀末から、情報ネットワークの急速な発展をふまえて、軍事・外交分野におけるより幅広い重要性を指摘する見解も示されている。クリントン政権時代の当局者、前述のジョセフ・ナイとウィリアム・オーエンズ（元統合参謀本部副議長）の論文のなかで、「米国は宇宙からの査察システム、衛星放送、高速処理コンピュータなどの、重要なコミュニケーション技術、情報処理技術を支配するとともに、複雑な情報システムを統合する比類のない能力を手にしている」とし、情報面での優位は、「伝統的な軍事的脅威を相対的に低いコストで抑止、粉砕する際の助け」となるだけでなく、「同盟関係、あるいは、一時的な連帯・協力関係におけるリーダーシップを維持していくための新たな手段」となると指摘している。[32] そして、他国との情報の共有を通じてアメリカあるいはその友邦が、より的確な対応能力を発揮することが可能であり、従来の「核の傘」に代わる「情報の傘」の意義を強調している。

世界大国アメリカの情報活動の中では、かねてより、同国が主導する国際的な通信傍受組織として、「エシュロン（"ECHELON"）」の存在と活動実体に関心が向けられてきた。エシュロンとは、フランス語で梯子を意味し、アメリカ、イギリス、カナダ、オーストラリア、ニュージーランドの英語圏五か国によって運営されている通信傍受組織の暗号名である。第二次世界大戦直後における米英の情報機関間の協力関係に始まり、一九七〇年代からは、音声通話、データ通信、衛星通信などを傍受し、コンピュータを駆使して解析し、近年においては、インターネット上で交信されるデータも対象となっているとされる。欧州議会が問題視して、二〇〇一年にその活動実態に関する報告書を採択している。

最近では二〇一三年、アメリカ政府情報機関の元職員によって、アメリカ国家安全保障局（ＮＳＡ）による公人、私人を含む個人情報や公的機関、企業の活動情報などの情報収集の実態が暴露され、全世界的な電話回線、インターネットなどの傍受と情報解析、これに対する大手ＩＣＴ関連企業の関与などについて具体的に明かされ、世界的なセンセーションを巻き起こし、アメリカと関係各国との外交問題へと発展した。

国家的な情報収集に際しての国内外での幅広い対象への傍受（盗聴）活動には、人権侵害や友好国との摩擦などを伴い、安全保障上の必要性と市民のプライバシーの保障などとの二律背反は宿命的とはいえ、無視できない問題である。

4　ICT革命下でのアメリカの優位

電話やテレビから諜報活動まで様々な局面を取り上げ、二〇世紀後半から近年に至る時期における情報の生産・流通におけるアメリカの優位についてみてきた。二〇世紀末期から現在に至る二〇年間余の新たな局面では、インターネットを核としたICTの世界的普及が顕著な現象といえるが、ICT関連の領域でも、いくつかの重要な点でアメリカが優位を保っているといえる。

インターネット普及の先行とICTの中核技術の優位

インターネットの開発国で発祥の地であり、その普及と利活用が他国に先行したアメリカでは、まず、社会全体の情報活動の効率化が進み、特に経済面においては、デジタル化が経済の活性化を先導してきた。

ICTの世界的普及のなかで、ユーザー層や利活用の面では、アメリカの相対的位置づけは縮小してきたものの、ICT産業の中核的部門で有力な、領域によっては独占的な地位を保持している。

周知のように、インターネットの要となるサーバーは、近年、ヒューレットパッカード、デル、レノボ、IBM、シスコシステムズが世界シェアの上位五位を占め、レノボ（中国）を除きアメリカ系企業の優勢が顕著であるし、パソコン、スマートフォンなど情報端末の中核となる部品であるCPUでは、パソコン向けではインテル、スマートフォン向けではクアルコムが圧倒的な強みを誇っている。

また、ソフトウェアでは、パソコンの基本ソフト（OS）では、マイクロソフトの独占的な地位が続いてきた。情報サービスでは、先に触れたように、検索サービスではグーグルの世界的な優位が保たれ、SNSの分野では、フェイスブックやツイッターがアメリカ国内外で浸透をみせている。情報流通に関連しては、書籍のネット販売大手アマゾンの国際展開も注目される。

インターネットの国際的な管理・運営におけるイニシアティブ

世界的規模で利用されるインターネットは、特に集権的あるいは公的な管理機構もなく分散型のネットワークであるが、これが全体として円滑に機能するためには、技術的規準やIPアドレス、ドメインネームのような基本的要素に関する一定のルールを設定し、それに基づく管理機能（「インターネットガバナンス」）を担う組織が必要である。

もともと、インターネットの誕生・発展にはアメリカ政府が決定的な役割を果たしてきたし、現在もなお中国と並ぶ最大規模（世界第二位）のユーザー国として、その直接的影響力は大きい。インターネットは、分散型の情報ネットワークといわれ、その管理体制も一元的ではないが、その運営上不可欠なドメインネーム（@を挟んだウェブサイト上のアドレスを示す名称）の管理は、ICANNという略称を持つアメリカ・カリフォルニア州の民間法人に委ねられている。そして、二〇一六年までICANNの業務に対し、アメリカ政府は一定の監督権限を留保していた経緯もあり、アメリカ政府の影響力の度合いについては論議が分かれる。[33]

そして、インターネットの国際的管理体制に対してアメリカ主導とみる、中国、インド、ブラジルなどの発展途上国が、ICANNを中核とする現行体制を批判し、より各国政府の参与が可能な、国連のもとでの管理体制の構築を主張し、二〇〇三年と二〇〇五年に開催された国連主催「世界情報社会サミット」において、大きな論点の一つとなった。[34] 世界情報社会サミットでは、インターネットガバナンスの今後の方向性について、特に具体的合意をみなかった。そして、国連主催の国際的討議の場としてインターネットガバナンスフォーラムの設置が決まり、二〇〇六年から、インターネットに関する様々な世界的課題について、広範な関係者が参加して論議が続けられている。

アメリカの情報覇権の特徴

一九世紀における世界的な電信網の構築以来、陸海空の交通網の発達とも相まって、ヨーロッパを中心とする世界的な情報交流の流れが確立され、二〇世紀に入ってからは次第にアメリカへと中心がシフトし、二〇世紀後半からは、情報の生産と国際的な流通の面で、アメリカの優位が続いてきた。

第二次世界大戦後における国際的な情報の生産・流通をめぐるアメリカの優位性を、戦前のイギリスのそれと比較すると、以下のような点が特徴として浮かび上がってくる。[35]

まず、共通性としては、①軍事、政治、経済面での複合した国際的リーダーシップと結びついた形での情報面での覇権形成であること、②工業生産での優位が相対的に低下する中で情報面の優位性が強化されていること、③アングロサクソン文化を基調とし英語による情報流通を促進していることが挙げられる。

これに対して、主に時代状況の段階・特質の相違から、①アメリカの情報面での優位性が主に経済・技術上の優位性に立脚しており、植民地保有の優位に根ざすものではないこと、②通信手段が電信から電話へと発展し、さらに、メディアの多様化と高度化が急速に展開し、終にはＩＣＴ革命を招来したこと、③歴史的状況として情報化の格段の進展がみられ、経済活動における情報活動のウェイトが増大していること、④非欧米地域特にアジア地域の経済的台頭が顕著であること、そして、⑤英語の国際的流通性も、全世界的に外交から学術・文化にわたり一層の拡大がみられることが、英米間の相違点として指摘しうるであろう。

現在、経済のグローバリゼーションとＩＣＴの世界的普及により、世界的な情報交流が拡大を続けている（情報のグローバリゼーション）。そのなかで、世界最大の軍事的、経済的勢力を誇るアメリカは、①情報の生産・発信（出版、映像、報道、研究開発、ソフトウェア、高等教育、知的サービスなど）できわめて優位な地位を保ち、②情報基盤（国際通信、インターネット）の管理運営でも主導的立場に立っている。そして、③情報をめぐる制度形成（特許・著作権などの知的財産権）や公的介入（通信傍受）などによって、自国の権益拡大を図ってきた。これらがもたらすアメリカの国際的な威信・影響力は、今や同国の国力・世界的指導力の重要な要素となっている。

5　情報のグローバリゼーションへの反発とパワーの拡散

情報グローバリゼーションへの反発

二〇世紀から進展してきた情報の国際的流通の増大、情報のグローバリゼーションのなかで、アメリカを中心とする情報の世界的な流れには、様々な国、地域、集団から警戒や反発の動きもられる。二〇世紀後半、電話やテレビなど電気通信基盤の南北格差（〝ミッシング・リンク〟）解消が国際社会の課題とされた。[36]また、前述のように、アメリカを核とする少数の先進国が中心となったニュース配信への批判も発展途上国側から提起された。さらに、コンピュータやデータ通信が普及し、情報の電子的な伝送や処理が国境を越えても活発になされるようになった一九八〇年前後には、データベースの構築や情報提供サービスで先行するアメリカに対して、自国の独立性や文化的伝統への懸念が、他の先進国、特にアメリカ文化の強い影響下にある隣国カナダや、[37]固有の自国文化を擁護する意識が強いフランスから[38]提起された。

近年では、検索サービスの覇者 Google の企業活動が焦点となっている。同社の検索サービスにおける一部の国を除く圧倒的な優位や、ストリートビューにみられるような市民生活上のプライバシー侵害への懸念、そして、世界各地の有力な大学図書館での蔵書の電子化に伴う著作権侵害や文化的バイアス（英語文化優先）への懸念などからの反発が巻き起こり、論議や裁判が展開してきた。

また、インターネットの国際的な管理体制（インターネットガバナンス）をめぐっても、アメリカ中心の色合いの濃い現行体制を見直そうとする議論もなされていることは、すでに触れた。

さらに、アメリカなど英語圏の五か国政府によるインターネットを含む通信網への傍受（盗聴）組織、エシュロン（ECHELON）も、久しくその活動について憶測を呼び、国際的な批判も受けてきたが、二〇一三年、アメリカ政府の情報機関元職員による暴露で、その実態が鮮明になり、友好国政府も含め国際的な非難を呼んだ。

現代世界において、情報の収集、生産や国際的流通で中心的地位に立つアメリカは、国家や企業など様々な主体の活動に伴う情報の優位によって、他の国々へ軍事・外交から経済、社会、文化の各領域で大きな影響を及ぼしている。もちろん、ＩＴＣを基盤とする情報の世界的な流通と共有は、それが諸々の国や人々にとって有益な面が多々あることも事実であるが、自国の自立性や利害への悪影響を懸念する論議と動きが渦巻いているのも実情である。

情報パワーの拡散

情報とりわけＩＣＴに関連する主要な領域でのアメリカ優位の状況のもとで、他方、本章の初めに取り上げたように、人口、経済、軍事といった国力の主要な要素において、国家間で勢力変動、国力の分散化が今後も続いていく。情報の生産・流通の領域では、当面多くの分野でアメリカの優位や影響力が持続するであろうが、国際的な勢力分散化の傾向と絡みながら、ここでも、分散化に向けた展開が伏在している。

インターネットや携帯電話などＩＣＴの発展途上国での急速な普及によって、特に中国、インド、ブラジル、インドネシアなど巨大な人口を抱える新興諸国では、一国として巨大規模の情報ネットワークが形成されている。これは、今後のＩＣＴ関連産業の発展、広範囲な情報流通、大規模な市場形成、ひいては経済発展全般の土台となっていくであろう。

これらの国々では、教育水準の向上に伴い、質の高いまとまった規模の知的人材層を擁することになり、出版、映像コンテンツ、特許（研究開発）などの知的生産が拡大することも考えられる。「ソフトパワー」でも大国化する可能性があるといえる。

パソコンや携帯電話、半導体などネットワーク利用に必要な機器・部品類の製造では、アメリカの生産、輸出での地位はなお大きいが、中国、台湾、韓国など東アジア諸国のシェアが拡大し、世界的な製品供給地域となっている。

様々な情報システムを動かす上で欠かせないソフトウェアでは、アメリカは依然として世界最大の市場、生産国、輸出国としての地位を保っているが、高等教育を受けた人材層が厚いインド、中国などで外国向けの開発業務が成長をみせている。

映画やテレビ番組といった映像コンテンツの製作でも、人口規模の大きい新興国は、その国内市場を背景に製作実績を伸ばし、関連産業とその集積地が形成され、国外への輸出へと展開している。日本、中国・香港、韓国など東アジア諸国における映像産業の実績は周知のとおりだが、近年、特にインド映画の隆盛が注目されている。インドでは、経済中心都市ムンバイに映画産業が集積し、「ボリウッド映画」（ムンバイの旧称ボンベイとアメリカのハリウッドの合成語）の名称で国際的にも愛好され、ハリウッド映画と並び、製作本数、観客動員数ともに世界トップクラスといわれている。さらには、アフリカ最大の人口規模を持つナイジェリアでも、映画製作が盛んになり、「ノリウッド映画」と呼ばれ、国外に多く販路を拓いている。

コンテンツといえば、日本製のビデオゲームとアニメが世界市場を席巻してきたこと、マンガ愛好者が国際的な広がりをみせていることも、重要な動きといえる。

人口規模の大きな新興国とは別に、スウェーデン、フィンランド、シンガポールなど先進国に属する小規模国家は、グローバル市場にうまく対応し、ＩＣＴの活用に力を入れることで、高い経済的パフォーマンスを示してきた。インターネットは、グローバルな情報流通を格段に活発化し、経済のグローバル化と相まって、小国にとって情報交流と市場の限界を超えることを容易にしてきた。これも、ＩＴＣ革命のもたらす勢力変動の一面といえる。

こうして、かつてはイギリスを始めとするヨーロッパ主要国、後にアメリカに主導された情報のグローバル化によって、ニュース報道や経済取引活動など情報伝達が瞬時に展開され、人の移動の拡大とも相まって、世界がまさに一体化した情報交流圏に統合されたような状況をみせている。

そのなかで、アメリカを中心とするアングロサクソンの英語情報圏からの知的、文化的情報発信が、益々世界的な影響力を強めているようにみられている。インターネットの世界的な普及はこれを促進すると考えることもできる。

ただし、インターネットは、ユーザーのすそ野が国際的に広がるにつれて、各国、各民族の言語によるサイトが構築され、様々な言語による情報流通を支える基盤として機能している。

しかも、伝統的な非電子情報にせよ、電子化された情報にせよ、コンテンツの創造、情報発信は、情報の生成・発信に携わる人材と、これを享受するユーザーの規模と質に、主に依存すると考えられる。将来的に、人口、経済をベースに勢力変動が予想される地球社会において、情報の生成・発信は、国際的な交流が増大を続けるであろうが、より多元的で相互交流的なものになっていくと思われる。

第6節　ＩＣＴ革命の特徴と影響

1　情報革命の歴史的意義

現代世界で進行中のＩＣＴ革命の特徴と影響について考えるにあたって、過去における情報革命の歴史的意義を確認しておこう。

基本的に情報革命は、情報の保存と伝達をより効率的に行うためのイノベーションである。文字の使用、紙の普及、印刷術の革新、電信の実用化という歴史上の情報革命も、情報の保存や伝達の効率化に寄与したことではほぼ共通するが、それぞれの特質と時代背景の違いから、様相はかなり異なっている。

文字の使用は、情報の保存という点で画期的であり、情報の伝達にも寄与したが、その効用は、文字の特徴や各地域ごとの特色ある筆記材料によってかなり異なっていた。

紙の普及は、文字による情報の保存・伝達を、より確実で効率的なものとした。

印刷術の刷新は、情報（文書）の大量複製を効率化し、その拡散を促進することとなった。さらには、同一情報の複製物の分散によって、結果的には、社会全体としての情報の保存にも大きく寄与するものとなった。

電信の実用化は、主に、情報伝達の飛躍的な迅速化をもたらし、地球的規模での同時的な情報交流に道を開いた。また、今日のＩＣＴにつながっていく情報電子化の第一歩となった。

いずれにせよ、情報の保存か伝達、あるいはその両方の機能を飛躍的に増大させるものであった。そして、以下に示すような社会的な変化を促進したといえる。

① 情報へのアクセス機会の拡大

広い意味で情報のコストを下げ、より多くの人間が情報をより容易に効率的に利用する可能性を拡大し、社会全体の知的能力を増進した。当初一部の階層・集団に限定されていた文字の使用にしても、それ以前の口承のみによる情報の保存・伝達に比べると、より多くの人々に情報の共有を拡大したとみられる。

② 社会組織の安定化と変化の促進

相反することのようであるが、一方で、特に情報の保存機能の強化は、時を超えて集団内部の情報共有をより確かなものにすることで、文化的伝統の形成や社会組織の持続性を担保し、社会組織の安定性に寄与したと考えられる。他方、情報伝達の迅速化は、知識・思想、流行や社会的な動きの拡散を容易にして、往々にして社会的変化を促進する作用を持つといえる。

③ 社会組織の大規模化と情報交流圏の広域化

情報手段の革新によって情報の保存と伝達がより確実で効率化することで、社会集団内部での統制や連携がより濃密なものとなり、より大規模な集団・組織（国家や国際社会、各種の経済的、社会的組織やそのネットワークなど）の運営・存立が可能となった。また、道路網や国家的な組織などの整備・発達と相まって、情報が頻繁に行き交い、言語、文化などを共有する情報交流圏が広域化してきた。

④ 戦略的要素としての情報革命

情報手段の革新は、権力者、民間の事業家、民衆にとり、自らの影響力を強化し、勢力拡大する上で重要な戦略的要素であった。文字から紙などの筆写媒体、印刷術、電気通信手段に至るまで、権力者や事業家、民衆など社会の様々な主体は、新たな情報手段の積極的活用に取り組んだ。

特に、権力者は、新たな情報手段の利用に積極的であり、その便益は、当初は特権階級に独占されることもあったが、時代を経るとともに民衆へも広がっていった。権力者は、しばしば情報手段の統制を試みているが、しかし往々にして、民衆側を利することも阻止は困難であった。

⑤ 情報関連ビジネスの発展

情報革命においては、各段階で新たな情報手段を核に、様々な関連の職業やビジネスが展開し、次第に拡大発展し、社会的に重要性の高い、時代の先端を行く革新的な活動領域を形成してきた。文字の使用は、書記というエリート職業や識字階層の高い社会的地位を伴ったし、紙の普及は、製紙産業や写本事業の隆盛を、印刷術の革新は、様々な印刷業、出版業やその関連産業の成長を、電信の実用化は、電信業とこれを応用したニュースや経済情報の配信など情報サービス産業の展開をもたらしている。いずれも、時代の先端領域であり、国家的にも重要な戦略的事業として重視された。

2 ICT革命の特徴と影響

インターネットを核としたICT革命は、二〇世紀末期から世界的に大きな社会的影響を与えつつあることは確かといえるが、その具体的な展開は多岐に及び、しかも加速度的な変化と流動的な様相を帯びて進行中である。本書で取り上げた過去四種の情報革命と異なり、総括的な意義づけを行うことは難しい。

ここでは、現時点で可能な範囲で、一応の整理を試み、本書で取り上げた歴史上の四つの情報革命を念頭に置きながら、現在進展中のICT革命について、その特徴や影響について考えておきたい。

現代世界のICT革命が持つ本質的な特徴は、基本的には情報の電子化である。

このことは、①コミュニケーションの高速化や低コスト化をもたらし、②インターネット上に、多種多様なシステムやネットワークが構築されて膨大な情報が集積され、③高度な情報処理機能が働き続けている。

加えて、パソコン、タブレット端末、携帯電話（スマートフォンを含む）などの普及や機能の高度化により、メディア利用、ネットワーク利用がパーソナル化、モバイル化し、ＩＣＴ利用のすそ野を拡げ、特に、発展途上地域では、携帯電話の普及がインターネット利用の機会拡大をもたらしている。

ＩＣＴの活用は、集団的にも個人的にも、かつてないほどの影響を急速に浸透させつつある。

情報の電子化

ＩＣＴ革命の本質的な特徴である情報の電子化（デジタル化）によって、電子化された情報（文字、数値、音声、画像の各種データ）の保存・伝達・処理が、一体的にネットワーク上で可能となった。

多種多様な形態、内容の情報が、ネットワークの内外で電子化され、ネットワーク上で流通するとともに、その多くがサーバーに蓄積され、ネットワーク全体として膨大な情報の集積を形成している。すでに述べたように、「情報爆発」とか「情報洪水」といわれる現象であり、なお、その増勢は止まる様子はない。

情報の伝達という点では、電信の実用化に始まる情報の電子的な伝達が、機能的に高度化、多様化し、音声、画像、データの伝送が、高速で低コストなものとなり、インターネット経由の通信のように、距離を意識することなく、グローバルな情報伝達が容易なものとなっている。

情報の保存・蓄積も、情報の電子化、情報機器の普及と保存媒体のコスト低下によって、ネットワーク上あるいは個々の情報機器に膨大な電子的情報の集積がなされている。しかも、電子化された大量の情報（データ）の高速処理が可能であり、ビッグデータの解析やシミュレーションによる現状分析・将来予測にも応用されている。人工知能（ＡＩ）の機能拡張により、各分野での応用が進展をみせつつある。

このような情報の電子化とその伝達、保存、処理の一体化によって、現代のＩＣＴ（情報通信技術）は、金属活字印刷や電信のような時代時代の画期的な発明と比べて、機器・システムやそれを利用したサービスまで、応用対象が格段に多様で幅広い。メール、ＳＮＳ、ホームページ、電子商取引、テレワーク・遠隔医療・遠隔学習、電子書籍など様々である。

そして、インターネット上には、電子メールや各種のＳＮＳ、ブログ、ツイッターなど新たなコミュニケーション・チャンネルによる「見えざる社交場」や、様々な電子商取引のルートを介した「見えざる市場」、さらに、公開された情報が手元から検索、閲覧できる「見えざる図書館」などが形成され、従来の社会的な人間関係、施設、組織、制度を補完・代替しつつ成長を続けている。

社会生活への深い浸透

ネットワーク上に様々な情報の発信や交流、経済的取引、公的サービスなどのプラットフォームが構築され、社会生活の利便性が向上し、効率性を高めつつある。また、官民の組織において各種の情報システムが業務を遂行し、変革していくための不可欠の手段となっている。

このため、ＩＣＴの活用が、軍事、政治・行政、経済、社会、文化など社会生活の幅広い領域で、有益な効果を期待され、ＩＣＴの基盤整備や活用策、関連産業の振興策などが、重要な国家戦略上の政策課題として意識され、多くの国で、政府のイニシアチブのもとで、総合的な政策・計画がつくられている。ちなみに、わが国では、高度情報通信ネットワーク社会形成基本法が二〇〇〇年（平成一二年）に制定され、これに基づき内閣に高度情報通信ネットワーク社会推進戦略本部が置かれ、総合的な政策方針の策定や施策の推進が図られている。直近の政策方針としては、「世界最先端ＩＴ国家創造宣言」が二〇一三年（平成二五年）に決定されている。[39]

また、二〇世紀特にその後半における電気通信、放送、コンピュータなどの情報機器分野での主要企業とそれらの関連産業群に加えて、一九九〇年代以降、インターネット関連の分野で、多数の企業活動が叢生し急成長を遂げ、経済成長の先導的役割を担った。

ただ、経済活動を中心に社会生活の様々な領域でのネットワークの構築とその急速な浸透は、利便性、効率性と裏腹に、ネットワークに重大な障害が起こった場合の社会的リスクが甚大なものとなり、社会生活に脆弱性を増すことも見逃せない。

コミュニケーションの迅速化・効率化と社会的プロセスの加速化

ＩＣＴの普及により、私的あるいは業務上のコミュニケーションが迅速化、効率化されてきた。その最も基本的な利用形態は電子メールであり、インターネットや携帯電話（スマートフォンを含む）の普及とともに、利用が増大し社会的に定着をみせている。しかも、社会的コミュニケーションという点では、Facebook や Line に代表される会員制社交クラブ的なＳＮＳ（ソーシャル・ネットワーク・システム）の発達により、新たな形態のコミュニケーション手段が登場し利用が広がっている。

他方、一対多のコミュニケーションとしては、ウェブサイト（website）による情報提供（情報公開、ＰＲ、広告など）を始め、メールマガジン、ブログ、ツイッター、インスタグラムなどの利用が広がっている。

これらによって、大小の組織から個人まで、情報発信と情報交流の効果的な手段が加わることになり、様々な交流のチャンネルとこれを活用した活動の機会の拡大をもたらしている。単に個人間の交流の場が形成されたにとどまらず、各種の会合を補完・代替する手段として、経済活動、知的活動、ボランティア活動などに用いられており、社会全体として連携・協力の機会を増進しているといえる。

他方、プライバシーや名誉棄損、取引上の紛争、あるいは犯罪行為への利用などの問題もはらんでいる。

さらに、ＩＣＴが、社会的コミュニケーションの迅速化と効率化をもたらし、社会全体の様々な領域で、活動プロセスの加速化をもたらしてきたようにもみえる。これは、特に経済活動の分野で顕著といえる。金融部門での電子商取引の成長は、取引規模の拡大、頻繁化などを生じ、取引市場の活性化をもたらすとともに、近年では、株式や通貨の取引に際して自動売買のシステムが用いられ、時に激しい相場展開を招いて経済の不安的化の一因となることもある。また、政治的な動きにおいても、しばしば、近年いくつかの国々の政治体制の変動に際して、携帯電話やＳＮＳなどＩＣＴの活用が、大規模な集団行動の拡大を加速している状況が垣間見える。さらに、科学技術の研究開発から芸術活動まで、情報・アイデアの交換や情報処理の高速化が、それら知的活動の効率性、生産性の向上に寄与して、社会、経済のイノベーションを加速しているともみることができる。

経済活動におけるネット利用の拡大

インターネットやモバイル通信の普及は、経済情報へのアクセスや取引機会の増大、生産・流通などの業務の効率化に寄与している。より広範な人々、企業群、地域に経済的な成長の可能性を拡大したとみられる。他方、ＩＣＴの浸透が、新たな情報格差（デジタル・デバイド）を生み、これが経済格差につながったり、ＩＣＴの導入により衰退したり待遇が低下する職種も存在する。

ＩＣＴが広げた社会的な活動の機会のうち、特に、経済活動において電子的ネットワークの利用が飛躍的に拡大し、分業の形態、組織構造、業務や施設の配置など、経済活動の様々な側面、領域に大きな変化をもたらしつつある。

資金決済や外国為替・証券取引など金融部門での取引は、ネットワーク上で電子的に行われ、様々な商品・サービスを対象とした取引も、電子商取引が飛躍的な増大をみせている。また、生産活動においても、部品生産から完成品の組立まで多種多段階の生産工程が、情報と輸送のネットワークを介して、同一企業内か複数の企業による分業体制のもとで地理的にも分散配置されているケースが増大し、しかも国境を超えて展開することも多い。

このほか、テレワークによる就業場所の分散化、遠隔教育や遠隔医療といった空間的には隔たったサービス提供などの可能性が、ICTの活用により大きく広がりつつあり、ビジネスや業務の体制にも変化を生じている。

ICTが経済活動に及ぼしている影響について、スイスの経済学者R・ボールドウィンは、蒸気機関車と蒸気船による交通革命によって、「グローバル化の第一弾」が推進され、これに続く「グローバル化の第二弾」は、現代のICT革命によって可能となったとする。第一弾では、蒸気機関によって、輸送のコストが引き下げられ、生産と消費の地理的な分離が可能となり、各地に大規模な生産拠点（工場）の集積が形成され、製品の貿易が拡大した。現在進行中の第二弾では、ICTによって、調整（情報伝達や遠隔地間での連携・協同）のコストが低下し、生産工程の地理的な分散が可能となり、国境を超えた生産活動の分業が促進されていると論じている。[40]

また、アメリカの経済学者ジェフリー・サックスは、経済発展におけるICTの役割を重要視し、その著書の中で、「携帯電話はおそらく現代の開発ツールとして最も偉大なもの」であり、「わずかなコストで孤立を解消し、隔離された地域や極貧社会を世界経済に近づけた」と述べている。[41]

〝フラット化する世界〟と都市のグローバルネットワーク

現代世界においてICT革命が進展する前から、電信網の構築以来、情報通信は経済活動や都市の立地に大きな影響を与え、ネットワークの整備は各地域で多大な期待がもたれてきた。情報通信基盤の整備・高度化は、経済情報の入手・伝達や、業務上の連絡の効率化によって、大企業の工場、事務所の分散立地を促進し、地方企業の業務環境を改善する要因と考えられてきた。近年では、コールセンター（電話応対の受注・クレーム対応などの業務拠点）の地方立地、さらには海外へのアウトソーシングが話題となっている。

ICT革命が重要な要因となって、ソフトウエア開発の海外へのアウトソーシングに象徴されるように、立地の分散化の領域が工場生産から高度な知的業務まで幅が広がり、地理的範囲も先進国の地方都市にとどまらず発展途上国特に経済新興国へと拡大をみせている。こうした経済活動の分散化が、二〇世紀の末期から今世紀初頭にかけての新興国群の経済成長となって、世界的な経済勢力の分散化となり、トーマス・フリードマンのいう「フラット化する世界」が出現した。[42] もちろん、フラット化しつつあるのであって、世界中の人々の経済活動、社会生活の何もかもがフラットに、グローバル化しているわけではない。

他方、二〇世紀から現在にかけて、全世界的に人口が急成長を続けるとともに、都市化が進み、都市人口の膨張が各国で進み、各地で人口一千万人を超えるような巨大都市、巨大都市圏の出現を多数みている。

それらは、単に特定地域の政治的あるいは経済的な中心都市としての役割を持つほかに、海外諸都市との様々な連係関係のもとで、国境を超えて国際的な役割を分担している。さらに、必ずしも巨大都市とは限らないが、ニューヨーク、ロンドン、パリ、東京、シンガポールなどいくつかの主要都市は、国際金融取引や多国籍企業の地域本社などの機能が集積し、いわゆる「世界都市（World City または Global City）」として、一国の枠を超えた経済の中枢機能を備え、国際的なビジネス拠点としての役割を担っている[43]。

これらの都市の間には、膨大な人と金、特に情報の流れが形成され、現代のＩＣＴによる情報基盤がこれを支えている。ＩＣＴの浸透は、世界都市としての機能分担を、より多くの都市群に広げつつあるといわれる。

世界の海に張り巡らされた光ファイバー海底ケーブル網は、こうした都市を結節点とする世界的な情報流のパイプとなっている。海陸の通信回線を使って、様々な事業者によってインターネットの幹線経路となるバックボーン回線網が構築されている。バックボーン回線どうしが接続するインターネット・エクスチェンジ（ＩＸ）という施設は、おおむね世界の主要都市かその近傍に配置されている[44]。これらは、インターネットの物的な装置であるとともに、現代世界における都市のグローバルネットワークを流れる情報の流れを象徴するものといえる。

人間の知的側面への影響

すでに述べたように、ＩＣＴの利用によって、情報アクセス能力の拡大、データ処理能力の向上、知的活動における連携の便宜などにより、個人として、組織として、知的能力が拡張され、研究開発活動を始め、幅広い知的活動・業務のパワーアップが実現してきた。

こうしたＩＣＴによる人間の知的活動への寄与・支援は、自ずと個々人の思考と行動のレベルでの変化にも及んでいると考えられる。

とはいえ、人それぞれに、年齢、学歴などの個人的条件や、ＩＣＴの利用環境と利用状況の差もあるので、つかみどころがない。興味深い分析として、いわゆる「デジタルネイティブ」の存在への注目と、これに関連する調査研究がある。

このデジタルネイティブとは、マーク・プレンスキーが、その著書『デジタルネイティブ、デジタルイミグラント（"Digital Natives, Digital Immigrants"）』（二〇〇一年）の中で定義したもので、生まれながらにして、パソコンやインターネットなどに親しんで育った世代を意味している。[45] これに対して、人生の中途からＩＣＴに関わりを持ったそれ以前の世代が、「デジタルイミグラント」である。

確かに、世代間でＩＣＴへの親しみ方（時間のかけ方）が大きく異なる。日本での調査（総務省）では、テレビの視聴時間が、高齢の世代ほど多く、逆に、ネット利用時間は、若い世代で長く、一〇代、二〇代が多く、テレビ視聴時間を上回っている。[46] 利用時間の差は、当然、習熟や活用の度合いに反映しよう。

世界中のネット世代六〇〇〇人を対象としたドン・タプスコットの調査によれば、次のような、この世代を特徴づける姿勢や行動として八つの行動基準がみられるとしている。[47]

- 自由：選択の自由・表現の自由の追求
- カスタム化：カスタマイズ・パーソナライズ志向
- 調査能力：ネット上の情報アクセスへの習熟
- 誠実性：企業の誠実性・オープン性への要求
- コラボレーション：コラボレーションとリレーションへの積極性
- エンターテインメント：仕事への遊びの精神の持込み
- スピード：迅速な応答への要求
- イノベーション：イノベーションの常態化、加速化への適合

これらの傾向は、「ネット上の情報アクセスへの習熟」を除けば、必ずしもデジタルネイティブの専有物とはいえないが、程度の差はあれ、ＩＣＴ革命以前の時期にも、少なからぬ人々が持っていた方向性かもしれない。ただ、デジタルネイティブの世代により顕著に表れているといえるのであろう。

少なくとも、ネット上の情報アクセスの習熟、イノベーションへの前向きな対応、ネットを活用した人のつながりの活用については、平均的に以前の世代より進んだ能力・姿勢があるといえそうである。ただ、同世代間の中での差違も、他の世代同様に大きいことも見逃せない。

プレンスキーは、その後の著作では、世代間の差違よりも、「デジタルウィズダム」という概念の重要性を強調している。これは、世代を超えて、デジタル技術との相互作用によって人間の思考力が高められ、データの収集・蓄積や意思決定ツールが、判断力を強化しており、ＩＣＴが人間の英知を補強していることを指している。[48]

特定の世代を全世界的に一括りにして論ずることには危うさがあり批判もあるが、デジタルネイティブやデジタルウィズダムなどの議論をふまえると、ＩＣＴの活用が、人間の思考や行動にも影響を与えつつあることには注目しておいていいだろう。

今日、インターネットを中核とするＩＣＴは、経済活動の基盤、コミュニケーションの手段、知的なツールとして、今や、地球社会の複雑な相互依存関係を支える不可欠の基盤となっている。

振り返れば、電信が実用化された時から、情報伝達の画期的な進歩が、人と人、国と国の相互理解を促進し、平和な世界を招来するとの期待が持たれた。にもかかわらず、今日もなお戦争や暴力的紛争は絶えることがない。むしろ、インターネットがテロ組織の活動に利用され、あるいは、民族間、国家間の嫌悪や憎悪感を助長することもある。とはいえ、ＩＣＴの普及によるグローバルな情報流通の拡大や、情報リテラシーの普及による民度の向上は、意義が大きいと考えられる。ネット上で行き交う情報の洪水が、伝統文化の多様性に根ざす「文明の衝突」や、国や集団間の対立を過熱化させる一面もあるが、本来的にはＩＣＴが、情報共有、連携協力の有力な手段ともなり、人類全体の課題解決能力を拡張していくことが期待される。そうでないとすれば、この地球社会の持続可能性は危ういといえよう。

注

1 サミュエル・ハンチントン著 鈴木主税訳『文明の衝突』集英社、一九九八年、二一一頁

2 「世界人口推計 二〇一二年改訂版(World Population Prospects, the 2012 Revision)」に示された予測値(複数パターン)のうち中位推計。

3 PwC "World in 2050 The BRICs and beyond: prospects, challenges and opportunities" 2013. http://www.pwc.com/en_GX/gx/world-2050/assets/pwc-world-in-2050-report-january-2013.pdf

4 "TRENDS IN WORLD MILITARY EXPENDITURE, 2017" (SIPRI Fact Sheet, May 2018). https://www.sipri.org/sites/default/files/2018-04/sipri_fs_1805_milex_2017.pdf

5 G7:カナダ、フランス、ドイツ、イタリア、日本、イギリス、アメリカの七か国。
G20:G7に、アルゼンチン、オーストラリア、ブラジル、中国、インド、インドネシア、韓国、メキシコ、ロシア、サウジアラビア、南アフリカ、トルコ、欧州連合・欧州中央銀行を加えた二〇か国・地域。

6 星名定雄『情報と通信の文化史』法政大学出版局、二〇〇六、四一三頁

7 山口広文「電気通信基盤の高度化の動向——国際比較の中での日本の位置と今後の課題」『レファレンス』三八巻七号、一九八八年七月、二五‐四五頁

8 "Internet live stats". http://www.internetlivestats.com/total-number-of-websites/

9 "How Much Information?". 〔カリフォルニア大学バークレイ校公表資料（ウェブサイト）〕

10 "How Much Information2003?". 〔カリフォルニア大学バークレイ校公表資料（ウェブサイト）〕

11 Hilbert & Lopez "The World's Technological Capacity to Store, Communicate, and Compute Information", Science 1 April 2011 Vol.332 no.6025 pp.60–65

12 EMC Digital Universe with Research & Analysis by IDC "The Digital Universe of Opportunities: Rich Data and the Increasing Value of the Internet of Things" 2014. http://www.emc.com/leadership/digital-universe/2014iview/executive-summary.htm

13 ネットマーケットシェア社ウェブサイト　https://netmarketshare.com/search-engine-market-share.aspx?options

14 佐藤哲也『未来を予測する技術』ソフトバンククリエイティブ、二〇〇七年、一一〇－一一五頁

15 阿部博史、NHKスペシャル「震災ビッグデータ」制作班編『震災ビッグデータ』NHK出版、二〇一四年

16 レイ・カーツワイル著井上健監訳　小野木明恵、野中香方子、福田実共訳『ポスト・ヒューマン誕生』日本放送出版協会、二〇〇七年

レイ・カーツワイル著　NHK出版編『シンギュラリティは近い　エッセンス版』NHK出版、二〇一六年

17 ジェイムズ・バラット著　水谷淳訳『人工知能』ダイヤモンド社、二〇一五年

18 ジャン＝ガブリエル・ガナシア著　伊藤直子監訳　小林重裕他訳『そろそろ、人工知能の真実を話そう』早川書房　二〇一七年

19 「人工知能と人間社会に関する懇談会（内閣府）報告書」2017. http://www8.cao.go.jp/cstp/tyousakai/ai/summary/aisociety_jp.pdf

20 技術影響評価（Technology Assessment：TA）やこれに類する調査研究は、議会附属の調査機関をはじめ

官民の様々な政策・科学技術関係機関で行われている。ＩＣＴ関連の最近の事例としては、国立国会図書館調査及び立法考査局で二〇一〇（平成二二）年度から実施されてきた「科学技術に関する調査プロジェクト」の二〇一七（平成二九）年度調査のなかに、以下のテーマが含まれている。

「データ活用社会を支えるインフラ」「人工知能・ロボットと労働・雇用をめぐる視点」「自動車運転技術の動向と課題」 http://www.ndl.go.jp/jp/diet/publication/document/index.html

21 山口広文「インターネット時代の情報をめぐる国際的優位性」『レファレンス』五二巻一号（通号 六一二）、二〇〇二年一月、九－三一頁

22 アンソニー・スミス著 小糸忠吾訳『情報の地政学』ＴＢＳブリタニカ、一九八二年、一〇九－一一六頁

23 ユネスコ著 永井道雄監訳『多くの声、一つの世界コミュニケーションと社会、その現状と将来』（ユネスコ「マクブライド委員会」報告）日本放送出版協会、一九八〇年

24 「海外上位10か国のコンテンツ市場の規模」（ヒューマンメディア社ウェブサイト） http://humanmedia.co.jp/database/PDF/database2018_02.pdf

25 経済産業省コンテンツグローバル戦略研究会『コンテンツグローバル戦略報告書 最終とりまとめ』二〇〇七年、2007.http://www.meti.go.jp/report/downloadfiles/g71015a01j.pdf

26 箕輪成男『「国際コミュニケーション」としての出版』日本エディタースクール出版部、一九九三年、一九八－二四三頁

27 Wildman, Steven S., Siwek, Stephen E. "International trade in films and television programs" Ballinger, 1988, pp.14-18

28 沈成恩「映像メディアの国際化 日米英の政策比較を中心にして」『ＮＨＫ放送文化研究所年報』五一集、二〇〇七年、一〇五－一五四頁

29　"Cross-Border Trade in Services, 1986–2000" Survey of Current Business (U. S. Department of Commerce), 2001, pp.94-97

"U. S. International Services: Trade in Services in 2015 and Services Supplied Through Affiliates in 2014" Survey of Current Business (U. S. Department of Commerce), 2016, pp.1-31. https://www.bea.gov/scb/pdf/2016/12%20December/1216_international_services.pdf

30　世界的な動きを代表するものとして、WTO（世界貿易機関）の設立（一九九五年）をめぐる国際交渉において、貿易上の知的財産権保護を確保するためにTRIPS協定（知的財産権協定、Agreement on Trade Related Aspects of Intellectual Property Right）が締結された。この協定は、WTO設立協定（一九九四年採択）の付属書の一つであり、著作権、特許権、意匠権など知的財産権全般を対象とした協定である。さらに、環太平洋経済戦略的経済連携協定（略称TPP）締結に向けた多国間交渉においても、知的財産権保護の強化を主張してきた経緯がある（二〇一六年トランプ政権発足後、TPP離脱を表明）。

31　ジョセフ・ナイ著　山岡洋一訳『ソフト・パワー　21世紀国際政治を制する見えざる力』日本経済新聞社、二〇〇四年

32　Nye, Joseph S. Jr. and Owens, William A. "America's Information Edge" Foreign Affairs, 75 (2), Mar/Apr. 1996, pp.20-36. 邦訳：ジョセフ・ナイ、ウィリアム・オーエンズ「情報革命と新安全保障秩序」『中央公論』一一一巻六号、一九九六年五月、三五二－三六七頁

33　たとえば、IPアドレスやドメインネームの割当・管理については、ICANN（Internet Corporation for Assigned Names and Numbers、一九九八年設立）を頂点として国際的な調整が図られている。この組織は、基本的には組織目的に関心を持つ個人をメンバーとする組織であり、その活動の本質は、各国政府の政策方針の押しつけ合いではなく、広く関係者間の意見交換が尽くされ、「参加、傾注、協働（Enter, Listen and

Collaboration)」にあるとする見方もなされる。［土屋大洋「国際機関とインターネット・コミュニティ」『情報とグローバル・ガバナンス　インターネットから見た国家』慶應義塾大学出版会、二〇〇一年四月、一〇七－一二四頁］

他方、こうした組織のボランタリーな性格にもかかわらず、アメリカ政府の実際的には強い影響下にあるとの指摘もある。［竹田信夫「インターネットの神話――ICANNの誕生からみるインターネットガバナンスの現在」『商学論纂（中央大学）』四一巻四号、二〇〇〇年三月、二六一－二六八頁］

34　山口広文「インターネットガバナンス　インターネットの世界的普及と国際管理体制の課題」『レファレンス』五七巻九号（通号　六八〇）、二〇〇七年九月、三三－五三頁

35　山口広文「インターネット時代の情報をめぐる国際的優位性」『レファレンス』五二巻一号（通号　六一二）、二〇〇二年一月、九－三一頁

36　"The Missing link: report of the Independent Commission for World-Wide Telecommunications Development". ITU, 1985

樋口寿宏訳「失われた輪――メイトランド報告」『海外電気通信』一八巻二号、一九八五年五月号、三三－五八頁で紹介と抄訳がなされている。

37　高橋洋文訳「電気通信とカナダ（前編）――カナダの主権に対する電気通信の意義に関する諮問委員会報告書（一九七九年三月）」『海外電気通信』一九八〇年一月号、一七－三三頁

同訳「同（後編）」『同』一九八〇年二月号、一一－二三頁

38　S・ノラ、A・マンク著　興寛次郎監訳『フランス・情報を核とした未来社会への挑戦（ノラ／マンク・レポート）』産業能率大学出版部、一九八〇年（L' informatisation de la societe の翻訳）

39　「世界最先端ＩＴ国家創造宣言」二〇一三年（首相官邸ウェブサイト）https://www.kantei.go.jp/jp/singi/

it2/decision.html
政府内のデジタルデータの利活用の促進をはじめ、地方や民間における分野横断的なデータの連携・利活用の推進により、国民が安全で安心して暮らせ、豊かさを実感できる社会を実現することを目指すとしている。

40 Richard Baldwin "21st Century Regionalism: Filling the gap between 21st century trade and 20th century trade rule" November, 2010 (version April 2011) http://www.wto.org/english/res_e/reser_e/ersd201108_e.pdf
以下の著作でより詳述されている。

リチャード・ボールドウィン著　遠藤真美訳『世界経済　大いなる収斂　ITがもたらす新次元のグローバリゼーション』日本経済新聞出版社、二〇一八年

41 ジェフリー・サックス著　野中邦子訳『地球全体を幸福にする経済学』早川書房、二〇〇九年

42 トーマス・フリードマン著　伏見威蕃訳『フラット化する世界　上・下』増補改訂版、日本経済新聞出版社、二〇〇八年

43 ポール・L・ノックス、ピーター・J・テイラー共編　藤田直晴訳編『世界都市の論理』鹿島出版会、一九九七年
サスキア・サッセン著　伊豫谷登士翁監訳　大井由紀、高橋華生子訳『グローバル・シティ』筑摩書房、二〇〇八年

44 アンドリュー・ブルーム著　金子浩訳『インターネットを探して』早川書房、二〇一三年

45 Marc Prensky "Digital Natives, Digital Immigrants" On the Horizon (MCB University Press), Vol.9, No.5, October 2001. http://www.marcprensky.com/writing/Prensky%20-%20Digital%20Natives,%20Digital%20Immigrants%20-%20Part1.pdf

46　総務省情報通信政策研究所『平28年情報通信メディアの利用時間と情報行動に関する調査報告書』二〇一七年　http://www.soumu.go.jp/main_content/000492877.pdf#search

47　ドン・タプスコット著栗原潔訳『デジタルネイティブが世界を変える』翔泳社、二〇〇九年、一〇六－一四三頁

48　Prensky, M. "Digital Wisdom and Homo Sapiens Digital.", Thomas, M (ed.) "Deconstructing Digital Natives." NY and London, Routledge. 2011, pp.15-29

高橋利枝「デジタルネイティブを越えて」『Nextcom』一八号、二〇一四年、五〇－五九頁

http://www.kddi-ri.jp/nextcom/volume/18

第9章　ＩＣＴ革命と図書館

第1節　図書館の二〇世紀

出版活動と図書館の成長

一五世紀の印刷革命以来、出版活動と図書館は、欧米諸国を中心に発達を遂げてきたといえるが、二〇世紀特にその後半において世界的に急速な発展をみることとなった。

第二次世界大戦後、先進諸国においては、経済成長に伴う生活水準の上昇、学校教育の拡充、社会教育・生涯教育の基盤整備、科学技術分野を中心とした研究開発活動・学術研究の増進などを背景に、国立図書館、公共図書館、学校図書館、大学図書館、専門図書館など各種の図書館の増設・拡充が進められた。その結果、現在、蔵書数が数百万点から一億点を超える大規模な図書館の出現をみている。

もちろん、二〇世紀の世界における図書館界の動きは単なる個々の図書館の数的増加、規模的拡大にとどまるものではない。

蔵書目録の作成、カード目録の配備・他館への配布、分類体系の刷新により、書誌・目録情報の整備・流通が進み、総合目録の編纂や資料の相互貸借など図書館間協力の新たな展開もみられて、いわば図書館のエコシステムが形成されていった。[1]

わが国では出版活動は、終戦間もない一九四八年（昭和二三年）には約二万六〇〇〇点が刊行され、近年では約八万点の実績を示している。ただ、図書・雑誌の販売額（出版市場規模）についていえば、一九九六年頃をピークに減少傾向にある。

図書館についても、公立図書館に着目すると、一九世紀末期の一八九九年（明治三二年）には、全国に四〇館程度を数えるに過ぎなかったが、以後急速な増加傾向をみせ、第二次世界大戦時の荒廃・減少の時期を経ながらも、二〇世紀末期の一九九九年（平成一一年）には二五〇〇館余に達し、その後も増加を続けてきた。

近年、情報の電子化が出版物や読書の世界にも大きな影響を及ぼしつつあり、わが国では「活字離れ」「読書離れ」「出版不況」といったことばが喧伝されてきた。思えば、国により状況は多少異なるが、二〇世紀は、紙の印刷物による出版活動が大きく成長を遂げ、そのクライマックスともいえる時代であったかもしれない。

同時に、紙の冊子体資料を中心とした図書館の成長と成熟の時代でもあった。もちろん、図書館の整備と普及については、先進諸国と発展途上諸国との間に、なお大きな格差がある。

出版活動と図書館の国際的な勢力図

ここで、出版と図書館について、国際的な水準の比較をみてみよう。

出版物の生産を世界的に概観すると、経済規模や人口規模の大きな国で出版点数が多い傾向が表れている。まず、世界最大の人口大国中国と経済大国アメリカが最上位を占めている。以下、ロシア、ヨーロッパ主要国とアジアの三か国が並んでいる（表11参照）。なお、人口・経済の規模以上に、イギリスの出版点数は、多いように見受けられるが、ヨーロッパ随一の出版大国の伝統と現代世界における英語と英語出版物の国際的流通によるものと考えられる。アメリカと合わせた二大英語大国の情報面での国際的影響力（情報覇権）の強さの一面を示している。

表11　主要国の出版点数

国名	出版点数	年次
中国	255,890	2014
アメリカ	205,978	2014
イギリス	200,330	2014
ロシア	112,126	2014
インド	90,000	2013（推計）
ドイツ	87,134	2014
日本	80,954	2014
イラン	72,871	2014
フランス	68,187	2014
イタリア	61,966	2013
韓国	47,589	2014
トルコ	50,742	2014
台湾	41,598	2014

出典：『出版ニュース』2017年5月上期号，p.13における記述をもとに著者作成。各種資料より採録された数値で，網羅的な統計ではない

次に、国立図書館は、納本制度の運用や全国書誌の作

成などによって出版文化の維持・振興、国内外の情報流通の推進を担っているが、コレクションの規模と質、施設とシステムの水準を含めその存在自体が、一国の文化の象徴として、国家的威信の体現にもなっているといえる。

世界的にみて規模（蔵書数）の大きな主要六か国の国立図書館を概観してみよう（表12参照）。わが国に加え、アメリカ、イギリス、フランス、ロシア、中国の国立図書館が並んでいる。出版活動と同様に人口規模、経済規模が関係しているようにみえるが、主に一国の経済や国家予算、出版活動の規模が反映しているのであろう。

米国議会図書館（Library of Congress：LC）は、他種の図書館を含めても、世界最大規模の図書館である。すでに述べたように、アメリカ合衆国の独立・建国後に創立され、一九世紀後半以降国力の伸長とともに、その陣容を拡充させてきた。現在、図

表12　世界の主要国立図書館

名　称	蔵書数	
議会図書館（米国）	1億6,247万点（総資料点数） 2,405万冊（図書のみ）	2015年度
英国図書館	1億1,526万点（総資料点数） 1,596万冊（図書のみ）	2015年度
フランス国立図書館	1,320万点（総書誌件数）	2015年度
ロシア国立図書館	4,670万点（総資料点数）	2015年度
中国国家図書館	3,378万点（総資料点数）	2014年
国立国会図書館（日本）	4,188万点（総資料点数） 1,075万冊（図書のみ）	2015年度

出典：国立国会図書館作成資料

書のみで約二四〇〇万冊、他の資料群を合わせると約一億六〇〇〇万点のコレクションを擁する。後述するように、資料の電子化でも世界をリードする動きをみせている。

なお、アメリカには、世界の主要な国立図書館に匹敵する規模のニューヨーク公共図書館のような公共図書館やハーバード大学図書館のような大学図書館が多数存在しており、国全体としての図書館群の規模的・質的水準を物語っている。

そこには、米国内の出版物・文書類にとどまらず、国外の様々な言語の資料群が幅広く収集されており、覇権国家、情報大国としてのアメリカの情報生産・流通の重要な基盤の一つであるといえる。

同様に、もう一つの英語大国イギリスを代表する英国図書館は、かつて大英博物館の一部門であった時代、世界最大規模の威容を誇ったこともあるが、現在もロンドンの本館のほかに、イングランド中央部のボストンスパに、資料の貸出・複写機能に特化した施設として文献提供センター（British Library Document Supply Centre：ＢＬＤＳＣ）を置き、国内のみならず国外からの依頼にも応えて、国際的な文献提供の一大センターとして機能している。今なお世界的な情報流通における同国の大きな役割の一翼を担っている。

ところで、わが国の国立国会図書館は一九四八年（昭和二三年）に、米国議会図書館をモデルとして、戦前の貴族院図書館、衆議院図書館、帝国図書館を再編統合し設立されている。議会図書館と国の中央図書館の役割を兼ね備え、わが国最大の規模で、世界の主要国立図書館群の一角を占めている。

第2節　インターネットと図書館

1　メディアの多様化と図書館

一九世紀の電信革命から現代進展中のＩＣＴ革命に至る道筋には、ラジオ・テレビ放送、映画、録音・録画など新たな情報技術が次々と出現し、社会生活に浸透し、人々の情報行動に大きな影響を与えてきた。情報の電子的な伝達・記録手段（メディア）が多様化し、二〇世紀には特に映画、テレビ放送など映像メディアの伸長が顕著となった。相対的に文字活字文化が後退することが懸念されたが、出版活動もなお成長を続けた。

図書館においては、紙の出版物に加えて、レコード、映画フィルム（後には、カセットテープ、ＣＤ、ＤＶＤ）といった視聴覚資料が、収集資料の新たな一部となり、マイクロフィルム・マイクロフィッシュやＣＤ－ＲＯＭ・ＤＶＤの形態での出版物も現れるなど、保有する資料形態（情報媒体）の多様化が進み、図書館の役割をより幅広いものとしてきた。とはいえ、こうした二〇世紀を通したメディアの多様化の流れのなかでも、本、雑誌、新聞といった印刷された出版物が、図書館資料の中心的存在であり続けてきたといえる。

2 コンピュータの普及と図書館

二〇世紀の後半におけるコンピュータの開発からインターネットの普及に至る一連の情報技術の革新のなかで、図書館も一歩一歩「電子化」に向けた動きが進展してきた。一口に図書館の電子化といっても、段階的に多岐にわたる展開をたどっている。書誌情報の電子化や業務のシステム化、外部データベースの利用、所蔵資料の電子化（デジタル化）、リンク集作成からネット上の情報の収集・蓄積といったインターネットへの対応などが段階を追って進展をみている。M・K・バックランドの言う「紙メディア図書館」から「機械化図書館」を経て「電子図書館」への展開である。[2]

コンピュータは、二〇世紀の中頃から世に出て次第に用途を広げてきたが、図書館の業務にも次第に浸透し、事務処理はもとより、収集業務から書誌データ作成、所蔵目録データベース構築、入退館システムなど、書誌情報をベースに収集から利用者対応に至る幅広い図書館業務の電子化、システム化が大きな進展をみせた。ただこれは、図書館資料そのものの電子化には至らず、あくまで紙をベースにした資料群に関わる業務やサービスの電子化にとどまり、バックランドの「機械化図書館」の段階であった。

また、この時期には図書館の外でも、各種のファクトデータや文献データ、新聞記事などのテキストデータのデータベース化が進み、一九七〇年代以降データ通信サービスの普及もあって、新聞記事のテキストや科学技術分野の文献目録など各種の商用データベースのオンライン利用が広がり、図書館界でもレファレンス業務や利用者サービスへの導入が取り組まれるようになった。とはいえ、インターネットが普及する以前には、内外の遠距離通信コストの高さもあって、一部の大規模な図書館や必要度の高い専門図書館などに限られていた。

そうしたなかで図書館は、情報サービス機関の一翼として、情報システムの構築には積極的に対応し、先導的役割を果たした局面も多々あった。わが国で一例を挙げれば、国立国会図書館が書誌情報の日本語によるコンピュータ処理を実現するために開発したシステムは、当時における漢字処理システム構築の先駆的プロジェクトとなった。[3]

3 インターネットと図書館

一九九〇年代からのインターネットの世界的普及により、図書館における業務と資料の電子化（デジタル化）は新たな段階に入った。インターネットを基盤とする現在進行中のＩＣＴ革命は、コンピュータの浸透と同様あるいはそれ以上に、重大な影響を図書館に及ぼすとともに、図書館も渦中にあって、ＩＣＴ革命の推進において重要な役割を果たしているといえる。

まず、インターネットの普及は、コンピュータの導入と同様に、図書館業務の刷新を実現する戦略的な手段として活用されている。今では、ほとんどの図書館がホームページを開設し、蔵書情報をインターネット経由で提供し、蔵書検索・貸出予約などのサービスを提供している。

他方、図書館は、インターネットの普及を促し、その効用を増進する上で、重要な役割を果たす存在でもある。無料でインターネットを利用できる場を提供し、利用者層の底辺を拡げ、情報格差（デジタル・デバイド）の縮小に一役買ってきた。先進国でもその役割は大きいが、とりわけインターネットの普及が遅れた発展途上国では、図書館でのインターネット利用は、地域的にも重要な役割があるといわれている。

なお、図書館内でのインターネット利用は、外部データベースと並んでインターネット上の情報を、図書館の情報資源として取り込み、紙資料を主体とする図書館内部の情報資源と一体として利用することを意味し、図書館の機能と存立基盤の拡張につながっている。特に、後述するように、インターネット上で公開されている膨大な多種多様な情報のなかには、出版物に類したその延長線上にあるものも多く存在し、図書館にとっても重要な情報資源とみることができる。

4　図書館資料のデジタル化

今や図書館はインターネット上のコンテンツの提供元でもある。近年、各国の国立図書館を中心に図書館では、著作権が期限切れした古い書籍・文書や、著作権者の了解を得られた出版物などのデジタル化に積極的に取り組み、図書館資料のネット経由での利用を可能としてきた。「すべての図書館資料にネット上でアクセスできる」ことは、インターネットが普及を始めた頃、よく語られた夢の一つであった。今日技術的には不可能ではないにしても、実際には法律や経費の制約があるので道はほど遠いが、徐々に進展をみせている。

わが国では、国立国会図書館によって、その蔵書のうち約二七〇万点が、画像データとして電子化され、そのうち、古典籍や明治期の刊行物を中心に約五〇万点がインターネット公開されている。[4] それ以外は、著作権の制約から同館内の端末での利用に限られるか、「図書館送信サービス」に参加している図書館内の端末での利用にとどまっている。

公立図書館では、二割程度の図書館で、郷土資料・地域資料を中心に、資料のデジタル化、デジタルアーカイブの構築を行っているようである。[5] デジタル化資料の規模は、大半は一〇〇〇点以下となっているが、一万点を超える図書館もある。予算措置や著作権処理、人材不足などの課題を抱えつつ、事業の進展や広がりをみせている。

アメリカでは、議会図書館が、電子図書館事業（National Digital Library：ＮＤＬ）の中核として、同館内外のアメリカ史に関する生資料（写真，手稿，楽譜，映画，録音，図書）をデジタル化し、「アメリカンメモリー（American Memory）」という名称のサイトを構築して公開している。[6] また、米国議会図書館（ＬＣ）は、国連教育科学文化機関（ＵＮＥＳＣＯ）と共同で、世界規模の国際的な電子図書館として、「ワールド・デジタル・ライブラリー（World Digital Library：ＷＤＬ）」（二〇〇九年公開開始）を構築し運営している。

これは、国際的な相互理解の促進、インターネット上の文化情報資源の増大、教育者、研究者への資料提供、デジタル格差の縮小を目的として、参加国・機関が各々の文化の特色を示す電子化された資料を提供し、地域，時系列，テーマ別にアクセスできるよう編成されている。すでにわが国を含め一九三か国から一万九〇〇〇点余が集められ（二〇一八年八月）、世界各地の貴重書、手稿、地図、写真など重要な資料が含まれている。[7]

米国では、議会図書館だけでなく、公共図書館、大学図書館などが、各々所蔵資料等のデジタル化に取り組み、すでに膨大な数のコンテンツが各図書館のシステムで提供されているが、それらの横断検索が可能な統合的ポータルサイトとして、「デジタル公共図書館（Digital Public Library of America：DPLA）」が構築され、二〇一三年に公開、横断検索と各サイトのコンテンツへのアクセスが可能となっている。[8] このDPLAは、「図書館（library）」と称しているが、サービス空間としての建造物を伴う施設ではない。あくまで、米国各地の図書館、博物館、文書館などが保有するデジタルコンテンツのメタデータを集中的に収集・公開するものであり、民間の非営利団体として各種の民間組織、個人からの資金提供に依拠して活動を行っている。保有するデータ件数は、二〇一七年末で一八〇〇万件を超える。[9]

他方、「ユーロピアーナ（Europeana）」は、EU諸国の図書館、博物館、美術館などの持つデジタルコンテンツのメタデータを収集・公開しているシステムである。その発端は、世界的な検索サービス大手のGoogle社による世界各地の有力な大学図書館の蔵書デジタル化プロジェクト〝Google Books〟に対する、欧州の危機感、特にフランスの危機感から生まれたとされる。[10] ユーロピアーナの運営は、ユーロピアーナ財団（Europeana Foundation）によって行われ、財源は主に欧州委員会（EC）に依拠している。オランダのハーグに事務所が置かれている。

ユーロピアーナも、それ自身でデジタルコンテンツを保有するのではなく、ＥＵ各国にあるその保有機関（コンテンツプロバイダー）からメタデータの提供を受けて収集し、公開することで、統合検索とコンテンツへのアクセスの便を提供している。すでに、二〇一七年末で五一〇〇万件以上のデータが収められている。[11]

こうしたデジタルコンテンツの横断検索を可能とするポータルサイトとしては、わが国では、国立国会図書館の統合検索システムである「国立国会図書館サーチ」がある。国立国会図書館の蔵書目録をはじめ同館作成の各種データベースに加えて、国内の各機関から収集した、八〇〇〇万件以上の文献情報等を検索可能で、横断検索を含め、およそ一〇〇のデータベースと連携している。[12] 図書館、学術研究機関などが保有するデジタルコンテンツへの統合検索やコンテンツへのアクセスの手段として機能している。

5　インターネット情報の収集と保存

現在インターネット上のサイトで提供されている情報について、後世に長く残すべき知的資産として保存する目的で、収集・保存することが課題となっている。日々刻々新たに生成され、一部は変更あるいは消滅される情報を後世に保存する動きもある。「ウェブアーカイブ」の構築である。こちらも主に各国の国立図書館などが取り組んでおり、収集対象の範囲や収集の仕方に多少の違いがあるが、法制度の整備やシステムの構築などが進められている。ＩＣＴの時代における図書館の新たな役割である。

少々繰り返しになるが、インターネット上の数多のウェブサイトに含まれる膨大な情報は、現代の文明社会の営みの一環として、現時点で重要不可欠な基盤であるとともに、後世に残すべき貴重な文化遺産でもある。しかし、放置すれば、多くのサイトで内容が改変され、一部は廃棄されて失われていくであろう。

ウェブアーカイブは、直訳すればウェブサイトの文書保管所であり、一定の時点ごとに、個々のウェブサイトの持つ情報を収集し保存する。もちろん、世界全体で約一〇億ともいわれる膨大な数のサイトを、一国の範囲に限っても、網羅的に収集対象とすることは実際的にきわめて困難であるし、国により著作権などの制度的制約もある。現在、世界的に各国の国立図書館を中心に、法的に認められた、あるいは著作権などの条件をクリアしたサイトを対象に、収集する事業が進められている。

わが国では、国立国会図書館で、インターネット収集保存事業（Web Archiving Project：WARP）が進められ、公的機関や学術機関などのウェブサイトを対象に収集保存がなされている。

国立図書館以外でも、世界的に著名な組織としては、アメリカ・カリフォルニア州に「インターネットアーカイブ」という民間の組織が設立され、ウェブサイトのデータを収集・保存している。対象とするサイトは、アメリカ国内に限らず、海外のものも含まれる。

米国議会図書館（LC）では、ツイッターの二〇〇六年開設以来の公開ツィートすべてを、ツイッター社からデータの寄贈を受け、歴史的記録として保存しており、これも図書館におけるインターネット上の情報を収集・保存する活動の一端である。

第3節　「見えざる図書館」の出現

1　増大するネット上の出版物

現在、インターネット上では、膨大かつ多様な情報群に交じって、従来の印刷された出版物に類する形態の電子情報が多数公開され、「オンライン出版物」とも呼ばれている。

インターネット上で公開されている代表的な出版物の類型としては、民間の出版業者が提供する電子書籍・電子ジャーナル、官庁（政府、自治体、関係機関）の刊行物、学術組織（学協会、大学、研究機関）の刊行物、民間組織（経済調査機関、業界団体など）の刊行物、図書館などによる既存印刷メディアのデジタル化資料が挙げられる。これらは、有償のものもあれば、無償のものもあるが、いずれにせよ増加傾向にある。

こうしたネット上での出版物増加の背景には、一般的事情として、①印刷物に比べて電子出版の持つコスト・流通面での優位性や、②検索・入手の迅速性や内容の最新性、省スペースなどといった利用者側の利便性があると考えられる。

こうした要因は、一九九〇年代中ば以降、電子書籍・電子ジャーナルの世界的な普及・拡大をもたらしてきた。とりわけ、学術的、専門的な性格が濃い「ジャーナル」は、有力誌の大部分が電子版（電子ジャーナル）としても刊行される状況となっている。ちなみに、電子ジャーナルの世界的な提供体制は、エルゼビア（オランダ）、シュプリンガー・ネイチャー（ドイツ）、ProQuest（アメリカ）、EBSCOhost（アメリカ）といった欧米の大手出版社・アグリゲータ[13]が有力な地位を占め、論文掲載機会の制約、利用料金の高騰なども問題視されてきた。

そして、学術情報のより自由な流通促進を目指して、一九九〇年代中頃から「オープンアクセス」運動が展開し、多数の「オープンアクセスジャーナル」が、主に電子的形態で創刊され、無料で公開された。また、学会、大学などの学術組織により組織ごとに「機関リポジトリ」が設置され、機関誌や研究報告などをデジタルコンテンツとして保存・公開し研究成果・学術情報を発信している。

他方、情報公開の推進や電子化による刊行コストの縮減により、国、自治体、関係機関が刊行・公表する「官庁刊行物」のほとんども各組織のウェブサイトで公開されるようになっている。「白書」や「統計」、様々な報告書類など従来紙に印刷されてきた国や地方自治体の刊行物が、電子的な形態で作成されネット上で提供されるようになった。これらは、国立の図書館や公立図書館においては、蔵書構成の貴重な部分となってきた。今では、冊子体と電子版が並行して提供されるものもあれば、電子版のみで公表されるものもある。

また、組織のＰＲや社会貢献に配慮してか、民間の企業・団体でも各々の刊行物（経済関係のレポートなど）を電子化してサイト上に掲載する動きが進んでいる。

こうしたネット上での公開により、情報アクセスの利便性が格段に向上し、より広範な潜在的読者層の確保が可能となっているとみられる。

加えて、前にも述べたように、図書館、文書館、博物館などで所蔵資料を電子化し、インターネット上で公開する事業、「デジタルアーカイブ」の構築が積極的に進められている。

たとえば、わが国では、「源氏物語」や「平家物語」といった古典籍の古い写本や刊本、夏目漱石や森鷗外などの明治期の文学作品といった比較的古い時期の著作を、「国立国会図書館デジタルコレクション」[14]や「青空文庫」[15]で読むことができる。

また、前にも触れたように、それらとは別に、近年Googleが世界各地の有力な大学図書館と提携して、それらが所蔵する書籍の電子化を積極的に進めてきたが、これをめぐっては、各国、各界とりわけ著作者や出版界にセンセーションを巻き起こした。

さらに、ウェブサイトのなかには、従来の書籍の内容に近い性格のデータベースを含むものも多い。たとえば、『有価証券報告書』や『特許公報』の電子版ともいえるデータベースが、金融庁や独立行政法人工業所有権情報・研修館（特許庁関係団体）のウェブサイトで提供されている。

こうした動きを改めて整理すると、次のような類型の「出版物」とそれに類する情報が、インターネット上においてアクセス可能となっている。

- 商業ベースで提供される有償の電子書籍・電子ジャーナル
- 図書・雑誌記事など従来の出版物に類し、ウェブサイト上に掲載されているもの

（紙の印刷物と電子情報とで並行して公表されているものを含む）
公の機関の報告書・公表資料、学会・大学・研究機関などの学術的刊行物
調査機関・民間企業の報告書・公表資料など
•デジタル化された過去の出版物—古典籍や古い著作物が中心
（著作権保護期間が終了したもの、著作権者の許諾を得たもの）
•出版物（特にレファレンス資料）に類した性格のインターネットサイト
統計、地図、特許などに関する政府機関のサイト
辞書・事典類を無料提供するサイト
文献目録のデータベースを含むサイト

これらを、蔵書群に見立てると、あたかも巨大な図書館がインターネット上に事実上形成され、急速に成長を遂げつつあるといえる。

もちろん、このいわば「見えざる図書館」の蔵書群は、膨大ではあってもその構成は特定の領域、ある種の性格の資料群に偏っており、様々な人々の調査研究から教養、娯楽にいたる幅広い情報ニーズに応えるにはほど遠いといえる。現在刊行されつつある大部分の書籍や過去の膨大な資料群に目を向けると、図書館が保有する紙媒体の資料群には、他で代替できない情報源としての価値があると言わざるを得ない。既存の図書館群とインターネット上の図書館とが、相補い合って利用者にとっての有用性を高めていくと考えるのが妥当であろう。

2　検索と収集・保存

すでに膨大な規模となっているインターネット上の「見えざる図書館」に並ぶ資料（電子情報）群は、実際には様々なサイトに散在し、利用者にとって必要に適った資料にアクセスするには、現在どのような検索手段が利用可能であろうか。

ネット上の出版物の利用をめぐっては、まず、Googleなど汎用の検索エンジンでもある程度の文献探索の成果は期待できるが、ノイズや漏れが多い。そこで、限定された範囲に特化した検索システムが構築されている。

まず、有償の電子書籍・電子雑誌については、一般に提供事業者（出版社、アグリゲータ）のシステムによって、文献検索とテキストへのアクセスが可能とされる。

他方、学会・協会や大学・研究所といった学術的・専門的研究組織によって多数の機関リポジトリが構築され、各々で研究論文や研究報告書などが多数公開されている。これらの機関リポジトリの横断検索を可能とする統合ポータルが構築されている。

学協会系の機関リポジトリについては科学技術振興機構（JST）の「J-STAGE」[16]が、大学系の機関リポジトリには国立情報学研究所（NII）の「JAIRO」[17]（二〇一九年四月から「IRDB」に移行）が対応しており、各々参加機関のコンテンツに対して統合検索とアクセスを可能としている。

そして、先述した国立国会図書館の統合検索システムである「国立国会図書館サーチ」は、これら両システムも検索対象として含んでいる。

他方、総務省運営のポータル「電子政府の総合窓口（e-Gov）」[18]では、行政機関等のホームページを横断検索できる。

民間企業によって構築された「経済レポート情報」[19]は、民間企業による経済情報の検索サイトであり、官民の経済関係資料、雑誌記事などの書誌情報を収集して検索可能とし、テキストへはリンクが張られている。

このほか、Google Scholar[20]は、学術情報に特化したGoogleの検索サイトであり、ネット上に公開された学術的論文などが主に検索対象とされているようである
これらは、いずれも一定の範囲内で有用性が高い検索手段であるが、現在のところ、ネット上の出版物を全般的かつ的確に検索可能なシステムは見当たらない。

ところで、先に触れたウェブサイト上の情報の収集・保存（「ウェブアーカイブ」の構築）の一環として、電子書籍・電子雑誌などのインターネット上の出版物（オンライン出版物）への対応が、図書館界、とりわけ納本制度に関わる国立図書館で重要な課題となっていた。

わが国では国立国会図書館への提供を法律上義務付けることで制度化がなされ、平成二五年から収集が開始された。これは、オンライン資料収集制度（eデポ）と呼ばれ、「インターネット等で出版（公開）される電子情報で、図書または逐次刊行物に相当するもの」（「オンライン資料」）を対象としている。

具体的には、電子書籍、電子雑誌等―年報、年鑑、要覧、機関誌、広報誌、紀要、論文集、雑誌論文、調査・研究報告書、学会誌、事業報告書、技報、統計書、その他が含まれる。ただし、有償もしくはＤＲＭ（技術的制限手段）があるもの、J-Stage（科学技術振興機構）、CiNii（国立情報学研究所）、各機関リポジトリで公開している資料、金融庁 EDINET での提出を義務付けられている有価証券報告書等は、対象から除外されている。[21]

この制度の運用が的確に実施されれば、ネット上のかなりの文献資料が収集され一体として検索可能となることが期待される。しかしながら、収集開始後日が浅く、除外対象も少なからずあるとことから、現在のところ、限られた範囲での資料検索ができるにとどまる。

いずれにせよ、インターネット上のサイトに公開された文献資料は、全体として日々増大を続け膨大な規模となって有力な情報源となっているが、その効果的な利用にはいくつかのシステムを併用した検索上の工夫を要するのが現状である。

この点では、図書館特に大学図書館で導入が進められている「ディスカバリーサービス」[22]や「ウェブスケールディスカバリー」[23]の普及や機能向上も期待される。

長期的な視点で見れば、インターネット上で公開される出版物は、より効率的な検索手段や統合的なポータルサイトなどが整備されるならば、読書活動や文献利用において、ますます重要な役割を担っていくと予想される。

これからの図書館としては、提供可能な有用な情報資源の一環であるとの認識のもとで対応することが必要と考えられる。

第4節　人工知能の進化と図書館

近年、ビッグデータの活用、そして人工知能（ＡＩ）の開発と利用が注目を浴びており、インターネットの普及に始まったＩＣＴ革命は、ここで新たな局面を迎えたようである。この新局面でも、図書館は大きな影響を受けると予想される。

今日、図書館業務へ人工知能を活用する動きを、目に見える形で示しているのは、図書館の利用者対応へのロボットの導入であろう。一例を挙げれば、東京都内の江戸川区立篠崎図書館にペッパー（Pepper）という名前（商品名）の汎用ロボットが二〇一六年七月から「配属」され、人間の職員に交じって案内業務に携わっている。図書館向けにカスタマイズされた人工知能を備え、施設・利用案内などの簡単な質問対応が仕事である。その後少し役割が変わり、現在は、蔵書検索機能を搭載して、探したい本のキーワードを音声で問いかければ、検索結果を表示し、さらに内容紹介を音声で読み上げたりする。また、閲覧席利用の受け付けや展示の案内も行っている。[24]

これは、人工知能の活用としては、第一歩であって、将来的には、必ずしもヒト型のロボットではなく、図書館内の多様なそれも専門的な業務に係る様々なシステムに広がっていくと考えられる。

図書館員にとっては、いささかショッキングな話であろうが、英国オックスフォード大学のＣ・

B・フレイとM・オズボーンによる研究によると、図書館の補助的専門職員（library technicians）は、人工知能の発達・普及によって激減する可能性がきわめて高い職業（評価対象となった七〇二職種のうち最上位一二職種）の一つとみられている。[25] なお、専門職員（librarians）も中位（三六〇位）に置かれている。

人工知能は、近年における大規模データの処理能力や学習能力の飛躍的増大によって、大量の文字情報、膨大な文献の内容を解析、要約・整理し、また、特徴や傾向を読み取ることが可能となり、各種の用途に実用化が図られている。

たとえば、日立製作所が開発している企業の経営判断をサポートするシステムでは、経営上のテーマを指示すると、ＡＩがネット上で新聞記事や調査レポート、政府刊行物などから情報を収集、文章を解析し、テーマに関する賛否の論点を集約して、総合的な判断とその根拠を示すものになるという。[26]

他にも、厚生労働省が二〇一七年度から開発を進めている新薬開発システムでは、ＡＩが、目標とする新薬に関連する国内外の膨大な論文やデータベースを読み込み、学習、分析し、新薬候補となる新規物質を提案する機能の実現を目指している。[27]

すでに、法律家の世界では、ＡＩを使って、膨大な判例、文献、電子メールなどから裁判資料となる情報を効率的に探索している。[28] また、ヨーロッパでの研究では、過去の判例から判決を予測するシステムを構築し、約八割の正答率が示されている。[29]

これらは、現在進展中の人工知能（ＡＩ）活用の一端であり、ここで注目されることは、ＡＩが言語、文章、文献の内容分析や言語的処理の能力を飛躍的に向上させ、その応用範囲が様々な知的専門的領域に広がりつつあることである。

これまで図書館では、専門職としての職員が、資料の内容を大略理解して分類・主題を付与し、様々な検索手段を駆使して文献を探索、多くの資料に目を通し、レファレンス回答を行ってきた。議会図書館の調査部門であれば、特定のテーマに関して、議会、議員の要請に応えて、各種の資料を探索、分析、評価して、レポートを作成したりしている。

いずれも、人間のリテラシーに依拠した知的作業である。かつては、情報の電子化が限られた範囲にとどまり、コンピュータの情報処理能力やＡＩの機能にも限界があり、ＡＩによる機械的処理は実用化に程遠かった。

これからは、図書館においても分類を含む書誌作成、レファレンス、文献資料に基づく調査といった専門的な業務や図書館経営の方針策定など幅広い領域で、有力な補助的手段となる可能性がある。しかも、それにとどまらず、電子化された文献資料、公開されたネット上の情報に対して、これまでにない高度で幅広い利用の可能性が開かれると考えられる。とりもなおさず、図書館にとっても、サービスの奥行きを深めるものとなろう。

第5節　新たな転回点

最後に、過去における歴史上の情報革命と図書館の形成との関連性を顧み、現代世界におけるＩＣＴ革命の進展に伴う図書館の変貌の特徴について言及しておきたい。

文字の創造は、文明社会の形成を支える不可欠の要素となった。多数の様々な文書が作成され、これに交じって書籍（手稿本・筆写本）も増加してきた。まず、王宮、神殿などに文書庫が置かれ、次第に図書館的な機能を含むものとなり、やがて写本、校訂、翻訳などの機能も兼ね備えた図書館の出現をみた。

印刷術の革新は、印刷（出版）業の成長、印刷メディアの増大・多様化をもたらした。また、出版活動の隆盛は、各種図書館の成長（蔵書の増大・多様化）を促進した。そのなかで、図書館は、次第に、蔵書の規模が増大しその構成も多様化し、社会の情報センターとしての役割を増大させつつ、館内での印刷メディアの収集・保存・利用を軸とした施設に特化してきたといえる。

現代世界におけるＩＣＴの普及は、情報ネットワークの成長とその機能の多様化、情報の電子化を推進し、電子情報の爆発的増大を生み出しつつある。そのなかで出版物に類した公開された電子的な情報がネット上で飛躍的に増大する傾向をみせている。図書館で利用可能な情報資源についても、従来の図書館内での「蔵書」にとどまらず、図書館外のデータベースや電子出版物、他機関が公開する電子コンテンツなども含めて、一体的にとらえる見方が広がっている。言い換えるならば、図書館内外の情報資源の融合・複合化が進みつつある。図書館のあり方について、印刷物主体の相対的に独立した機能を持つ施設から、図書館機能がより多様化し、電子的コンテンツの増大とネットワーク環境の整備によって、他機関との機能の重合化、融合化が進んでいくとみられる。加えて、図書館の業務やシステムへの人工知能の活用がもたらす影響は未知数であるが、かなり大きなものとも想像される。

印刷革命以来、「図書館」は、再び新たな転回点を迎えているといえよう。[30]

長い年月を通して、図書館は、人類がこれまで蓄積してきた知識・文芸から様々な現代の情報にアクセスする上で、かけがえのない拠点、窓口としての役割を果たしてきた。今後、資料・情報の提供という点では、ネットワーク上の出版物群や他の情報源のさらなる成長によって、図書館の地位が揺らぐ可能性は否定できない。

ただ、そうした電子情報群へのアクセスを支援する役割を強め、また同時に、伝統的な読書の場、人的交流の場としての環境を一層質の高いものに整備していくことで、社会における図書館の存在意義を保ち、より大きなものにしていくことができると考えられる。

忘れてはならないことは、紙か電子化を問わず、図書館の持つ文字活字文化のセンターとしての多面的な役割・機能である。

知能を持つ生命としての人間が人工知能と共生していく上で、永い歴史に培われた文字活字文化に秘められた知識、知恵、情感は、貴重な立脚点であると考えられる。

注

1 大規模な図書館で蔵書目録の編纂が進められたが、代表的な例をあげれば、一九世紀後半から大英博物館図書館（後に英国図書館が分離）による『大英博物館図書館所蔵刊行図書目録』の刊行が続けられて三〇〇冊を超える規模となり、文献調査の有力な手段となった。米国議会図書館では、一九〇〇年から印刷カードの他館への配布を開始している。また、アメリカとカナダの二〇〇〇館以上の図書館資料を網羅した『全国総合目録』の刊行も進められた。二〇世紀初頭には、デユーイの十進分類法が改良されて、「国際十進分類法」の初版が作成され、他方、米国議会図書館によって十進分類とは別種の独自の分類体系が形成された。資料群の大規模化に加え内容の多様化に対応した動きである。

2 図書館の業務と資料が主に紙とカードである図書館は「紙メディア図書館」、資料は紙がほとんどで業務にコンピュータを導入した図書館は「機械化図書館」、さらに資料の電子化も進んだ図書館は「電子図書館」と呼ばれている。

バックランド・M・K著　高山正也、桂啓壮訳『図書館サービスの再構築』勁草書房、一九九四年、八頁

3 国立国会図書館では、業務機械化の一環として、一九六九年からコンピュータによる漢字処理の検討に着手し、一九七二年には漢字処理を扱った初のシステムである国会会議録索引システムが完成した。

4 国立国会図書館ウェブサイト　http://dl.ndl.go.jp/ja/intro.html

5　徳原直子「公共図書館のデジタルアーカイブを取り巻く環境の今後の方向性」植村八潮、野口武悟、電子出版制作・流通協議会編『電子図書館・電子書籍貸出サービス調査報告　二〇一六』電子出版制作・流通協議会、六九－八二頁

6　米国議会図書館ウェブサイト　http://lcweb2.loc.gov/ammem/

7　ワールド・デジタル・ライブラリー（World Digital Library：WDL）　https://www.wdl.org/en/

8　塩崎亮、佐藤健人、安藤大輝「米国デジタル公共図書館（DPLA）の過去・現在・未来」『カレントアウェアネス』三二五号、二〇一五年九月、一五－一八頁　http://dl.ndl.go.jp/view/download/digidepo_9497650_po_ca1857.pdf?contentNo=1&alternativeNo=

9　Digital Public Library of America（DPLA）　https://dp.la/

10　時実象一「欧州の文化遺産を統合するEuropeana」『カレントアウェアネス』三二六号、二〇一五年一二月、一九－二五頁　http://dl.ndl.go.jp/view/download/digidepo_9589935_po_ca1863.pdf?contentNo=1&alternativeNo=

11　"Europeana". https://www.europeana.eu/portal/en

12　検索対象は、国立国会図書館、都道府県立図書館、国立情報学研究所、国立公文書館、国立美術館や、民間電子書籍サイト等の、蔵書・出版目録、デジタル資料、立法情報、レファレンス事例等のおよそ一〇〇のデータベース

13　アグリゲータとは、自らは出版事業を行わず、多数の出版業者の電子書籍や電子ジャーナルを流通（配信）するシステムの構築・運営を事業とする業者。ProQuest（米）、EBSCOhost（米）はこれに当たる。

14　国立国会図書館デジタルコレクション：所蔵資料のデジタル化としては、一九六八（昭和四三）年までに受入れた戦前期・戦後期刊行図書、議会資料、法令資料など約二七〇万点が含まれ、インターネット公開または

館内公開、図書館向け送信されている。 http://dl.ndl.go.jp/

15 青空文庫：民間の非営利団体。著作権が消滅した作品、著作権者の許諾を得た作品をテキストデータ化して無料公開。明治・大正の文学作品を中心に一万四六一四点［二〇一八年二月一二日］ http://www.aozora.gr.jp/

16 科学技術振興機構（ＪＳＴ）「科学技術情報発信・流通総合システム（J-STAGE）」 https://www.jstage.jst.go.jp/browse/-char/ja 学会・協会などの刊行する電子ジャーナルの横断検索が可能なポータルサイト。約二五〇〇誌、約四一七万論文を収載［二〇一八年二月八日時点］

17 国立情報学研究所（ＮＩＩ）「JAIRO」 http://jairo.nii.ac.jp/（二〇一九年四月から「IRDB」に移行）日本の大学・研究機関などの機関リポジトリに蓄積された学術情報（学術雑誌論文、学位論文、研究紀要、研究報告書等）が横断検索が可能なポータルサイト。機関リポジトリ数六六〇以上、コンテンツ数二七四万件以上［二〇一八年一月三一日時点］

18 総務省「電子政府の総合窓口（e-Gov）」 http://www.e-gov.go.jp/

19 「経済レポート情報」 http://www3.keizaireport.com/

20 “GoogleScholar” https://scholar.google.co.jp/

21 「オンライン資料収集制度（ｅデポ）」国立国会図書館ホームページ http://www.ndl.go.jp/jp/aboutus/online/index.html

22 ディスカバリーサービス：当該図書館のオンライン蔵書目録や館を通して利用可能な電子ジャーナル、機関リポジトリなど様々な情報資源の統合的な検索とアクセス手段の案内を可能とするシステム。

23 ウェブスケールディスカバリー：クラウド上に多種の情報資源に関する索引（セントラルインデックス）を

用意することで、より迅速な所要の文献への統合検索やアクセスを実現するシステム。

24　図書館流通センター（ＴＲＣ）「〔首都圏初〕江戸川区篠崎図書館に図書館用 Pepper 導入（リリース）」https://www.trc.co.jp/information/pdf/20160722.pdf
図書館流通センター（ＴＲＣ）「〔全国初〕Pepper で図書館の本が検索できます（リリース）」https://www.trc.co.jp/information/pdf/20170328_release.pdf

25　Carl Benedikt Frey and Michael A. Osborne "THE FUTURE OF EMPLOYMENT: HOW SUSCEPTIBLE ARE JOBS TO COMPUTERISATION?" 2013. 9. 17. https://www.oxfordmartin.ox.ac.uk/downloads/academICThe_Future_of_Employment.pdf

26　「ここまできた！経営判断を下す日立のＡＩ」日経ビジネス online、二〇一六年五月一〇日 http://business.nikkeibp.co.jp/atcl/report/16/050200038/050900003/

27　「新薬候補、ＡＩが提案　論文学習し新物資探る　厚労省、開発後押し」日本経済新聞（電子版）、二〇一六年九月二三日

28　「弁護士や会計士、ＡＩが変える働き方」日本経済新聞（電子版）、二〇一六年一一月五日

29　「ＡＩが裁判所の判決を79％の精度で予測」COMPUTERWORLD、二〇一六年一〇月二六日　http://itpro.nikkeibp.co.jp/atcl/idg/14/481542/102600289/

30　本章の内容は、左記の拙稿と重なっている。
山口広文「ＩＣＴ革命と図書館　情報革命の歴史的展開と図書館の変遷からの視点」『立正大学図書館司書課程年報』第四号、二〇一八年三月、二一-一七頁
山口広文「オンライン出版物の収集・保存と統合検索　現状と課題」『立正大学図書館司書課程年報』第五号、二〇一九年三月、二四-三二頁

◉結び◉——情報革命が創った世界

情報は時空をつなぐ

五千年余の文明の歴史を振り返れば、メソポタミアにおける文明社会の創生を先駆けとして、世界各地における文明社会の群立へと展開し、さらに、文明社会間の交流が拡大してきた。その延長上に、地球規模の広がりを持つ文明社会として今日の地球社会が形成されている。

その間には、社会集団の規模や活動範囲の拡大、より広範囲な情報交流圏の形成がなされてきた。それを支える情報の伝達や保存のシステムの発展が伴い、いくたびかの画期的な変化、情報革命を経て今日に至った。

すでに本書の冒頭から述べてきたことであるが、家族から民族、国家、さらには文明社会全体まで、人間の集団の営みは、情報の伝達と蓄積に依拠してなされている。情報の共有と継承は、人間集団の絆であり、存立の基盤となってきた。

そして、情報の伝達や蓄積に用いられる手段の画期的な革新は、時代時代の文明社会の変化を促進する役割を果たした。

また、時代時代に用いられた情報手段と様々な関連要素が複合して、広域的な情報交流圏とその基盤が形成された。巨大国家（帝国）やその成立に先立つ諸勢力の分立・交流範囲がこれに対応し、広域的な政治秩序や文化的共通性を伴う、歴史上でよく〇〇文明と呼ばれるような存在と重なるものといえる。

この広域的な情報交流圏においては、中核となる情報手段、情報の生産・流通の担い手となる中心的な勢力（覇権国家、宗教組織、商業集団など）や拠点（都市、施設など）が重要な存在であり、時代や地域の文明社会を特徴づける要素となった。

本書では、文字、紙、金属活字印刷、電信、ＩＣＴの五つの画期的な情報革命を取り上げた。そのなかでも、文字の創造は、一連の情報革命の原点であり、以後はその使用をめぐる革新的手段の出現とみることもできる。ただ、情報の電子化という点では、現在のＩＣＴの発展は五〇〇〇年来の画期的な出来事といえよう。

文明史の流れと重ね合わせると、文字と紙は、新旧大陸の各地における文明の創生・群立と文明間の交流の拡大を支えて、広域的な情報交流圏の形成に寄与した。さらに、金属活字印刷と電信は、欧米諸国に主導された全地球的な世界秩序をつくってきたといえる。そして、ＩＣＴは、新興国の台頭をはらんだ現在と将来の地球社会の不可欠の基盤となるものである。

ここで、情報の保存・流通の担い手としての図書館の役割にも言及しておきたい。図書館あるいはその前身といえる古い時代の文書庫は、社会的に重要な、保存の必要性が高い情報・知識の保存において中核的な役割を果たすものであった。時代を経て、図書館の中心的な役割も、「出版物」の収集・保存や利用に特化してきた。そして昨今、図書館が関わる情報資源は、インターネット上の様々な電子情報を含むものとなり、その機能も拡がりをみせつつある。文明社会の知識・情報の中核的な保存・流通の担い手としての機能を拡張しているといえる。

以上のような本書の論旨は、表13に要約しておいたので、ご参照いただきたい。

人類の歴史全体を通して、時代時代の文明社会の空間的広がりは、情報の活発な交流によって形成され、歴史的な時間の流れは、情報の集積とその継承に貫かれているということができる。諸国、諸民族の興亡盛衰があり、様々な集団の離散・消滅、文物の消失、伝承の断絶も多々あったが、全体としてみれば、様々な情報の継承と新たな生産によって、人類全体として共有する情報の集積が、規模的に拡大し、内容的に多様化してきたことは確かである。そこに人類のグローバルな歴史の一体性、連続性が読み取れる。

拡大する見えざるフロンティア

今日、人類は、多様な文明社会の伝統を受け継ぎつつ、一体化した文明社会としての地球社会のなかに、否応なく生きていかざるをえない。地球上に新たに開発可能な人跡未踏の大地もほとんどなく、環境と資源の有限性を強く意識せざるを得ない状況に置かれている。宇宙空間への本格的な進出

の展開（概況）

政策的関与	職業・産業	都市・図書館
◇権力による文字の統一（標準化）、創作、採用 ◇筆写材料の確保（例：パピルスの輸出管理、羊皮紙生産の推進） ◇文書・書籍の組織的収集・管理	◇書記階級の形成（エリート階層だが地域により差異）—厳しい教育訓練 ◇文字のアルファベット化により次第に大衆化	◇王宮や神殿の文書庫：ウルク、バビロン、ニネベ ◇図書館（筆写本） アレキサンドリア（研究施設附属）、ローマ（公共図書館）、長安、平城京（朝廷の文庫）、ヨーロッパ各地（修道院附属図書館）
◇紙の生産奨励・収納、統制、輸出管理	◇製紙業 ◇写本製作業	◇バクダッド：イスラム帝国の代表的首都、アフロユーラシアの交流拠点 ◇知恵の館：東西の学術と文物を集積、アラビア語への翻訳
◇権力による積極的利用（官報など） ◇出版統制（納本制度を含む） ◇著作権制度	◇印刷業・出版業（初期には一体、後に分離） ◇書籍商 ◇文筆業	◇初期の印刷中心地 マインツ、フランクフルト、ベネツィア、リヨン、アムステルダム ◇パリ：中央集権国家の巨大首都、印刷業の一大中心地 ◇王侯貴族・有力市民の図書館、大学図書館

表13　情報革

	時代状況	概 況	社会的影響
文字	◇文明の創生（西アジア）から群立（世界各地）へ	文字の創造 ◇文字形成の連鎖（伝播、借用、変成、創作）、中国とアメリカ大陸では独立的に成立 ◇当初は、主な使用目的が様々（生産管理・商取引、占い、暦、法令・行政） ◇様々な筆記材料（粘土板、石版、パピルス、植物の葉、羊皮紙、木簡・竹簡など）	◇情報の保存（記録）、共有、伝達の効率化 ◇書き言葉の形成、流通 ◇大規模組織の運営効率化、社会組織の安定性強化 ◇文字使用による階層格差、権力強化 ◇思想、知識の体系化 ◇広域的な情報交流圏の形成（巨大国家、共通言語、道路網・駅伝制、首都）
紙	◇文明間の交流拡大 軍事・商業活動の広域化、イスラム勢力の伸長	紙の世界的な普及 ◇中国（後漢）での紙の本格改良 ◇東アジアで日本、朝鮮などへ伝来、千年の長い時間をかけて西アジア、ヨーロッパへと西方へ伝播。その間に、材料、製法の改良	◇安価・軽量・改ざん困難な筆写材料の大量供給 ◇情報の保存、伝達を効率化―行政、商取引、宗教活動を促進
印刷	◇征服王朝の成立と文明の複合化 ◇ヨーロッパにおける国民国家形成と世界的大航海活動	印刷術の技術革新 ◇ドイツのグーテンベルクによる金属活字印刷の開発と事業化 ◇印刷所が急速にヨーロッパ全域に展開（技術者の拡散）	◇出版業の成長 ◇書籍の増加、多様化 ◇社会的変化の促進 ◇科学的研究の促進 ◇公用語・国語の普及 ◇国家的な情報交流圏の緊密化

◇民間企業による事業への支援、又は官営による整備 ◇公用利用の優先	◇電信業 ◇ニュース配信、経済情報提供サービス	◇ロンドン：大英帝国の首都、世界的経済中心地―取引の集中＝情報の集中、電信網の結節点 ◇国立図書館、公立図書館
◇官・民による基盤整備の促進 ◇関連産業の振興策 ◇公的部門でのＩＣＴ活用 ◇技術的標準化への取組み ◇著作権、個人情報など関連制度の整備	◇電気通信業 ◇インターネット関連産業 ◇ソフトウェア産業 ◇関連システム・機器産業 ◇コンテンツ系産業	◇アメリカ北東部（ニューヨーク、ワシントンＤＣ）：政治経済の中枢、南西部（シリコンバレー、ハリウッド）：情報関連産業の拠点 ◇電子化した図書館、ネット上の電子出版物群＝"見えざる図書館"

は、その制約を突破する可能性を秘めているが、経済的な実現性を持つにはなお相当の時を要するであろう。当分の間、地球社会は、海洋利用の新たな展開はあるとしても、空間的にフロンティアの余地が乏しいなかで、その存続と成長を図っていかざるをえない。

他方、ＩＣＴの発展による電子情報の急速な増大「情報爆発」、情報の処理能力の拡大、多様な活用の可能性に目を向ければ、情報の世界が、地球社会の見えざるフロンティア、内なる宇宙ともいえるのではないか。この見えざるフロンティアは、単に情報ネットワークやそこを流れ、蓄積されている電子情報のみを指すのではない。これとつながるすべての人々の知的、精神的活動やその成果も

電信	◇産業革命と欧米諸国による海外植民地形成 ◇欧米中心の国際社会形成、イギリス、アメリカの覇権 ◇経済グローバル化の開始	◇アメリカとイギリスで電信事業が開始され、急速に他の国々へ波及 ◇海底電信ケーブルが敷設され、海陸一体となって世界的な通信網を形成 ◇海底ケーブル網でイギリスの圧倒的優位	◇瞬時の情報伝達を実現 ◇軍事、外交、警察、行政など公用に重要な役割 ◇経済取引への活用 ◇大企業の支店管理の強化、小企業の商取引参入 ◇開発可能な地域の拡大 ◇世界的な同時情報圏の形成
ＩＣＴ	◇アメリカの覇権後退、新興諸国の台頭 ◇経済グローバル化の本格化 ◇地球環境問題などの深刻化	◇20世紀末期からインターネットが世界的に急速に普及 ◇携帯電話・スマートフォンなど携帯端末も普及し、ネット利用が急拡大 ◇情報の電子化が進み、情報量が爆発的に増大 ◇ビッグデータ活用へのＡＩ導入	◇情報アクセスの拡大 ◇コミュニケーションの迅速化・効率化、社会的プロセス（連携、共鳴、交渉、取引など）の加速化 ◇電子商取引の拡大 ◇行政情報化の進展 ◇経済立地の拡大、世界的分業の拡張・深化 ◇地球規模の情報交流圏の形成

含むものと考えることができる。

　そこには、過去、現在の膨大な知識・情報へのアクセスや処理能力を活用した、人間の知的・精神的営みの拡がりが期待されている。経済の活性化や社会的課題の解決に向けての有用な機会となる可能性も大きいと考えたい。

　ただ、過去の歴史においてそうであったように、フロンティア開拓には、リスクや混乱、様々な悲喜劇が付き物であることを忘れてはならない。

情報を基盤とする国際競争力

　一国の威信と影響力の源泉となる国力は、軍事、政治、経済、文化など様々な領域の活動力が総合的に結合して発揮されるものである。現代世界においては、各々の領域での情報の創造、共有、活用といった側面が重要な要素となっている。

そして、一国における情報の創造と活用は、大局的にみれば、人材の規模と質（人口規模と教育水準）を土台として、情報基盤の整備と活用の度合いが能力発揮の効率性を左右し、そして科学技術の研究開発から諜報機関による情報収集、ニュース報道や芸術活動など様々な領域での情報生産活動が合わさった結果、総合的な国力に反映していると考えられる。

人口 × 教育 × 情報基盤 × 情報生産活動 ⇒ 情報の創造と活用 ⇒ 国力

特に経済面での国際競争力の強化においても、人材形成（教育環境整備）、情報基盤の整備、科学技術から書籍・映像などを含むコンテンツ創造の環境整備などの一連の政策が、ますます重要性を帯び、わが国も含め各国の総合的な取り組みが、今後の国際的な勢力変動を左右するであろう。

アメリカが、軍事的、政治的、経済的にその相対的な国際的地位が後退しつつあるなかで、情報関連の領域ではなお強い優位性をみせている。他方、経済的に急成長を遂げ、軍事的、政治的にも存在感を増しつつある新興諸国、特に中国、インドに代表される人口規模の大きないくつかの国は、教育水準の向上に伴い厚い人材層を擁し、大規模な情報通信のネットワークと情報関連市場を形成して、情報機器の製造やソフトウェアやコンテンツの製作で地歩を築くなど、「経済大国」化とともに「情報大国」化する勢いをみせている。

こうしたなかで、わが国は現在、世界第三位の経済規模と産業・技術の総合的な高い水準を持ち、情報の領域でも、光ファイバー網などハードの情報基盤整備、ＩＣＴの全般的な技術水準を有している。他方、企業活動、行政、教育など諸分野でＩＣＴの活用が必ずしも進んでいないこと、パソコン、スマホなどの情報機器、ソフトウェアといった関連産業の国際競争力低下などが指摘されてきた。

将来的に情報関連の分野で国際的に有力な地位を確保していく上では、ＩＣＴの最近の展開方向とわが国の潜在力からいえば、都市、交通、教育、福祉、環境、エネルギーなどに関連する総合的な社会システムの構築や、ロボットや自動走行車のようなＩＣＴと複合した機械システムへの取り組みが注目される。また、幅広い各種のコンテンツ創造の促進と国際的な展開（市場開拓、国際的連携）が重要であろう。

国力を培う文字活字文化

ＩＣＴの活用が重視される中でも、情報の基本は文字化された言語であり、活字リテラシーの国民的能力が、国力の基盤として重視される必要がある。

文字の使用以来、紙の普及、印刷革命、電信革命、そして現代のＩＣＴ革命を通して、その役割は、主に文字情報の伝達にあった。もちろん、紙といい、印刷物、電信に始まる電子メディアにしても、文字情報の効率的な伝達から入りながら、やがて画像情報の伝達に機能を広げてきた。

言語は、意思伝達、論理的な思考の道具であり、実体験を超えた広い世界への玄関口である。文字は、言語による情報の保存と流通を促進するのみならず、その多用は、より正確かつ系統的な情報整理やそれに基づく論理的思考、多くの人々の間での共感の広がりが可能となる。

すでに言い尽くされてきたことであるが、文字情報は映像情報に比べて、事物や状況に関する情報量がきわめて少なく、それだけ想像力や推察力による読み手の精神的な能動性が求められ、そうした知的資質の形成に大きな影響を持つ。

映像コンテンツの制作においても、文字で書かれた原作としての小説やシナリオが不可欠であり、物語としての優劣が映像コンテンツの優劣の出発点となる。優れた文学の伝統なくして、秀でた映画やテレビドラマの制作は想像しにくい。

テレビ番組や映画、ビデオゲームなどの映像作品を含む多様なコンテンツの創造を推進することは、文化、経済など様々な面から重要な国民的課題であるが、その根幹に文字活字文化を将来にわたって豊かに根づかせることが不可欠である。

さらに、ネット上の情報を有効に活用するためにも読書、特に系統的内容で構成された書籍やストーリーを持った文芸作品の読書は、情報を整理、分析、理解する能力を培う上で有益な効果があるといわれる。

ネット上に掲載された多種多様で膨大な情報は、個々人に情報アクセスの可能性を大きく開いたことは確かであり、大いに評価されるべきである。ただ、入手した諸々の情報の整理分析に際しては、系統的な文字活字情報への積極的な取り組み、紙か電子かを問わず読書の習性が、知的素養として有用といえる。

人類は、文字の創造以来、何度も情報革命を重ねてきたが、情報の電子化が進む大転換期の現在も、最初の革命の余韻のなかにあるといっても良さそうである。

ま行

や行

ら行・わ

な行

は行

さ行

た行

か行

◉索引◉

あ行

[著者紹介]

山口 広文（やまぐち・ひろふみ）

長崎市出身
埼玉大学教養学部卒業、筑波大学大学院修士課程地域研究研究科修了
国立国会図書館に勤務し、調査及び立法考査局長などを歴任
現在、立正大学文学部特任教授
著書に『世界の首都移転』（社会評論社、2008年）、ほか

情報革命の世界史と図書館
粘土板文書庫から「見えざる図書館」の出現へ

2019年7月11日　初版第1刷発行

著　者© 山　口　広　文
発行者　大　塚　栄　一

検印廃止

発行所　株式会社 樹村房
〒112-0002
東京都文京区小石川5丁目11番7号
電話　東京 03-3868-7321
FAX　東京 03-6801-5202
http://www.jusonbo.co.jp/
振替口座　00190-3-93169

組版・印刷／亜細亜印刷株式会社
製本／株式会社渋谷文泉閣

ISBN978-4-88367-324-7
乱丁・落丁本は小社にてお取り替えいたします。

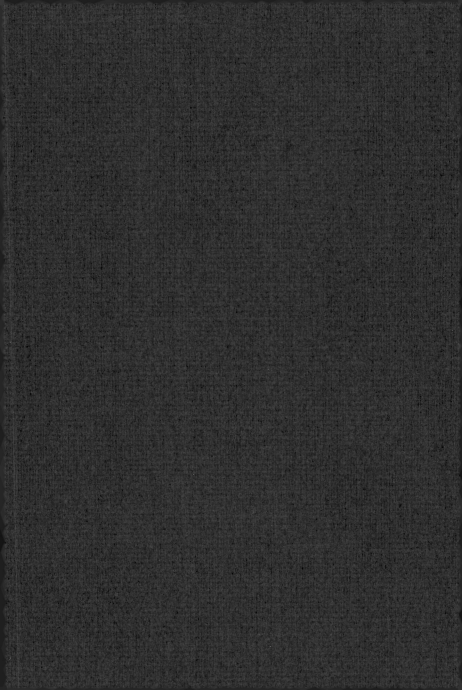